디자이너와 개발자가 함께 읽는
안드로이드 UI & GUI 디자인 2/e

Copyright © acorn publishing Co., 2018. All rights reserved.

이 책은 에이콘출판(주)가 저작권자 박수레, 안영균, 정준욱과 정식 계약하여 발행한 책이므로
이 책의 일부나 전체 내용을 무단으로 복사, 복제, 전재하는 것은 저작권법에 저촉됩니다.
저자와의 협의에 의해 인지는 붙이지 않습니다.

디자이너와 개발자가 함께 읽는
안드로이드 UI & GUI 디자인 2/e

박수레 · 안영균 · 정준욱 지음

| 지은이 소개 |

박수레(surebak@gmail.com)

카이스트에서 산업디자인학을 전공했다. LG전자 디자인경영센터, 마이뮤직테이스트, zigzag GmbH를 거쳐 현재 독일 포르쉐에서 UI 프로토타이퍼로 일하고 있다.

안영균(ayk788@gmail.com)

연세대학교를 졸업했으며, 국내외 IPTV, 케이블 TV 및 iOS, 안드로이드 기반의 모바일 앱 UX 등의 다양한 프로젝트 경험을 바탕으로 현재 ㈜알티캐스트에서 시니어 GUI 디자이너로 근무하고 있다.

정준욱(jjws460@gmail.com)

디자인 에이전시에서 모바일과 자동차, 웨어러블 디바이스에 대한 프로젝트를 주로 진행했고, 2016년부터 ㈜알티캐스트에서 TV와 모바일 UX 관련 프로젝트를 진행하고 있다.

| 초판 지은이의 말 |

10년도 더 된 것 같다. 웹 광풍이 몰아치고, 웹 에이전시는 홍수처럼 쏟아졌으며, 디자인 인력들이 대거 웹 디자인 시장으로 몰리던 그 시절 말이다. 그리고 지금, 어쩌면 그때와 비슷한 바람이 모바일에도 부는지 모르겠다. 모바일과 관련된 스타트업은 하루가 멀다 하고 쏟아져 나오고, 앱스토어에는 젊은 디자이너들의 피땀과 야근으로 빚어진 고귀한 앱들이 저마다 누군가의 간택을 바라며 유리알 같은 아이콘의 광택을 뽐내고 있다.

이런 열기에 힘입어 '시각 디자이너'라는 직군의 사람들도 모바일 시장의 러브콜을 받고 있는데, 모바일 제조사의 GUI 인력으로, 혹은 모바일 앱을 만드는 중소 업체의 인하우스 디자이너로, 혹은 이러한 업체의 외주 디자인 담당자로 저마다의 자리를 찾고 있는 실정이다. 하지만 워낙 시작한 지 얼마 안 되는 시장에 운영체제도 많고, 그 자체마저 변화무쌍해 디자이너 역시 구글을 검색하거나 책을 뒤적이지 않고는 업무를 진행할 수 없다(이런 점에서는 디자이너든 개발자든 평생 새로운 것을 따라가야 하는 측은한 운명을 같이 한다).

안드로이드의 성장세가 무섭다. 아이폰은 여전히 강력하고, 미려한 그래픽을 뽐내고 있지만, 대세는 이미 기울었다. 2018년 기준으로, 국내 모바일 OS의 75%는 안드로이드가 차지하고 있다. 나 역시 아이폰이 아닌 안드로이드를 계속 만지다 보면, 미적 감각이 후퇴하고 있는 것은 아닌지 의심스러울 때가 많다. 하지만 바로 이런 점 때문에 디자이너는 더욱 안드로이드 애플리케이션 디자인에 대한 책임감을 느낄 필요가 있는 것이다. 아름답지 않다는 이유로 안드로이드를 외면하기엔 별다른 대안이 없다(특히, 주머니 사정이 그렇다). 그렇다면, 차라리 아름답게 하는 데 우리의 자원을 투자하는 편이 장기적으로 봤을 때 더 나은 선택이 아닐까?

이 책은 안드로이드 디자인 실무를 진행하면서 수많은 구글링과 개발자와의 토론, 더러는 우연찮게 마주한 다양한 경험을 바탕으로 만들어졌다. 모바일과 관련된 일을 수년간 담당하면서 어느 정도 안드로이드를 잘 이해하고 있다고 자부하는 편이었지만, 디자인 실무를 하면서부터는 단지 UI나 안드로이드 시스템만을 이해하는 것과는 또 다른 벽이 있음을 절감했다. 특히, 모바일 기획자나 개발자를 위한 책들은 많지만 실무에서 포토샵을 열고 방망이를 깎는 마음으로 한 픽셀씩 다듬는 디자이너들이 읽기에는 이렇다 할 만한 책이 없는 것이 아쉬웠다.

완벽하게 모든 내용을 다루는 책은 될 수 없음을 잘 알고 있다. 하지만 안드로이드 디자인을 시작하는 누군가에게 구글 검색에 쏟을 시간이라도 줄여줄 수 있다면, 만들어놓은 이미지 소스를 죄다 버리는 수고를 덜 수만 있다면, 이 책에 그만큼의 가치는 더할 수 있지 않을까 생각해본다.

| 2판 지은이의 말 |

안드로이드 시장의 규모에 비해 정확한 UI/GUI에 대한 정보를 찾아보기는 생각보다 쉽지 않다. 더욱이 입문자의 경우 무엇부터 공부해야 하는지, 무엇이 나에게 필요한지에 대해 감조차 오지 않을 수도 있다.

궁금한 부분을 찾아보려 해도 지금 내가 궁금해하는 것이 안드로이드에서 어떤 용어와 기능으로 쓰이는지도 몰라 답답함을 토로해본 적이 있을 것이다. 나 또한 처음 안드로이드 UI/GUI를 시작했을 때 그러한 생각과 질문을 많이 했다.

실무를 진행하면서 그러한 것들을 익히기까지 수많은 시행착오를 거쳤고, 누군가 적극적으로 나서서 알려주는 사람도 드물다는 것을 알고 있기에 '이 책을 통해 조금이라도 독자의 소중한 시간을 단축시킬 수 있으면 좋겠다'라는 생각을 해본다.

변화무쌍한 이 시대에는 하루가 멀다 하고 새로운 기술과 UI 방법 및 그래픽 툴이 출시되고 있으며, 이것은 그만큼 UI/GUI 실무자의 어깨가 무거워졌다는 뜻일 수도 있다. 다양한 기술과 UI 방법을 학습해야 하고, 다양한 툴을 다룰 줄 알아야 하는 것이 이제는 숙명처럼 돼가고 있으며, 언제라도 새로운 것을 받아들일 수 있는 마음가짐이 요구되고 있다. 또한 그러한 것들을 제대로 학습하고 받아들이기 위한 안드로이드 UI/GUI의 '기본기' 역시 더욱 중요해지고 있다.

이 책은 안드로이드 UI/GUI 실무에서 알아야 할 가장 기본적인 부분에서부터 접근했다. 이 책에 나와 있는 용어를 모두 암기할 필요는 없지만, 이해할 필요는 있다. 이 책은 용어를 이해하는 데 도움을 주기 위한 책이며, 이는 곧 UI/GUI 실무에 있어서 절반의 성공이라고 할 수 있다.

2판에서는 안드로이드 8.0 Oreo와 갤럭시 S8을 기준으로 내용을 업데이트했다.

차례

지은이 소개   4
초판 지은이의 말   5
2판 지은이의 말   7
들어가며   17

1부 안드로이드의 이해

1장 안드로이드 디자인의 현재 상황   21

  1.1   압도적인 점유율의 안드로이드   23
  1.2   안드로이드 디자인의 문제   24
       1.2.1 심사의 부재   24
       1.2.2 다양한 하드웨어   25
  1.3   안드로이드 디자이너   26
  1.4   정리   27

2장 안드로이드의 특징   29

  2.1   하드웨어의 특징   31
       2.1.1 디스플레이   32
       2.1.2 하드웨어 키   38

		뒤로가기 키	39
		메뉴 키	41
		검색 키	42
		홈 키	42
		하드웨어 키 대 소프트웨어 키	43
	2.2	주요 인터랙션과 UI	45
		2.2.1 액션바	46
		스플릿 액션바	49
		컨텍스추얼 액션바	50
		액션바의 한계점	52
		2.2.2 내비게이션	53
		2.2.3 뷰 스와이핑	56
		2.2.4 다중 선택	59
		2.2.5 앱 위젯	60
	2.3	레이아웃의 특징	62
		2.3.1 반응형 레이아웃	62
		2.3.2 플랫 스타일	63
		2.3.3 dp 단위	64
		dp의 의미	65
		dp의 유래	67
	2.4	정리	69

3장 레이아웃을 구성하는 UI 위젯   71

3.1	안드로이드 UI의 48DP 리듬	73
3.2	탭	75
3.3	내비게이션 드로어	77
3.4	리스트	82
3.5	그리드 리스트	84
3.6	스크롤링	87
3.7	스피너	89

3.8	버튼	91
3.9	텍스트 영역	93
3.10	타이포그래피	95
	3.10.1 텍스트 스타일	95
	3.10.2 텍스트의 크기	97
	3.10.3 sp 대 dp	98
	3.10.4 폰트패밀리	99
3.11	슬라이더	103
3.12	대화상자	106
	3.12.1 기본 구조	107
	3.12.2 가장 많이 헷갈리는 좌부정 우긍정	107
3.13	스위치	108
3.14	픽커	112
3.15	토스트	116
3.16	상태바와 알림	117
3.17	오버뷰	119
3.18	화면 분할	121
3.19	픽처인픽처와 알림닷	123
3.20	정리	125

2부 안드로이드 UI/GUI 제작

4장 UI 설계   129

4.1	콘셉트와 주요 태스크 설정	131
4.2	정보 구조 설계	133
	4.2.1 태스크 흐름과 깊이	134
4.3	작업 순서	137
	4.3.1 스케치: 종이와 연필	138

		4.3.2 와이어 프레임: 파워포인트, 일러스트 등	140
		4.3.3 픽셀 디자인: 포토샵 등	142
	4.4	안드로이드 UI 패턴	143
	4.5	목업	145
		4.5.1 목업/프로토타이핑 저작 도구	146
	4.6	정리	148

5장 스케일러블 디자인   149

	5.1	레이아웃	152
		5.1.1 레이아웃과 박스 모델	155
		5.1.2 데이터 오버플로	161
	5.2	스케일러블 그래픽	163
		5.2.1 나인패치	163
		5.2.2 drawable xml	170
		5.2.3 이미지 타일링	172
	5.3	이미지뷰	175
		5.3.1 이미지 스케일 타입	177
	5.4	정리	184

6장 이미지 소스 제작   185

	6.1	해상도별 작업	187
	6.2	실제 화면과 비교	189
		6.2.1 구글 안드로이드 디자인 프리뷰	190
		6.2.2 화면 공유 소프트웨어	193
	6.3	버튼	193
		6.3.1 버튼의 상태	194

6.4	[실전] 페이스북 로그인 버튼 제작	196
6.5	아이콘	207
	6.5.1 런처 아이콘	207
	6.5.2 시스템 아이콘	208
	6.5.3 어댑티브 아이콘	210
6.6	[실전] 런처 아이콘 제작	212
	6.6.1 런처 아이콘 제작	213
6.7	이미지 클리핑	221
6.8	이미지 소스 분리	224
	6.8.1 이미지 소스의 구분	225
	6.8.2 이미지 소스의 배경	229
	6.8.3 이미지 소스 트리밍	230
	6.8.4 이미지 소스의 픽셀 값	231
6.9	정리	233

7장 안드로이드 리디자인 235

7.1	기본 UI 및 레이아웃 리디자인[하이다이어트]	237
7.2	앱 어댑티브 아이콘 리디자인[안전신문고]	245
7.3	기본 UI 및 레이아웃 리디자인[기차표 예매]	247
7.4	정리	255

3부 개발 환경에서의 디자인

8장 개발자와 협업 259

8.1	레이아웃 상세 기술서	261
	8.1.1 각종 치수 표기	264

	8.1.2 이미지 소스 이름 표기		266
8.2	개발 환경과 파일 전달		266
	8.2.1 개발 환경 설치		267
	8.2.2 클라우드를 통한 폴더 공유		267
	8.2.3 이메일 전송		268
8.3	XML 직접 수정		269
	8.3.1 로그인 화면 제작		270
8.4	스타일 XML 작성		277
	8.4.1 텍스트 스타일 작성		278
	8.4.2 컬러 지정		279
8.5	개발자와 커뮤니케이션하는 팁		280
	8.5.1 예측 가능한 상황들		281
	8.5.2 이미 작동하고 있는 다른 앱을 들이대라		281
	8.5.3 시각적 비동기 커뮤니케이션		282
8.6	정리		285

9장 효율적인 디자인 작업 — 287

9.1	작명 규약		289
	9.1.1 이미지의 종류		291
	9.1.2 이미지의 상태		292
	9.1.3 파일명과 해상도 정보		293
9.2	스타일 관리		294
	9.2.1 포토샵에서 스타일 관리		294
	9.2.2 픽토그램 관리		295
9.3	기기 테스트		297
	9.3.1 가급적 많은 비례의 화면		298
	9.3.2 가급적 다양한 해상도의 화면		298
	9.3.3 다양한 종류의 디스플레이		298

	9.3.4 가급적 다른 제조사	299
9.4	마켓 관리	299
	9.4.1 스크린샷	301
9.5	유용한 툴들	303
	9.5.1 스케치 프로그램	303
	9.5.2 dp와 픽셀 변환	305
	9.5.3 Apk extractor	305
9.6	정리	308

10장 안드로이드 디자인의 미래   309

10.1	해상도 대응	311
10.2	벡터 그래픽	312
10.3	플랫 스타일	314
10.4	정리	316

찾아보기   317

들어가며

안드로이드를 잘 알지 못하는 초보 디자이너도 안드로이드 애플리케이션 UI & GUI 디자인을 개념부터 이해하고 들어갈 수 있도록 집필했다. 제조사 UX 부서에서 다년간 경험한 서비스 기획의 큰 그림부터, 실제 개발사에서 경험하는 GUI의 디테일까지 다양한 경험과 노하우가 알차게 담겨 있는 책이다. 특히, 디자인만 다루는 에이전시가 아닌, 개발자와 현장에서 부딪히는 개발사에서 얻은 생생한 경험들을 토대로 한 설명은 껍데기가 아니라 진짜 움직이는 앱을 만들기 위한 디자이너들에게 귀중한 조언이 될 것이다. 디자이너가 개발자와 함께 어떻게 일해야 할지에 관한 협업 노하우는 덤으로 얻을 수 있다.

이 책에서 다루는 내용

- 안드로이드의 해상도별 디자인 대응 방법
- 스케일러블 디자인의 개념과 레이아웃 요령
- 안드로이드에서 다루는 각종 UI 요소의 실제 쓰임새
- 디자인 작업의 효율을 높이는 방법
- 개발자와 디자이너가 함께 일하는 방법

이 책의 특징

- 디자인 에이전시가 아닌 실제 개발사에서 다루는 디자인 노하우
- 개념 이해를 돕는 풍부한 일러스트와 스크린샷
- 디자인 효율 및 개발 프로세스 전체의 효율을 고려한 디자인 과정

이 책의 대상 독자

이 책은 디지털 이미지를 다루는 그래픽 디자이너들을 위한 책이다. 기획자들은 펼쳐보다가 픽셀 이야기에 지루해질 것이고, 개발자들은 Hello World가 없는 것을 보고 실망할 것이다. 픽셀 퍼펙트$^{Pixel\ Perfect}$를 추구하는 성격의 사람들에게 더욱 필요한 책이다.

포토샵이나 일러스트 등의 비트맵과 벡터 기반의 그래픽 툴을 적어도 하나 이상은 다룰 수 있어야 한다.

모바일 디자인을 한 번도 해보지 않은 디자이너나 아이폰 앱 디자인을 이미 해봤더라도 안드로이드가 아이폰과는 다르다는 사실을 알고 있는 디자이너에게 추천한다.

1부
안드로이드의 이해

1장
안드로이드 디자인의 현재 상황

1장에서 다루는 내용
- 개발사 입장에서 느끼는 안드로이드의 매력
- 안드로이드 디자인의 문제점

불과 수년 전까지만 해도 모바일 서비스를 만들 때는 iOS를 기준으로 디자인을 시작했다. 이때만 해도 모바일 서비스를 하는 업체들은 iOS로 서비스를 런칭하는 것이 좀 더 세련된 이미지를 느끼게 해준다고 믿었던 것 같다. 이렇게 서비스를 시작하고 나서 뒤늦게 안드로이드 버전을 만들어 초기 사용자를 뒤따르는 팔로어들을 챙기면 '여러 플랫폼을 챙기는 개발 전문 회사구나'라고 생각해주는 정도였다.
하지만 지금은 상황이 아주 많이 달라졌다. 국내 안드로이드 점유율은 80% 정도로 높게 유지되고 있기 때문에 국내 서비스를 목표로 하는 업체들이라면 iOS보다는 안드로이드 앱을 먼저 출시하는 게 정석이 됐고, 심한 곳은 iOS 앱을 제작하지도 않는다.

1.1 압도적인 점유율의 안드로이드

2018년 1월 시장 조사 업체인 스탯카운터에 따르면, 우리나라 스마트폰에서 안드로이드 점유율은 75.38%를 기록했고, 아이폰이 24.49%로 그 뒤를 이었다. 국내 시장을 염두에 둔 업체들이라면 제한된 자원 내에서 iOS보다는 안드로이드로 서비스를 런칭하는 것이 지극히 합리적인 결정이다. 이런 압도적인 차이는 한국이라는 특수한 상황(삼성과 LG 같은 제조사들의 본고장)이 빚어낸 결과물만은 아니며, 일본 등 몇몇 나라를 제외하면 전 세계의 상황도 이와 크게 다르지 않다. IDC에서 발표한 2017년도 1분기 스마트폰 출하량을 살펴보면 안드로이드가 85%로 압도적이고, iOS는 14.7%에 불과하다(그림 1.1). 안드로이드가 시장에 처음 등장했을 때의 초라함과 비교하면, 실로 장족의 발전이다.

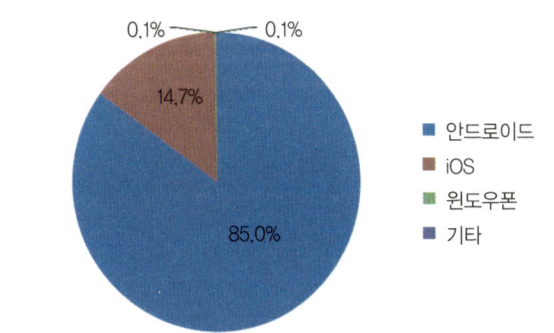

그림 1.1 2017년도 1분기 전 세계 스마트폰 OS별 출하량 점유율(IDC 자료)

이런 대세에 힘입어 개발자들 사이에서도 앱 개발 시 선택하는 OS의 비율이 5:1 정도로 안드로이드가 iOS를 크게 앞지르고 있는 상황이다. 디자인에 대한 수요도 당연히 이 비율을 따라가게 된다.

1.2 안드로이드 디자인의 문제

이토록 압도적인 지지에도 여전히 안드로이드 디자인을 바라보는 사람들의 시선은 '불편'하거나 '포기'했거나 크게 두 가지다.

화면에 따라 더러 일그러지거나 비어 있는 곳이 생기기도 하고, 해상도를 맞추지 못한 이미지 소스가 지저분하게 널려 있는 모습도 종종 볼 수 있다. 당장 iOS 앱스토어와 구글플레이에 접속해보면, 목록에 올라와 있는 앱 아이콘부터 때깔이 다르다. iOS는 미려하고 정돈된 데 반해, 안드로이드는 들쑥날쑥하고 품질도 제각각이다. 어떤 것은 정말 디자이너가 그렸나 싶은 것도 있다. 이런 풍경들을 마주할 때마다 고민한다. 안드로이드는 정말 안 되는 걸까?

1.2.1 심사의 부재

안드로이드는 개발자가 앱을 만들어 올리는 순간, 마켓에서 배포되기 시작한다 (물론 실제로 검색되기까지는 한두 시간 정도 걸린다). 이에 반해 iOS 앱은 앱스토어에 등록하고 배포되기까지 적게는 사나흘에서 길면 2주 정도의 시간이 걸린다(그림 1.2). 바로 이 시간 동안 iOS 앱은 애플에 의해 검수를 받게 되는데, 앱이 안정적으로 돌아가는지, 법적인 문제를 야기하지 않는지 등을 살펴보는 것이 목적이다. 하지만 때에 따라 애플은 앱의 디자인까지도 문제 삼는데, 이를테면 디자인 가이드를 어겼으니 리디자인하라는 식이다. 앱을 수정하는 것이 코드 몇 줄을 고쳐서 해결될 문제면 모를까, 디자인을 고치라는 요구는 하루 이틀 걸려 해결되지 않는 경우도 있다.

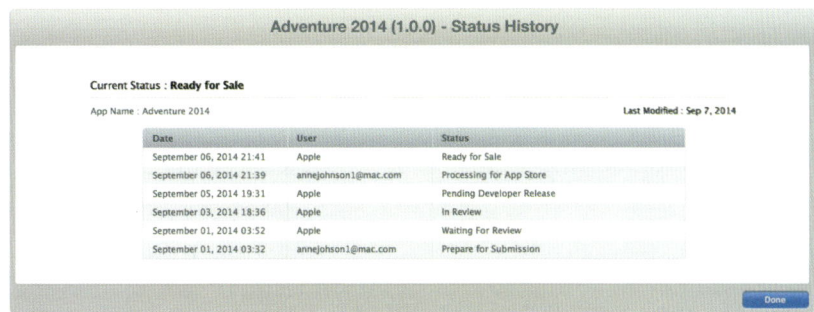

그림 1.2 앱스토어 등록 후 심사를 기다리는 모습

다행인지 불행인지, 안드로이드에는 이런 앱 검수 과정이 없다. 개발자와 디자이너가 스스로 만족하면 그 순간 마켓으로 나가기 시작하는 것이다. 물론 만족할 수 있는 주체에 디자이너가 포함되면 다행이겠지만, 안드로이드 마켓에 뿌려진 앱들 중에는 디자이너의 손길이 단 한 번도 닿지 않은 것들도 많다. 비극은 여기에서 시작된다. 굳이 미려한 그래픽이 아니더라도, 디자인 가이드라인을 한 번 읽어보고 작업했으면 좋았을 앱들이 참 많다. 디자인 가이드는 디자이너가 읽는 것이 당연하지만, 개발자 역시 반드시 읽어볼 필요가 있다. 물론 디자인 가이드보다는 회사나 팀에 디자이너를 두는 편이 더 나을 것이다.

1.2.2 다양한 하드웨어

하드웨어 문제는 뒤에서 다시 다루겠지만, 안드로이드 디자인이 iOS에 비해 어려운 결정적인 이유가 여기에 있다. iOS는 주어진 디스플레이 집적도와 화면 크기가 손에 꼽을 정도다(그림 1.3). 디자이너들이 iOS 디자인을 좋아하는 이유는 애플이라는 하나의 제조사에서 만들어진 캔버스 몇 가지 종류만 그린다고 생각하면 간단하기 때문이다. 그러데이션을 넣든, 그림자를 흩뿌리든, 번쩍번쩍한 글로시 효과를 화면 전체에 드리우든 이 몇 가지 캔버스에서 모두 해결된다고 생각하니 큰 고민이 없다. 하지만 안드로이드는 대체 어느 화면을 열고 작업해야 할지,

시작부터 마음의 여유가 없다. 테스트를 해봐야 하니 안드로이드 기기를 더 구입해야 하는지 고민도 된다. 몇 개 더 산다고 해서 그 많은 안드로이드 기기들을 모두 테스트해보는 것도 아닌데 말이다.

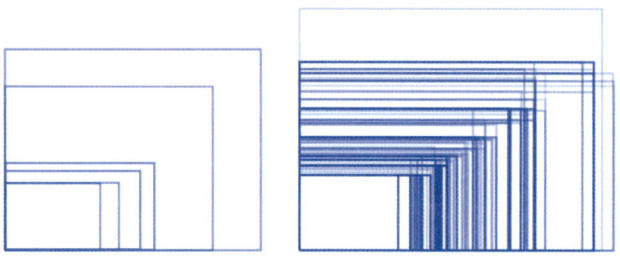

그림 1.3 iOS가 운용되는 스크린(좌)과 안드로이드가 운용되는 스크린(우)(출처: opensignal.com)

1.3 안드로이드 디자이너

안드로이드 앱 디자인에서 가장 결정적인 요인을 굳이 꼽자면, 결국 디자이너가 핵심이다. 디자이너가 이 모든 제약 조건을 극복하고 디자인했는지, 아니면 포기했는지에 따라 안드로이드 디자인의 평균 수준이 결정되기 때문이다. 기기의 성능이 떨어진다면 이것을 극복할 수 있는 디자인을 고민했어야 하고, 귀찮더라도 많은 기기에서 대응 가능한 유연한 레이아웃을 고민했어야 한다.

안드로이드 디자인이 다른 모바일 디자인에 비해 까다로운 것은 사실이다. 하지만 더 어렵다고 해서 포기하거나 타협하는 것이 용인되지는 않는다. 문제는 어디에나 있기 마련이며, 안드로이드만 더 특출난 문제를 지니고 있다고 보기도 어렵다. 기기 다양성을 따지자면 웹 디자인에 비할 바도 아니다.

모바일 GUI를 생각하는 디자이너라면 안드로이드 디자인을 결코 외면하거나 무시할 수 없는 상황이다. 이제 우리가 해야 할 일은 '어떻게 하면 제대로 디자인 할 수 있는지'를 고민하는 것이다.

1.4 정리

안드로이드는 현존하는 모바일 플랫폼 중에서 가장 빠른 속도로 성장해왔으며, 국내뿐만 아니라 해외에서도 압도적인 점유율을 자랑한다. 따라서 수많은 모바일 앱 개발사들이 안드로이드를 가장 먼저 채택해서 개발하고 있지만, 안드로이드 디자인을 온전히 이해하고 개발하는 경우는 많지 않다. 특히 심사 없이 대중에게 바로 릴리스되는 안드로이드 앱은 개발자의 손만 거쳐 세상에 나오는 경우도 부지기수다. 따라서 안드로이드 디자인을 충분히 이해한 디자이너가 책임감을 갖고 앱을 제작하는 자세야말로 저평가된 안드로이드 디자인을 끌어올리는 데 있어 가장 먼저 개선해야 할 당면 과제다.

2장
안드로이드의 특징

2장에서 다루는 내용
- 안드로이드의 하드웨어적인 특징
- 하드웨어 특징과 맞물린 레이아웃과 UI 특징
- 디자이너가 다룰 그래픽 관련 특징

현재까지는 안드로이드와 iOS가 양대산맥을 이루고 있지만, 여러 모바일 OS가 자신만의 특징이 있다. 아마도 언젠가는 과거 PC에서 그래왔듯이, 이들 간의 격차가 줄어들거나 비슷한 형태를 띠게 되지 않을까 생각한다. 하지만 아직까지는 iOS와 안드로이드만 해도 각 플랫폼만의 고유한 특징들이 뚜렷하게 구분된다. 디자이너가 작업할 때 반드시 알아야 할 안드로이드의 특징들을 살펴보자.

2.1 하드웨어의 특징

하드웨어라고 하면 물리적으로 만져지는 모든 것을 생각해볼 수 있다. 볼륨 키나 전원 키, 배터리 커버, 충전 단자, 터치스크린 등이다. 하지만 결국 이 모든 하드웨어도 사용자가 모바일 기기를 쓸 수 있도록, 인터페이스로서 제 몫을 하기 위해 자신의 자리에 있는 것이다. 막강한 터치스크린 인터페이스 덕분에 화면 하나면 못할 게 없어 보이지만, 때와 상황에 따라 하드웨어 인터페이스는 꼭 필요한 요소다.

안드로이드가 안드로이드로서의 역할을 하려면, 이런 필수 불가결한 하드웨어 요소들이 필요하다. 그림 2.1처럼 터치스크린을 전혀 사용할 수 없는 부트로더 진입 시(일종의 비상 모드), 모든 조작은 볼륨 키와 전원 키만으로 가능하다. 따라서 이런 하드웨어 인터페이스가 전무해지면, 비상 시의 안드로이드 사용이 불가능해지는 것이다.

그림 2.1 볼륨 키와 전원 키로 조작할 수밖에 없는 상황(출처: androidcentral.com)

하드웨어를 디자인하는 제조사 입장에서는 이런 최소한의 가이드를 지켜내면서 더불어 각자의 아이덴티티^{identity}를 구축해야 한다는 점이 굉장한 난제 중의 하나다. 디스플레이 하나만 남고 물리적인 하드웨어 UI가 사라져 가는 추세에 사용자의 시선을 끌 만한 것들이 절대적으로 부족하기 때문이다(그림 2.2).

그림 2.2 후면에 지문 인식 센서를 도입한 구글 픽셀 2(출처: phandroid.com)

2.1.1 디스플레이

디자이너가 안드로이드의 하드웨어에 대해 가장 먼저 알아둬야 할 것은 디스플레이가 아닐까 싶다. 구글의 발표에 따르면, 전 세계적으로 약 14억 개의 활성화된 안드로이드 기기가 있고, 크기와 품질이 천차만별인 디스플레이를 갖고 있는 기기가 셀 수 없을 만큼 많다(그림 2.3).

그림 2.3 다양한 화면 크기와 해상도를 가진 안드로이드 기기들(출처: Google)

디스플레이가 다양하다는 것은 크게 세 가지로 나눠 생각해볼 수 있는데, 첫째 디스플레이의 물리적인 크기가 다르고, 둘째 해상도가 다르며, 마지막으로 디스플레이의 품질이 다르다. 흔히 말하는 5인치 스마트폰, 7인치 태블릿을 이야기할 때의 인치는 디스플레이의 물리적인 크기를 말한다. 하지만 물리적인 크기가 크다고 해서 해상도까지 높아지는 것은 아니다. 해상도는 높을수록 더 선명하고, 깨끗한 화면을 보장하며, 낮을수록 화소pixel가 눈에 보이기 시작한다(그림 2.4).

아이패드 1, 2세대   아이패드 레티나

그림 2.4 낮은 해상도(좌)와 높은 해상도(우)

안드로이드에서는 디스플레이의 크기를 소^{small}, 중^{normal}, 대^{large}, 특대^{xlarge}의 네 가지 범주로 나누고 있다. 요즘 흔히 사용하는 5인치 크기 전후의 스마트폰들은 안드로이드에서 나누는 기준으로는 대화면 디스플레이에 해당한다(그림 2.5).

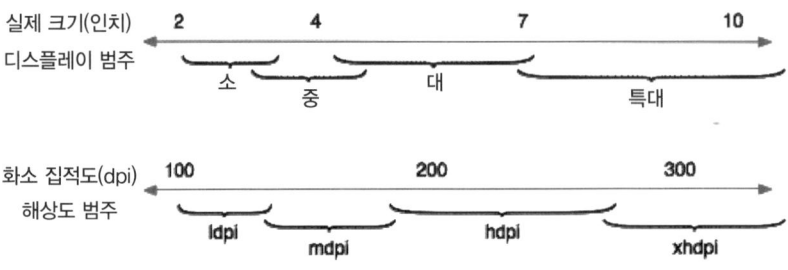

그림 2.5 화면 크기와 해상도 분류(출처: developer.android.com)

하지만 디자인 작업을 하는 입장에서는 사실 디스플레이의 크기보다 해상도가 훨씬 중요한 관심사다. 디스플레이 크기가 4인치든, 10인치든 해상도가 xhdpi라면 둘 다 동일한 이미지 소스를 사용하기 때문이다(해상도에 따라 이미지 소스를 모두 달리 만들어줘야 한다는 사실을 눈치챘는가?).

다시 말해, 한 스크린에 들어가는 전체 픽셀 수와 상관없이, 단위 면적에 들어가는 픽셀의 개수(집적도)를 기준으로 해상도를 결정한다. 즉, 같은 720×1280 해상도라도 5인치 스크린보다는 4인치 스크린이 더 집적도가 높아 고해상도 디스플레이라고 불리는 것이다(표 2.1, 그림 2.6).

표 2.1 기기별 해상도

제품명	스크린 크기 (inch)	가로 픽셀	세로 픽셀	해상도(ppi)	안드로이드 해상도
구글 픽셀	5	1080	1920	440.58	xxhdpi
HTC one m9	5	1080	1920	440.58	xxhdpi
LG G 워치 R	1.8	320	320	90.51	hdpi
LG G2	5.2	1080	1920	423.64	xxhdpi
LG G3	5.5	1440	2560	534.04	xxhdpi
넥서스 6	6	1440	2560	489.53	xxxhdpi
넥서스 7	7	1200	1920	323.45	xhdpi
넥서스 9	8.9	2048	1536	287.64	xhdpi
삼성 갤럭시 노트 4	5.7	1440	2560	515.3	xxhdpi
삼성 갤럭시 S7	5.1	1440	2560	575.92	xxxhdpi
삼성 갤럭시 S7 엣지	5.5	1440	2560	534.04	xxxhdpi
삼성 갤럭시 S8	5.8	1440	2960	506.42	xxxhdpi
삼성 갤럭시 탭 10	10.1	800	1280	149.45	mdpi
삼성 기어 라이브	1.7	320	320	266.2	hdpi
소니 스마트워치 3	1.6	320	320	282.84	hdpi
소니 엑스페리아 z3	5.2	1080	1920	423.64	xxhdpi
소니 엑스페리아 z4 태블릿	10.1	2560	1600	298.9	xhdpi

LG G3가 1440×2560픽셀이고, 삼성 갤럭시 S7이 1440×2560픽셀로 둘 다 같아 보이지만, 해상도가 더 높은 쪽은 Samsung Galaxy S7이다. 스크린이 5.1인치로 더 작아 화면 밀도가 더 높은 까닭이다.

갤럭시 S4
5inch
1080×1920
480dpi(xxhdpi)

갤럭시 노트 8
6.3inch
1440×2960
640dpi(xxxhdpi)

그림 2.6 해상도별 대표 안드로이드폰들

이쯤되면 (물리적 크기)×(해상도)만으로도 안드로이드 디스플레이가 가질 수 있는 복잡도가 순식간에 폭발해버린다. 잠깐! 그런데 xxxhdpi보다 더 높은 해상도가 나타날 수 있을까? 현재까지는 640dpi를 기준으로 한 XXXhdpi가 현존하는 마지막 최고 해상도다. 하지만 이론상으로는 xxxxhdpi 이상으로 구현할 수 있다고 한다. 이유가 뭘까? 이론적으로는 얼마든지 그 이상의 해상도도 가능할 것이다. 하지만 사람의 눈은 300dpi 이상의 해상도는 구분할 수 없다. 시력이 5.0이라면 모를까 더 세밀하게 보려고 해도 볼 수 없다. 300dpi면, 평균적인 사람의 눈으로 이것이 점으로 이뤄진 것인지 아닌지 구분하기 힘들다. 그래서 이미 오래전부터 인쇄업계는 (사진의 경우) 300dpi를 표준으로 삼고 있었고, 애플이 레티나 디스플레이retina display라고 부르는 고해상도의 디스플레이도 300dpi를 조금

넘는 수준이다. 따라서 제조사들이 400dpi, 500dpi의 디스플레이를 만들어내는 것은 사실상 육안으로 판별 가능한 체험 품질의 영역은 아니라고 봐야 한다.

디스플레이의 다양성이 주는 재앙 중의 하나는 컬러를 컨트롤하기 불가능하다는 점이다. 다시 말해 안드로이드에서 완벽한 컬러를 추구한다는 것은 사실상 불가능하다. iOS를 사용하는 애플 제품들은 대부분 비슷한 품질의 디스플레이를 몇 종의 제품에서만 사용하고 있기 때문에 컬러의 차이가 크지 않지만, 안드로이드는 수십만 종의 디스플레이가 있다. LCD, IPS, LED, AMOLED, OLED 방식 등이 있고, 그 외 들어보지도 못한 디스플레이가 넘쳐난다. 여기서 동일한 컬러를 구현한다는 것은 문자 그대로 '불가능'하다. 특히 녹색 계열의 애플리케이션은 아이폰에서 구현되던 컬러가 아무리 노력해도 갤럭시 시리즈에서 표현되지 않아 이 둘의 차이를 최소화하는 녹색 컬러를 찾느라 며칠을 고생했던 기억이 난다. 따라서 정확한 컬러 구현을 추구하는 것은 뜻은 좋지만 불가능하다는 것을 우선 알아두자.

그림 2.7 같은 컬러를 표현하는 디스플레이들의 색상 차이(출처: phonearena.com)

디스플레이의 크기, 해상도와 더불어 또 하나의 변수는 바로 '비례'다. 2010~2011년 안드로이드 폰들은 가장 널리 이용되던 해상도가 480×800정도였기 때문에 3:5의 비율이 많았다. 2012년에서 2013년으로 넘어가면서는 크게 16:9와 16:10(8:5) 비율로 이동하는 추세였다. 아이폰의 경우도 아이폰 5가 나오면서 16:9의 비율을 채택했다. 안드로이드 레퍼런스 기기인 넥서스 7은 16:9 그리고 넥서스 4, 넥서스 10은 16:10의 비율을 채택하고 있었지만, 최근 들어서는 비율이 조금씩 바뀌고 있다. G6, V30은 18:9, 갤럭시 9는 18.5:9, 아이폰X은 19.5:9다.

이렇듯 제조사마다 다양한 기기가 쏟아져나오는 터라, 어느 하나의 비율이 표준이라고 말할 수 있는 근거는 없다. 또한 안드로이드 OS 역시 이러한 비례 변화에 대응할 수 있도록 애초부터 고려돼 있었다.

따라서 디자이너도 자신이 디자인하는 앱이 얼마든지 다양한 비례에 들어갈 수 있다는 것을 이해하고 있어야 한다.

특히, 이미지 소스를 만들 때 화면의 가로 방향으로 얼마든지 늘어날 수 있다는 점을 고려해 이미지를 준비해야 하며, 버튼이나 UI 요소들이 가변폭에 대응할 수 있도록 화면 경계에서부터의 여백값을 고정하는 식으로 UI 요소들을 배치할 수 있어야 한다(개발자와 충분히 논의해야 한다!).

2.1.2 하드웨어 키

디스플레이의 변화무쌍함과 더불어, 눈에 바로 보이는 안드로이드의 특징 중 하나는 하드웨어 키다. 요즘은 거의 모든 모바일 플랫폼이 터치스크린을 표준 입력 장치로 사용하고 있지만, 여전히 하드웨어 입력도 함께 사용한다. 한때 블랙베리조차도 (거의 유일한 장점인) 하드웨어 쿼티 키를 포기하는 풀터치스크린 모델을 선보인 적이 있고, iOS를 탑재한 아이폰X조차 홈 키를 삭제했지만, 그 외 볼륨 키, 전원 키 등 모바일 플랫폼에서 하드웨어적 요소는 필수불가결한 존재다.

그러나 점차 안드로이드는 하드웨어 키를 배제하는 쪽으로 디자인을 선회하고 있다. 그림 2.8처럼 과거 4개의 하드웨어 키(홈, 메뉴, 뒤로가기, 검색)를 전면에 내세워 iOS와 차별화를 꾀하던 것과는 사뭇 다른 행보다.

그림 2.8 넥서스 원에서 볼 수 있었던 4개의 하드웨어 키

오히려 급진적이라고 생각될 만큼 전면에서의 미니멀리즘을 추구하다 보니 터치스크린 하나만이 오롯이 남아 있고, 스크린 안쪽에서 볼 수 있는 3개의 소프트웨어 키(뒤로가기, 홈, 멀티태스킹)가 이제 과거의 하드웨어 키를 대신하고 있는 셈이다.

물론 내비게이션과 관련된 키 외에도, 볼륨 키나 전원 키 등은 여전히 하드웨어로 존재하고 있다. 어찌됐든, 터치스크린 전체를 활성이나 비활성 상태로 전환시켜줄 다른 장치가 필요한 까닭이다. 볼륨 키마저도 없앨 수 있다면, 정말 하드웨어 키는 단 하나만 존재하는 것이 거의 최후가 아닐까? 그마저도 없앨 방법이 있을까?

뒤로가기 키

iOS와 비교했을 때 안드로이드에만 존재하는 특별한 하드웨어 키는 바로 뒤로가기 키다. 안드로이드 UI가 iOS와 가장 크게 다를 수 있는 것도 바로 이 뒤로가기 키가 존재하는 데서 비롯된다. 당장 화면 UI에 **뒤로가기** 버튼이나 **취소** 버튼을 뺀다고 생각해보자. iOS는 도무지 방법이 없다. 홈 키를 눌러 완전히 빠져나가는 수밖에 없다. 하지만 안드로이드는 이 뒤로가기 키를 통해 현재의 이전 단계로 돌아가는 것이 무언의 규약이므로 각종 취소나 뒤로가기, 저장 등도 모두 이 뒤로가기 키 하나로 해결되곤 한다(그림 2.9).

그림 2.9 iOS와 안드로이드에서 페이스북 댓글 작성 예: 취소 버튼이 없는 안드로이드(우)

iOS에 비하면 화면에서 뒤로가기라는 요소를 하나 덜어낼 수 있어서 좋고, 아무래도 사용 빈도가 높으니 늘 손가는 곳에 두는 명령이라 편하며, 어느 앱에서나 공통으로 사용되는 명령이니 iOS처럼 앱마다 생김새가 달라 헤맬 걱정도 없다. 이런 점들은 좋다.

메뉴 키

안드로이드에만 있었고, 현재 사라져 버린 메뉴 키는 안드로이드 4.0부터 공식적으로 사용되지 않고 있다. 그림 2.10에서처럼 필요에 따라 등장하기도 하는데 하위 버전 호환을 위해 존재할 뿐, 이제 없어졌다고 보는 것이 맞다.

그림 2.10 선택적으로 나타나는 메뉴 키

하지만 이와 동일한 역할을 하는 메뉴 버튼이 액션바의 귀퉁이에서 종종 발견되는데, 이것이 의미하는 바는 과거의 메뉴 키에 대한 발상과 접근이 결국 틀렸다는 것을 구글 스스로 반증하는 셈이다.

메뉴 키가 갖고 있던 고질적인 병폐는 도대체 언제 메뉴 키를 누를 수 있는지 알 수가 없다는 데 있다. 항상 모든 화면에서 메뉴 키를 눌러볼 수도 없고, 그렇다고 화면 어딘가에 메뉴 키를 누르면 무엇이 나오니 눌러보세요라고 말을 하는 것도 웃기고, 이 말을 쓸 공간이나 여력이 있으면 그냥 거기에 메뉴 키를 소프트웨어 키로 대치하면 되기 때문에 하드웨어 키로 존재하는 메뉴 키의 실효에 대해 의문을 갖는 개발자들이 많았다. 결국 안드로이드가 메뉴 키를 퇴행시켜버리면서 이 문제는 일단락됐다.

검색 키

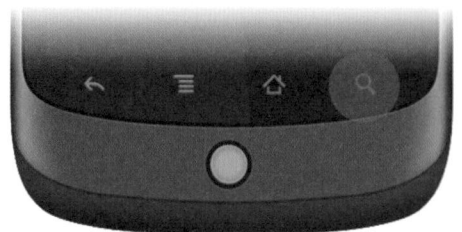

그림 2.11 더 이상 볼 수 없는 검색 키

그림 2.11의 검색 키 역시 안드로이드 4.0부터 찾아볼 수 없는 과거의 UI로 남게 됐다. 검색 키의 원래 목적은 기기 내의 앱 검색이나 인터넷 검색을 쉽게 할 수 있도록 만든 일종의 단축 키인 셈인데, 검색으로 모든 걸 어찌해보려는 구글의 노림수('노림수'라고 쓰고, '무리수'라고 읽는다)라는 게 정설이다. 하지만 사용자가 철저하게 외면하는 키가 되면서 사실상 애물단지로 전락해버렸다. 제조사들이 아예 하드웨어 키로 만들지 않는 경우도 많았고, 더러는 사이드 키 중 하나에 더부살이를 시키는 방식으로 구색만 간신히 맞춰주는 정도였다. 지금은 각종 앱 위젯이나 홈 화면 좌측 스와이핑 등을 통해 구글 검색을 노출시키고 있고, 사실상 브라우저 주소표시줄 검색을 대부분 구글로 연결시키기 때문에 검색 키가 없어도 큰 불편함은 없다.

홈 키

모바일 OS에서 가장 사용 빈도가 높고, 중요한 키를 꼽자면 아마도 홈 키가 될 것이다. 이것은 안드로이드나 iOS, 윈도우폰을 막론하고 어느 OS에나 필요한 필수 키다.

이것은 모바일 기기가 필연적으로 당하는 상황들 때문이다. 갑자기 전화가 오기도 하고, 아는 사람을 만나 인사를 해야 하기도 하고, 지나가는 차를 피하기 위해 잠시 앞을 봐야 하기도 하고, 전화를 받아야 하기도 한다. 모든 태스크[task]는 즉시 중단되거나 종료돼야 할 필요가 있으므로 홈 키는 필수적이었다.

데스크톱 OS 환경에도 홈 키와 동일한 역할을 하는 키가 있는데, 그것은 바로 ESC 키다(그림 2.12). 데스크톱에서 ESC 키의 역할을 생각해보면 홈 키의 의미를 좀 더 쉽게 이해할 수 있을 것이다.

하지만 iOS의 아이폰X에 와서는 홈 키마저 없애고 하단 스와이핑을 통한 홈 화면 이동을 제공하기 시작했다.

그림 2.12 데스크톱 환경의 ESC 키와 같은 역할을 하는 홈 키

하드웨어 키 대 소프트웨어 키

앞에서도 얘기했듯이 안드로이드 레퍼런스 기기들이 최근 들어 하드웨어 키들을 모두 없애고 소프트웨어 키로 대체하고 있는 추세다. 하지만 이게 과연 좋은 결정일까? 아무것도 없는 깨끗한 스크린 한 장이 과연 사용자를 위한 최선의 선택이었을까? 다소 의문이 든다.

우선 모두 소프트웨어 키가 된다는 것은 모두 터치 방식으로 구동되게 만들겠다는 뜻이다. 물론 소프트웨어 키가 아니면서도 터치 방식의 하드웨어 키를 구현한 사례는 이미 많았다. 이 역시 손끝만 스쳐도 홈스크린으로 돌아가거나 뒤로 돌아가는 비슷한 문제가 많이 발생한다. 현재 상태를 벗어날 수 있게 만드는 주요한 키들은 긴급도나 빈도 면에서 얼마든지 '접근성'이 뛰어나야 하지만, 의도된 접근인지 아닌지를 구분할 수 있는 최소한의 장치가 반드시 있어야 한다. 터치 방식이 아닌 물리적 버튼 방식으로 구현된 키는 물리적인 힘을 동원해 이 작은 허들을 뛰어넘도록 만든다. 이것이 **의도된 접근**이다. 그림 2.13처럼 iOS의 홈 키는 물리적 방식을 사용하면서도 실수를 방지하기 위해 스크린보다 안쪽으로 홈 키를 파내려갔다.

그림 2.13 물리적으로 스크린보다 더 낮은 면에 위치하는 iOS의 홈 키

이외에도 스크린오프 상태에서 전면만 보고서 기기의 방향을 파악할 수 없기 때문에 다른 하드웨어 키(전원, 볼륨 등)를 찾아낼 힌트를 얻을 수 없는 것 등의 문제가 있다. 안드로이드 레퍼런스 기기들이 이런 문제를 안고 있으면서도 계속 전면 하드웨어 키를 제외할 것인지는 앞으로 지켜볼 이슈다.

> 구글 레퍼런스 기기를 제외한 다른 제조사들의 제품은 꼭 안드로이드의 표준 하드웨어 키만을 고집하지 않는다. 레퍼런스는 어디까지나 레퍼런스일 뿐, 사용성이나 외관 차별화를 위해 제조사는 저마다의 하드웨어 키를 선보이고 있다. 정말 레퍼런스대로만 만든다면, 전면에 스크린 하나만 남게 되는데, 전면만 보고는 어느 제조사의 제품인지 알 도리가 없다. TV나 모바일 기기가 날이 갈수록 스크린 하나만 남고 있으니 제품 디자인으로 차별화하기가 좀처럼 쉽지 않다.
>
> 그림 2.14를 보면 제조사별로 하드웨어 키에 어떻게 접근하고 있는지를 알 수 있다.

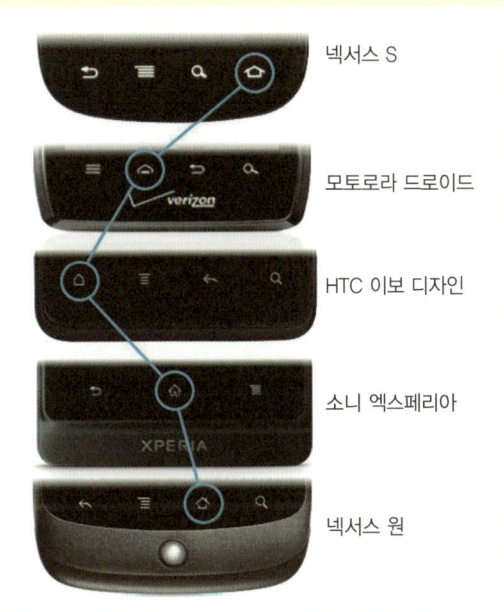

그림 2.14 제조사들의 서로 다른 하드웨어 키 접근(출처: mobile.smashingmagazine.com)

주로 가운데 홈 키를 배치하고, 좌우로 뒤로가기와 메뉴 키를 배치하는 방식을 고수하고 있었는데, 최근에는 메뉴키를 포함해 하드웨어키 자체가 거의 사라졌고, 소프트웨어로 키 위치를 변경하는 등의 옵션을 제공하기도 한다.

2.2 주요 인터랙션과 UI

인터랙션interaction에 대한 적절한 우리말 표현은 없다. **상호작용**이라고 부르면 우리들 머릿속에는 염산에 지글지글 녹는 금속 덩어리 같은 것이 떠오르기 때문이다. 어쨌든 사용자는 안드로이드 시스템과 상호작용을 해야만 자신이 원하는 목표(최상단으로 가기, 여러 항목 선택하기 등)를 달성할 수 있다. 우리가 흔히 부르는 인터페이스interface라는 용어는 이 상호작용의 접점을 이르는 말이다. 예를 들어, **다중 선택**

이라는 인터랙션은 어느 모바일 플랫폼에나 있지만, iOS에서는 **체크박스**라는 인터페이스를 사용하고, 안드로이드에서는 **롱 프레스**라는 인터페이스를 사용한다는 차이가 있다.

이런 차이 때문에 안드로이드만의 고유한 UI는 주요한 인터랙션과 결부돼 독특한 사용 경험을 만들어낸다. 독특한 것이 꼭 좋은 것은 아니기에 사용자에 따라 호불호가 나뉘지만, 4.0대의 큰 변화에 이어 8.0에 이르기까지 이런 불만들을 상당수 잡아낸 것으로 보인다.

2.2.1 액션바

액션바$^{Action\ Bar}$는 통상적으로 앱바$^{App\ Bar}$와 같은 의미로 사용되며, 안드로이드 4.0부터 자리 잡기 시작한 안드로이드의 고유 UI라고 볼 수 있다. 안드로이드 인터랙션의 상당량은 사실상 이 액션바에 의존하고 있기 때문에 액션바 하나를 제대로 이해하면 안드로이드 디자이너로서의 역량이 크게 신장된다고 봐도 과언이 아니다. 액션바의 기본 구성은 그림 2.15와 같다.

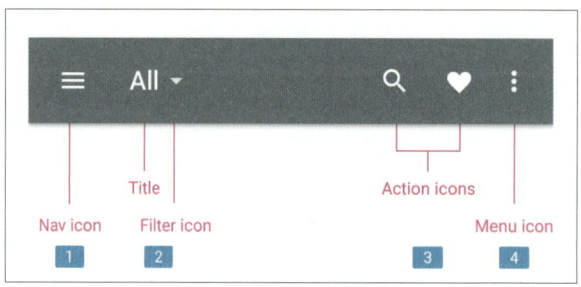

그림 2.15 안드로이드 액션바 구성(출처: developer.android.com)

1번의 경우 이전 단계나 상위 단계로 이동하는 역할을 한다. 드로어 메뉴$^{drawer\ menu}$ UI가 등장하면서, 더 이상 뒤로가거나 올라갈 데가 없는 최상위 단계에서는 왼쪽 세 줄 선이 들어가는 대신 꺽쇠가 들어가 있는 경우도 있다. 이 좌측 상단의 버튼은 내비게이션 드로어를 여는 컨트롤 기능, 앱의 상위 단계로 이동하기 위한 화살표로 사용하기도 하며, 화면에서 내비게이션이 필요 없는 경우 완전히 생략 하기도 한다. 왼쪽 꺾쇠가 들어갔을 때는 일반적으로 사용자는 별 생각 없이 뒤로 가기라고 믿고 누르는 버튼이기도 하다.

2번의 뷰 컨트롤 영역은 iOS에서 하단의 큰 탭들을 하나로 모아놓은 것으로 생각하면 쉽다. 현재 뷰에 대한 타이틀이 적힌 영역이 하나의 버튼 역할을 하는 데, 스피너가 달려 있으면 눌러보고 싶은 마음이 든다. 이걸 누르면 드롭다운 메 뉴가 뜨면서 옮겨갈 수 있는 다른 뷰들의 목록이 보여서 일종의 내비게이션 역할 을 하는 것이다. 기존에는 탭 UI로 구분해야 했던 많은 뷰들을 이제는 스피너 하 나로 해결할 수 있어서 화면을 효율적으로 활용할 수 있다. 또한 탭 UI가 차지하 는 공간의 제약 때문에 많아야 3~4개 이상을 담을 수 없었던 뷰의 개수도 어느 정도 해소할 수 있게 됐다.

3번의 액션 아이템들은 현재 뷰에서 가장 대표적으로 취할 수 있는 액션들을 모아놓은 것이다. 액션 아이템이 많을 경우 4번의 액션오버플로 $^{Action\ Overflow}$ 버튼 으로 숨어들어가게 된다. 태블릿처럼 액션바의 길이가 길게 보일 수 있는 경우에 는 숨어 있던 액션 아이템들이 등장하기도 한다. 상단바를 **액션바**로 부르는 만큼, 액션 아이템들이 적절한 행동을 유도하는 것이 필요하다.

> iOS의 경우에도 우측 상단에 액션 아이템을 배치하는 경우가 있지만, 일반적인 iOS 디자인에서 는 보통 액션 아이템을 한두 개만 배치할 수 있다. 따라서 초과되는 액션들은 내비게이션바에 올라갈 수 없으므로 본문 뷰에서 처리하는 경우가 많다. iOS와 안드로이드를 함께 디자인해야 하는 경우, 이런 문제가 종종 해결하기 까다롭다.
>
> 그림 2.16의 Songkick을 예로 들어보면, 안드로이드에서 배치하던 액션 아이템을 iOS에서는 공 간이 없어 분산 배치하는 것을 볼 수 있다. 그나마 여기서는 최상단이라 뒤로 돌아갈 곳이 없어 다행스럽게도 좌측 상단이 비어 있었다. 하지만 좌측 상단이 뒤로가기 버튼으로 채워져 있었더 라면 내비게이션바가 아닌 다른 어딘가에서 액션 아이템을 처리해야만 하는 상황이다.

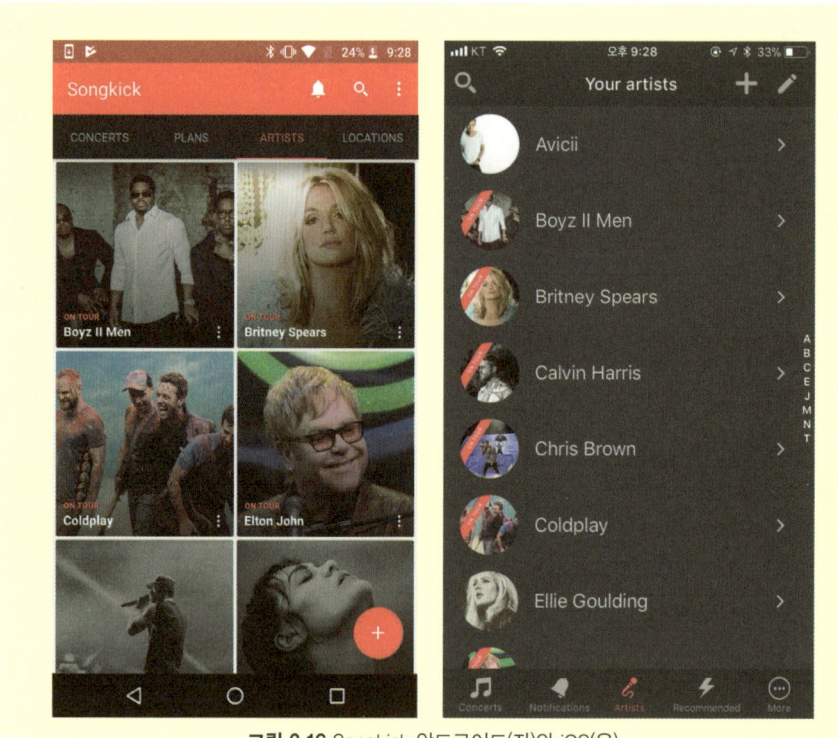

그림 2.16 Songkick 안드로이드(좌)와 iOS(우)

    4번의 액션오버플로에 들어갈 액션들을 잘 선택하는 것도 중요하다. 사용자가 누를 일이 많지 않다는 것도 숙지하고 있어야 하며, 혹시라도 **여기를 눌러보고 행동을 취하겠지...**라는 안일한 생각은 버려야 한다. 액션바가 좁아서 꼭 필요한 데도 넣지 못하는 액션이라면 차라리 뷰 자체에서 해결하는 것을 권장한다.

    액션오버플로에 들어가는 액션들은 액션바의 길이에 따라 겉으로 나오기도 하고 숨기도 한다. 태블릿처럼 액션바의 길이가 넉넉한 기기에서는 액션 버튼이 굳이 액션오버플로로 숨어들어갈 필요가 없다. 하지만 일반적인 핸드셋^{handset}에서는 액션바의 길이가 넉넉하지 못하다 보니 가장 우선순위가 높은 것 한두 개를 제외하고는 모두 액션오버플로 속으로 숨어들어간다. 간단하게 기기를 가로세로로 회전시켜보면 액션바의 길이가 변하면서 이런 액션 버튼이 없어지거나 나타나는 현상을 발견할 수 있다(그림 2.17).

그림 2.17 구글 스프레드시트에서 액션바 길이 변화에 따른 액션 아이템의 차이

또한 액션바가 넉넉해지면 액션 아이템의 레이블을 함께 표기해 사용자가 아이콘을 쉽게 알아보는 데 도움을 주기도 한다(그림 2.18).

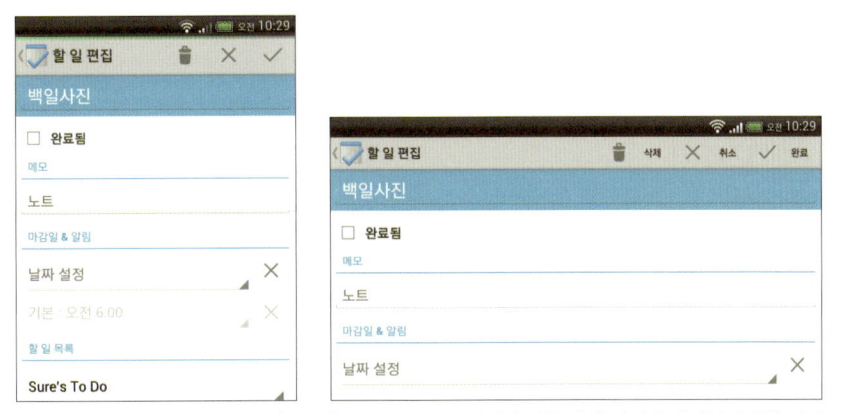

그림 2.18 이전 버전의 태스크스(Tasks) 앱에서 액션바 길이에 따른 액션 아이템 레이블의 출현 예시

스플릿 액션바

스플릿 액션바split action bar는 액션바상의 액션 아이템을 위아래로 나눠 다중으로 가져가는 것을 말한다. 상단 액션바의 공간만으로는 충분한 액션을 제공하지 못한다고 판단될 때, 액션 아이템들을 하단에 배치하거나 상하단 모두에 분산 배치할 수 있다. 물론 소프트웨어 키와 매우 근접한 위치에 액션 아이템들을 두는 것

은 실수를 유발할 확률이 높아지므로 썩 좋은 방법은 아닐 것이다(그림 2.19).

그림 2.19 하단에 액션 아이템과 액션오버플로가 보이는 구글 지도의 스플릿 액션바

컨텍스추얼 액션바

모바일 디자인은 워낙 좁은 화면 내에서 주어진 목표를 달성해야 하기 때문에 화면 영역이 모두 소중하다. 따라서 할 수만 있다면 정보를 보여주는 데 최대한의 공간을 할애하고, 각종 버튼들은 때에 따라서만 나와주면 고마운 것이다. 이런 사상을 가장 여실히 보여주는 것이 바로 컨텍스추얼 액션바Contextual action bar인데, 상황에 따라 액션바를 변신시켜 필요한 버튼들을 등장시키는 방식이다.

안드로이드에서 롱프레스long press를 통해 아이템을 선택하면 해당 아이템에 대해서만 적용할 수 있는 갖가지 액션이 등장한다(그림 2.20). 과거에는 대화상자를 띄우는 방식 등으로 이러한 액션들을 처리하곤 했는데, 안드로이드 4.0부터는 액션바 자체를 변신시키고 그 위에 필요한 액션 아이템들을 늘어놓아 사용자가 선택하도록 유도하고 있다. 어차피 특정한 아이템을 선택해놓은 상황에서는 선택을 해제하기 전까지 취할 수 있는 액션이 한정돼 있기 때문에 기존의 액션바를 장시간 불능시켜도 크게 문제가 되지 않는다. 대화상자를 띄워서 액션을 취하도록 강제했던 과거의 방식을 생각해보면 쉽게 이해되는 부분이다.

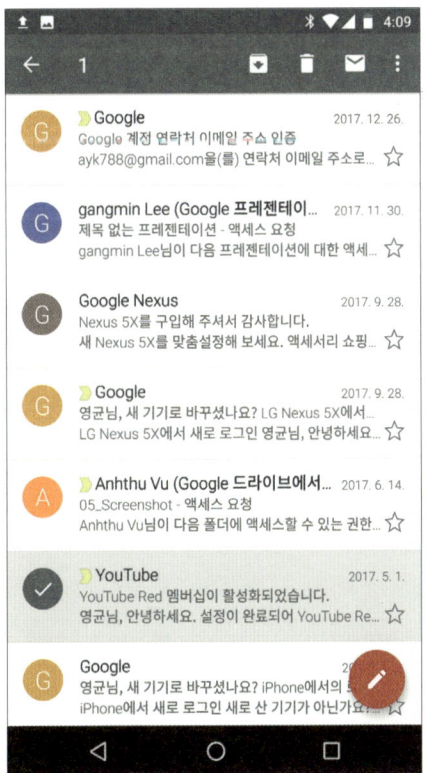

그림 2.20 아이템을 길게 눌렀을 때 상단의 액션바가 변함

액션바의 한계점

기존의 안드로이드가 갖지 못했던 고유의 정체성을 찾았다는 것은 축하할 일이지만, 그럼에도 액션바로 해결되지 못하는 여러 한계점이 존재한다.

첫째, 상위 단계로 이동하는 내비게이션의 기호가 윗방향 화살표(^)가 아닌 좌측 방향 화살표(〈)를 사용한 점이다. 이것은 안드로이드의 **뒤로가기** 버튼과 항상 혼동되는데, 사용자는 좌측 방향 화살표만 보고 바로 이전의 뷰로 이동할 것이라는 기대를 갖게 된다. 하지만 결과는 바로 이전이 아닌 상위 단계로의 이동이다. 기기의 크기가 작아 하드웨어상의 뒤로가기 키가 더 편하게 눌리는 경우는 괜찮지만, 항상 화면의 기호들만을 주시하는 큰 화면의 태블릿에서는 매우 흔하게 발생하는 오류다.

둘째, 액션 아이템의 픽토그램들이 무엇을 말하는지 알 수 없다. 웹처럼 마우스로 미리 가져가보고 힌트를 얻을 수 있는 인터페이스가 아니다 보니, 사용자가 직접 눌러보기 전까지는 어떤 결과가 나타날지 예측할 수 없다. 심지어 구글이 사용하는 구글 메일에서도 액션 아이템으로 올라온 픽토그램이 그다지 직관적이지 못해 여전히 사용하는 데 어려움이 있다. 이에 대한 보완책으로 액션 아이템을 1~2초간 꾹 누르고 있으면 팝업이 나타나면서 액션 아이템에 대한 설명이 아래에 나타나기도 한다(아마 모르는 사람도 많을 것 같다)(그림 2.21). 아이콘이 만국 공용어가 될 수는 있겠지만, 그만큼 자기 나라 언어보다 더 쉽게 인지하기는 어려울 것이다. 따라서 될 수만 있다면 액션 아이템과 기능을 병기하는 것이 좋다.

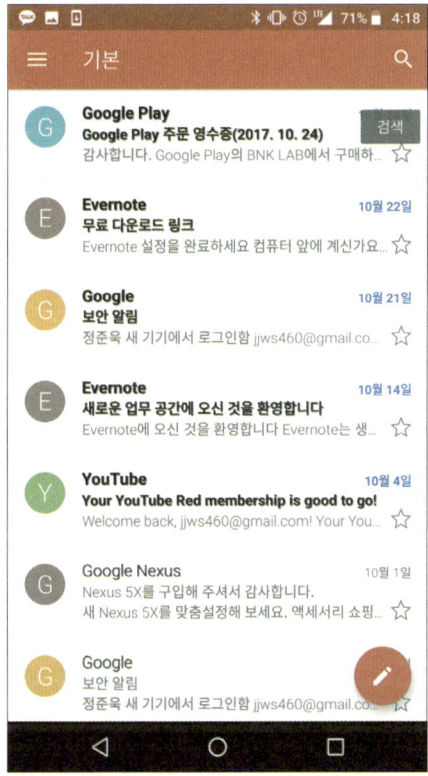

그림 2.21 액션 아이템을 길게 눌러서 나온 해당 아이템의 설명

셋째, 스피너의 존재가 쉽게 인지되지 않는다. 안드로이드 4.0부터 적용된 스피너의 그래픽 표현이 워낙 최소화되다 보니, 이것이 누름직한 것인지 도통 감이 오지 않는다. 따라서 사용자가 주요한 내비게이션을 놓치고 지나갈 수 있다는 단점이 있다.

2.2.2 내비게이션

안드로이드의 내비게이션 시스템을 이해하는 것도 안드로이드 인터랙션에서 큰 비중을 차지한다. 사용자가 원하는 곳으로 빠르게 도달하도록 UI가 충분히 직관적이면 좋겠는데, 사실은 그렇지 못한 편이다. 특히 앞에서 살펴본 액션바의 업^{up} 버튼을 이해하려면 안드로이드 4.0부터 적용되는 내비게이션을 이해해야만 한다.

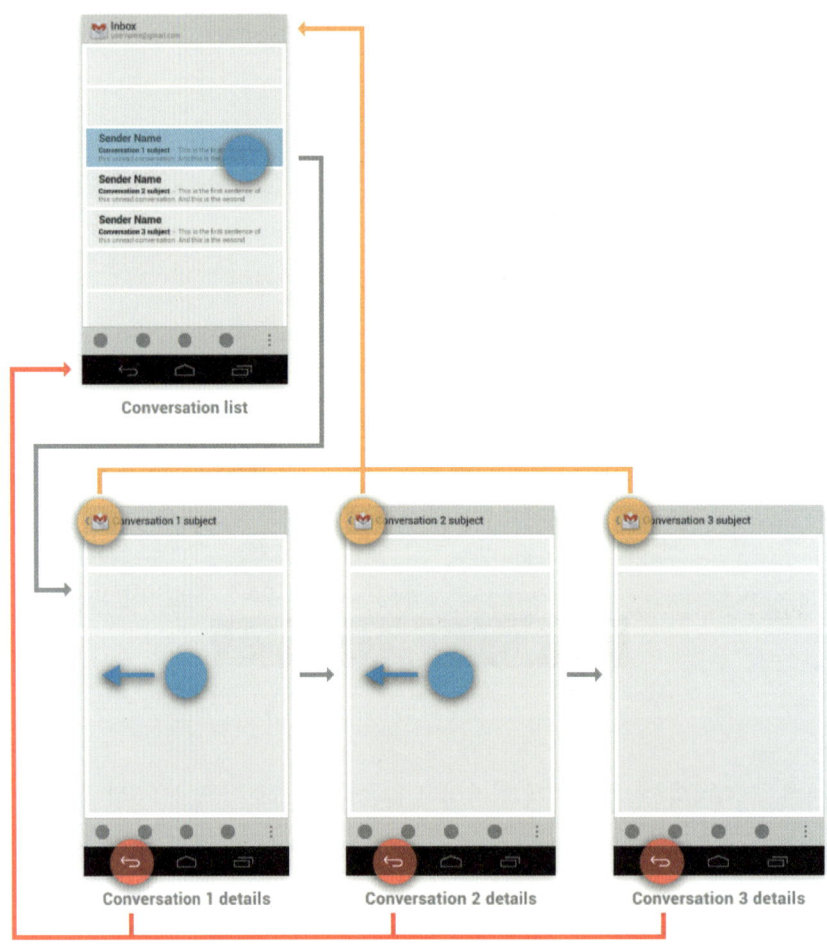

그림 2.22 안드로이드 내비게이션과 업 버튼의 개념(출처: developer.android.com)

여전히 오늘날에도 많은 사람이 좌측 상단에 있는 **업** 버튼을 누르면서 본인은 단지 뒤로가고 있다고 믿고 있지만, 사실 **뒤**가 아닌 **상위**로 올라가고 있는 것이다. 앞서 액션바를 설명할 때도 나왔지만, 좌측 상단에 붙어 있는 **화살표** 버튼의 명칭이 바로 **업 버튼**이기 때문이다(그림 2.22).

그럼에도 여전히 사람들이 **뒤로가기**와 동일하게 느끼고 있는 것은 계층적 구조를 가진 앱이 아니면 **업** 버튼이 본래의 의미대로 움직일 기회가 없기 때문이다. 상위로 갈 곳이 없다면 단지 그 전으로 되돌아갈 뿐이니 뒤로가기 키를 눌러 뒤로 돌아가던 경험과 별반 다르지가 않다. 그렇게 몇번이고 경험하다 보면 사람들은 뒤로가기 키와 **업** 버튼의 차이를 잘 이해하지 못하게 된다.

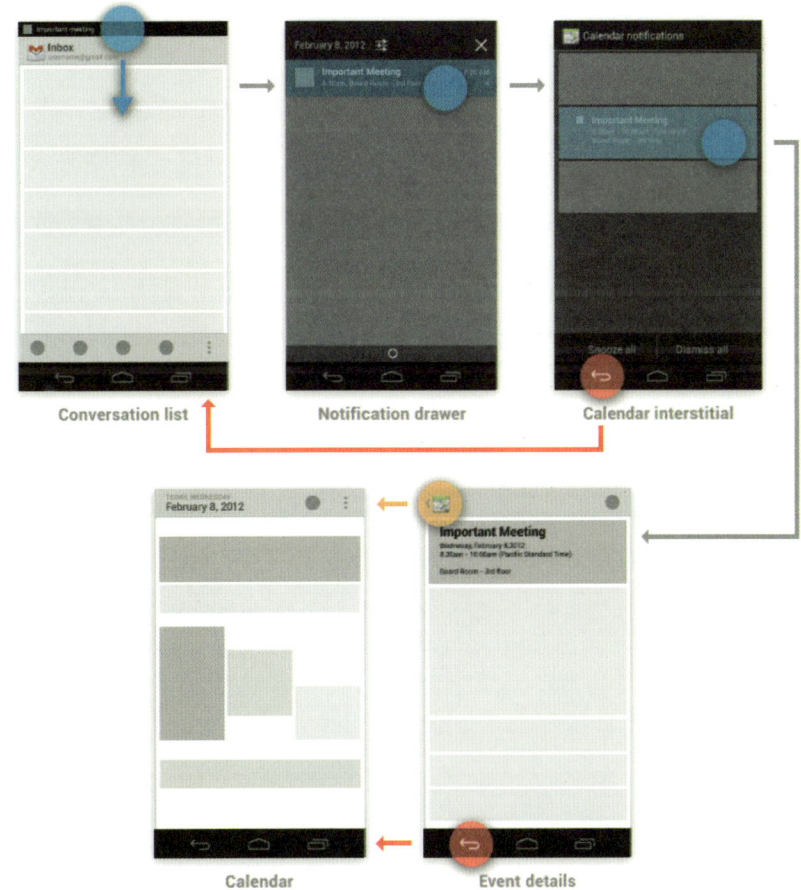

그림 2.23 다른 앱으로 이동한 후 업 버튼을 누르면 해당 앱의 상위로 올라감(출처: developer.android.com)

업 버튼의 진가를 확인해보려면 그림 2.23과 같은 앱 간의 이동이 있는 경우가 좋은데, 이를테면 갤러리 앱에서 공유 버튼을 눌러 지메일로 넘어온 경우가 이에 해당한다. 지메일로 넘어온 상태에서 하드웨어상의 뒤로가기 키를 누르면 당연히 바로 이전의 화면으로 넘어가게 되므로 갤러리 앱으로 돌아간다. 하지만 같은 상황에서 좌측 상단의 업 버튼을 누르면 해당 앱의 상위 단계로 가는 것이 규칙이므로 이때는 갤러리가 아닌 지메일의 상위 단계(받은 편지함)로 돌아가게 되는 것이다.

2.2.3 뷰 스와이핑

뷰 스와이핑은 화면 전체를 좌우로 밀어 뷰 전체를 바꾸는 UI를 말한다. 흔히 안드로이드에서는 탭 간의 이동에 이 뷰 스와이핑이 사용되는데, 모든 탭에 적용되는 것은 아니다. 뷰 스와이핑을 안드로이드에서 처음 발견하고 무척 놀랐던 기억이 나는데, 매우 직관적이면서도 iOS에서 발견할 수 없는 안드로이드만의 고유한 UI였기 때문이다. 특히 아이폰에 비해 큰 화면으로 승부하는 안드로이드 기기들이 많이 등장하면서, 기존의 탭 UI로는 도저히 사용성을 당해낼 재간이 없었다. 플러스나 X 모델을 제외한 아이폰은 그나마 한 손에 들어오는 크기에 뷰를 전환하는 탭들이 모두 하단에 배치돼 있어 엄지손가락을 뻗으면 내비게이션이 가능했는데 안드로이드는 한 손으로는 불가능했다. 특히 (iOS를 의식한 탓인지) 모든 탭들이 상단에 붙어버려서 한 손으로 탭을 전환한다는 건 애초에 불가능한 일이었다 (그림 2.24).

그림 2.24 대형화되는 안드로이드 기기에서 한 손으로 상단에 붙은 탭을 누르기 힘듦
(출처: gottabemobile.com)

하지만 뷰 스와이핑을 사용하면 굳이 탭까지 손을 뻗지 않아도 뷰를 전환할 수 있으므로 디스플레이가 점점 대형화되는 요즘의 추세에서는 다른 어떤 UI보다 유용한 UI가 아닌가 싶다.

뷰 스와이핑은 앞서 말한 대로 탭 간의 이동에서 가장 많이 사용되고, 그 다음으로 사용 가능한 영역은 디테일 뷰 간의 이동이다. 이를테면 지메일에서 메일을 읽고 있을 때 다음 편지를 읽기 위해 굳이 상단(마스터뷰)으로 이동하지 않고, 뷰 스와이핑을 통해 다음 편지로 넘어가는 식이다(그림 2.25). 하지만 지메일조차도 탭 UI에서 사용하는 좌우 간의 힌트를 하단에 배치하는 등 적절한 어포던스affordance를 주지 않아 모르는 사용자가 많다. 아무래도 탭 UI에 비하면 좌우에 무엇이 있는지 쉽게 보이지 않으므로 유추하기 어려운 편이다.

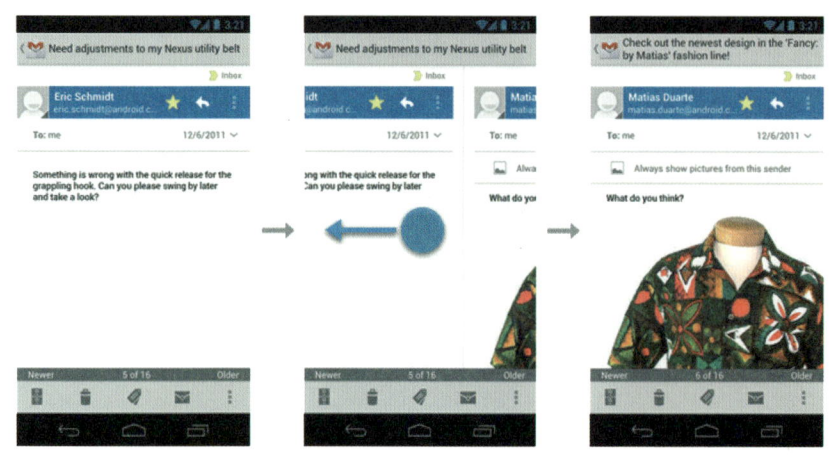

그림 2.25 뷰 스와이핑으로 지메일에서 이전/다음 편지 읽기(출처: developer.android.com)

이런 점들을 고려했을 때 상단 탭과 같은 직관적인 힌트가 없다면 사용자가 뷰 스와이핑을 발견하고 기뻐하며 열심히 사용해줄 것이라 기대하는 것은 좀 무리가 있다. 일반적으로 모바일 기기에서 상하 스크롤은 쉽게 예측 가능한 행동이지만, 좌우 스와이핑은 이에 비하면 훨씬 어려운 편이다. 구글의 가이드대로 디테일 뷰 전환에도 사용할 수 있겠지만, 크게 기대하지 않는 것이 좋을 듯하다.

> '어포던스'는 어떤 행동을 유도한다는 뜻으로, 행동 유도성이라고도 한다. 제임스 깁슨(James Gibson)이 1977년에 이 용어를 처음 사용하면서 인터랙션 디자인, 인지 심리학 분야 등에서 널리 사용되고 있다.
>
> 어포던스가 있는 디자인이란, 별다른 설명 없이도 어떻게 사용해야 할지, 어떤 행동을 취해야 할지가 직관적인 디자인을 말한다. 모바일 디자인에서 버튼을 만들 때 뚜렷한 외곽선을 준다거나 다른 면에 비해 도드라지게 디자인하는 것도 어포던스를 주기 위함이다. 이와 반대로 평평한 면에 글자나 아이콘만 그려져 있다면 사용자는 이것을 보고 눌러야 하는 버튼인지를 판단하기 어려우므로 어포던스가 충분하지 않다고 말할 수 있다.
>
> 최근 유행하고 있는 플랫(flat) 디자인의 경우, 이러한 어포던스가 많이 부족한 것이 사실이다. 하지만 사회적으로 플랫 디자인에 대한 경험이 축적되면 시각적인 어포던스가 충분하지 않아도 이외의 요소(위치, 아이콘의 형태나 색깔, 쓰여진 문구 등)를 통해 어느 정도 보완이 가능할 것으로 본다.

2.2.4 다중 선택

다중 선택을 하는 방법은 안드로이드 4.0에서부터 개선됐다. 다중 선택을 UI적으로 해결하는 것이 사실 어느 모바일 플랫폼에서나 '계륵'이다. 목록을 보여주는 곳에서는 상당 수가 다중 선택을 지원해야 하는데, 그렇다고 모든 목록에 선택 UI(체크박스와 비슷한)를 처음부터 달아놓자니 공간도 비좁고 보기에도 별로다.

안드로이드에서는 한 아이템을 길게 누르고 있으면^{long press} 해당 아이템을 선택함과 동시에, 다중 선택 모드로 진입시킨다. 그림 2.26처럼 안드로이드 3.0대에서는 한 아이템에 대한 컨텍스트 메뉴만 띄우던 것에서 이제는 여러 아이템을 선택하고 이후에 컨텍스트추얼 액션바에서 필요한 액션을 취할 수 있도록 바뀌었다.

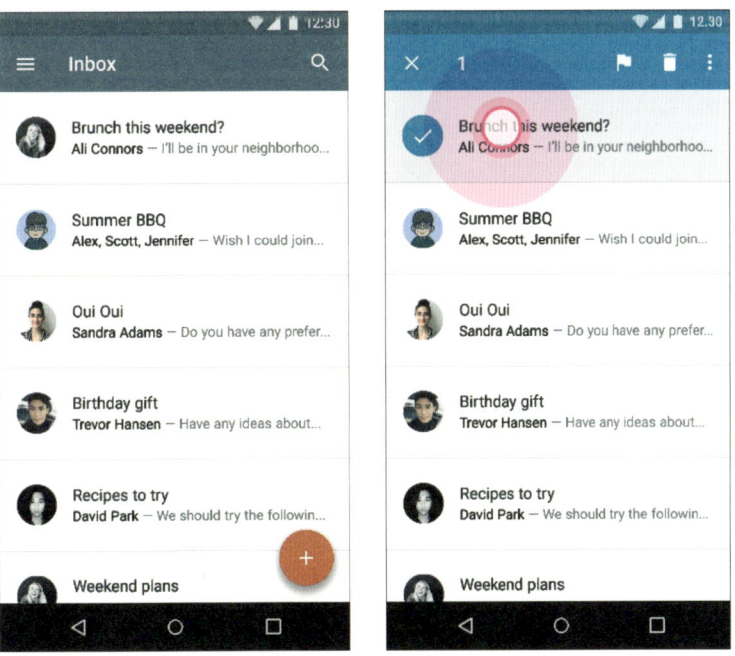

그림 2.26 롱프레스(길게 누름)로 다중 선택 지원

특히 컨텍스추얼 액션바를 사용해 당장 사용자가 취해야 할 다음 행동을 자연스럽게 유도하는 것은 칭찬할 만한 일이다(하지만 액션 아이콘이 아무런 라벨 없이 보여지는 것은 여전히 사용성에 문제가 있다).

2.2.5 앱 위젯

안드로이드 홈스크린에서 흔히 볼 수 있는 **위젯**은 정확하게는 **앱 위젯**이라고 불리는 것이다. 안드로이드에서는 앱 위젯말고도 UI **위젯**이라고 불리는 것들이 있는데(UI 요소component와 같은 의미), UI 위젯과 혼동하지 않기 위해 이 책에서는 **앱 위젯**이라는 표현으로 대신하고자 한다.

안드로이드가 맨 처음 나왔을 때, 아이폰과는 가장 다른 부분이 바로 앱 위젯이었다. 앱에 진입하지 않고도 주요한 정보들을 홈스크린상에서 바로 알 수 있다는 점이 가장 큰 특징이다. 지금은 안드로이드뿐만 아니라 다른 OS들에서도 이와 유사한 개념들을 차용하고 있으며, iOS에서도 상단바를 끌어내려 간단하게 몇 가지 정보를 확인할 수 있도록 위젯을 제공하고 있다.

특히 교통이나 날씨처럼 간단한 내용을 빨리 봐야 하거나, 네트워크 설정을 변경하고 플래시라이트를 켜는 것처럼 급박한 경우, 앱에 진입해 서버와 통신하고 화면을 렌더링하는 시간조차 아까울 때가 많다. 따라서 사용자들은 이러한 태스크를 순식간에 처리할 수 있는 앱 위젯을 동일한 기능의 앱 대신 사용하는 것이다. 때로는 그림 2.27과 같이 오로지 앱 위젯만을 위해 존재하는 앱들도 있다. 홈스크린에서 정보를 제공하는 것을 목적으로 하는 것이 본연의 의무고, 앱은 위젯의 설정만을 위해 존재하는 것이다.

그림 2.27 날씨와 시간 정보만을 앱 위젯으로 다루는 뷰티풀 위젯(beautiful widget)

앱 위젯의 디자인은 안드로이드 디자인 중에서도 특히 까다로운 영역이다. 안드로이드 기기가 워낙 다양하다 보니, 홈스크린의 크기나 셀의 개수도 모두 제각각이고, 해상도 역시 다르다 보니 앱 위젯을 정형화된 크기로 예상하고 디자인하기 어렵기 때문이다. 안드로이드 가이드라인에서도 앱 위젯에 대한 디자인 가이드 정보가 부족한 편이어서 쉽게 접근하기 어려운 면이 있다. 특히 안드로이드 4.0부터는 앱 위젯의 크기를 조절하면 크기뿐만 아니라 보여지는 내용도 달라지도록 가이드라인이 잡혀 있는데, 이 모든 상황을 예측해 앱 위젯을 디자인하기는 어렵다.

2.3 레이아웃의 특징

사용자가 적절한 인터페이스로 원하는 목적을 달성하려면 해당 인터페이스가 **적절한 위치**에 있어야 한다. 안드로이드의 레이아웃은 디자이너들에게는 꽤 골치 아픈 숙제기도 한데, 이는 다양한 기기와 비례 문제 때문이다. 안드로이드는 태생부터 이런 레이아웃 문제를 해결하기 위한 다양한 방편들을 제공하고 있고, 디자이너가 이를 십분 활용해 레이아웃을 잡아나가야만 비로소 자신이 원하는 화면을 (간신히) 얻어낼 수 있다. 개발자와 적극적으로 논의해야 하는 것은 당연하다.

2.3.1 반응형 레이아웃

안드로이드의 하드웨어적 특성은 소프트웨어에도 반영될 수밖에 없다. 특히 앞에서도 언급했듯이, 변화무쌍한 디스플레이들을 품어야 하는 안드로이드는 소프트웨어에서 이 모든 상황들에 대응해야 하는 것이다. 따라서 안드로이드의 레이아웃은 크기와 비례가 언제든지 변할 수 있다는 사실을 주지하고 있어야 한다. 아이폰처럼 적은 수의 비례, 해상도만 존재하는 것이 아니기 때문에 이미지 소스를 만들거나 UI 요소들의 배치에서도 이런 **가변성**을 늘 염두에 둬야 한다. 아이패드도 정해진 비율과 해상도가 있으므로 많아야 대여섯 개의 화면만을 고려하면 되지만, 안드로이드는 하나의 제조사에서만 쏟아내는 해상도와 비례만도 수십 개에 달하기 때문에 레이아웃이 어디 하나 고정된 것만 존재한다고 생각하고 디자인할 수는 없다. 극단적인 레이아웃의 변화까지도 어느 정도는 감안하면서 작업에 들어가야 한다.

아마 안드로이드 디자인에 대한 고민거리들은 웹 디자인을 해본 사람들에게 더 익숙한 것이 많을 것이다. 웹이 대응해야 했던 타깃 모니터나 해상도가 불분명했던 것만큼이나 안드로이드 역시 대응해야 하는 기기의 숫자가 천차만별이다.

개발자들 사이에서는 안드로이드 개발을 하고 나면 성불한다는 얘기가 있는데, 디자이너 역시 여기서 자유로울 수 없다. 시간이 지나고 기술이 성숙해져서, 낮은 해상도의 기기들이 사라지고 모두가 600dpi 이상의 디스플레이를 장착하고 나오는 세상이 오기 전까지는 안드로이드 개발로 얻을 수 있는 내면의 성숙과 반복 노동의 기쁨도 우리와 늘 함께한다는 것을 기억하자.

2.3.2 플랫 스타일

iOS7이 나오기 전까지만 해도, 안드로이드와 iOS 간의 스타일은 극명하게 대비되곤 했지만, iOS7 이후로는 iOS마저도 플랫한 디자인 스타일을 추구하면서 모바일 디자인계가 갑자기 *스큐어모피즘 퇴치 운동이라도 벌인 듯 평평해져버렸다. 얼핏보면 스타일 트렌드의 변화로 받아들일 수 있지만, 사실은 앞서 언급된 반응형 레이아웃을 숙명적으로 가져가야 하는 플랫폼의 특성이 디자인 스타일에도 반영된 것이라고 볼 수 있다.

내비게이션바의 배경을 알록달록한 무늬로 채워넣고 싶다고 가정해보자. 스마트폰 크기에 들어갈 것만 생각하고 적당한 크기의 패턴을 구해와서 채웠는데, 이것이 7인치 태블릿과 10인치 태블릿에서 구동돼야 하는 것이다. 연속적으로 타일링되는 패턴이라면 모를까, 스마트폰에서만 적당히 보일 패턴이라면 당연히 그보다 넓은 화면에서는 늘어나거나 어색하게 반복되는 현상이 벌어질 수밖에 없다. 이러다 보니 질감이나 패턴과 같은 디자인 요소들은 반응형 디자인에서 골칫거리가 되는 것이다. 아마도 플랫한 디자인 스타일은 이런 고민의 산물이 아닐까 싶다. iOS7부터의 스타일 변화도 애플 제품의 디스플레이를 다양화하려는 포석쯤으로 생각할 수 있다.

> 스큐어모프(skeuomorph)라는 단어의 어원은 그리스어로, 그릇, 도구를 뜻하는 'skeuos'와 모양을 뜻하는 'morphé'의 합성어다. '기능적으로 불필요한 경우라도, 다른 물건의 유사한 인공물로부터 모방한 디자인 특징'을 뜻한다.
>
> iOS6에서 볼 수 있었던 메모장 앱 윗부분의 종이가 찢겨진 묘사라든지, 게임 센터의 녹색 직물 배경이 바로 이런 예가 될 수 있다. 메모장 앱에서 종이가 찢겨나간 듯한 묘사는 기능적으로 필요한 것이 아니지만, 사람들에게 익숙한 시각적 요소를 모방해 사용자의 낯섦을 극복하려는 의도가 있는 것이다.
>
> 스큐어모피즘은 아날로그적 사물의 쓰임새를 디지털상으로 전환하는 데 있어 완충재의 역할을 했다고 평가되기도 한다. 하지만 스마트폰이 이미 많이 보급된 최근 시점에서는 이런 스큐어모피즘이 사용성에 방해가 되고, 유치하고 오래돼 보인다는 비판도 많다.

2.3.3 dp 단위

솔직히 컴퓨터 그래픽을 시작한 이래, 픽셀pixel이 아닌 다른 단위를 만나 이토록 헤매는 순간이 올 줄은 상상도 못했다. 안드로이드를 시작하면서 처음에 온전히 dp 개념을 익히지 못했을 때는 은근히 개발자에게 주눅이 들기도 하고, 평생 픽셀에 매달려 살아온 내가 도무지 픽셀로 대화할 수 없는 무력감은 이루 말할 수 없었다.

> 디자이너: "250픽셀이에요."
> 개발자: "픽셀말고 dp로 알려주세요."
> 디자이너: "…."

인쇄물도 아니고, 여전히 화소를 하나씩 집성해 만드는 모바일 디스플레이에서 왜 우리는 픽셀이 아닌 새로운 단위를 만나 이렇게 씨름해야 하는 걸까? 픽셀말고 다른 단위라는 게 있을 필요가 있을까? 한번 알아보자.

dp의 의미

dp$^{\text{Density-independent Pixel}}$ 또는 dip라고 불리는 이 단위 개념은 우리말로는 **밀도 독립 화소** 정도로 번역할 수 있다. 다시 풀이하면 디스플레이의 해상도(밀도)와 상관없이 다룰 수 있는 단위(화소)라는 뜻이다.

dp 단위는 쉽게 생각하면 mm나 cm처럼 현실 세계에서 다루는 물리적인 단위와 비슷하다. 픽셀 단위는 스크린 안에서만 정확하지, 현실 세계에서는 기기마다 표현되는 길이가 다르다. 이런 문제점은 스마트폰처럼 터치스크린을 디자인해야 하는 상황에서는 제법 골치가 아픈데, dp 단위를 사용하면 기기마다의 차이를 고민하지 않고도 인터페이스를 디자인할 수 있어서 널리 사용된다.

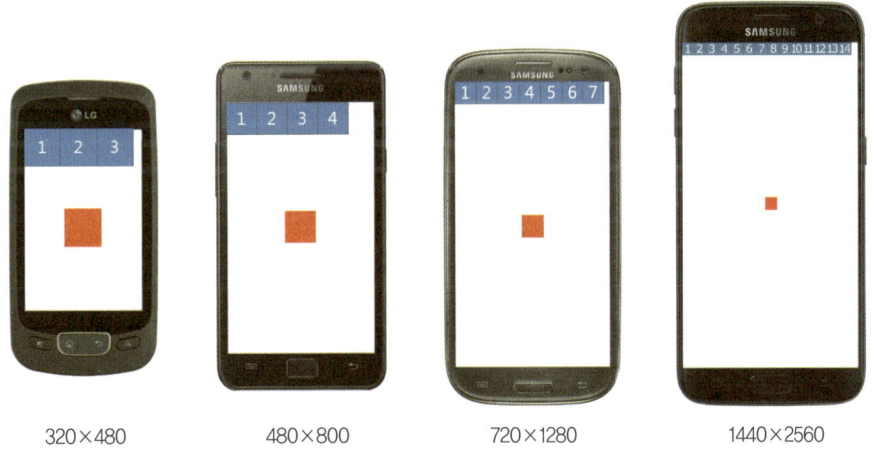

그림 2.28 실제 기기들에서 보여지는 100픽셀의 크기

그림 2.28처럼 가로세로 100픽셀로 버튼을 만들었다고 생각해보자. 이 버튼을 갤럭시 S2에서 플라스틱 자로 재보니 11.7mm의 크기가 나온다. 그런데 동일한 버튼을 갤럭시 S4에서 재보니 8.3mm밖에 안 된다. 분명 같은 100픽셀인데 실제로는 크기가 다르다. 일일이 화면에서 버튼 크기를 재면서 만들 수는 없는 노릇이다. 이러니 픽셀 단위로만 작업할 수 없는 상황이 되는 것이다. 그렇다고

mm를 쓰자니 기기마다 10mm는 몇 픽셀인지 설명해주는 곳도 없다. dp는 이럴 때 사용하는 것이다.

dp는 공식적으로 픽셀과 관계를 맺고 있기 때문에 이 문제를 해결할 수 있는데, 관계는 다음 식과 같다.

$$pixel = dp * (density / 160)$$

이 식에서 density는 기기의 해상도를 뜻한다. xxxhdpi는 640, xxhdpi는 480, xhdpi는 320, hdpi는 240, mdpi는 160 등으로 이미 값이 정해져 있다. 갤럭시 S7이라고 해서 열심히 화면 밀도를 계산해 576dpi를 넣는 게 아니라 갤럭시S7에 해당하는 구간인 xxxhdpi 값 640을 넣는 것이 이 계산식을 사용하는 중요 포인트다.

자, 그러면 개발자가 "48dp로 아이콘 하나 그려주세요"라고 요청하면 어떻게 작업해야 할까? 물론 여러 종류의 안드로이드 기기로 올라갈 것을 고려해야겠지만, 당장 xxxhdpi 기기인 갤럭시 S7을 타깃 디바이스로 생각하고 작업해보자.

$$192 = 48 * (640 / 160)$$

우선, 공식에서 dp 자리에 48을 넣고, density 자리에는 앞서 얘기한 대로 640을 넣는다. 그러면 192픽셀이란 값이 나오니, 갤럭시 S7을 위해서라면 우선 192 × 192픽셀 아이콘을 하나 만들면 된다는 걸 알 수 있다. 갤럭시 S4를 위해서라면 density 자리에 480(xxhdpi에 해당하는 값)을 넣고 계산하면 된다. 144 × 144픽셀로 아이콘을 디자인하면 된다는 계산이 나온다.

글로만 읽어서는 손쉽게 머리에 들어오는 개념이 아니다. 실제로 기기마다 화면을 캡처해 아이콘에 해당하는 크기를 픽셀 값으로 재보면 이 기기에서 아이콘이 이 픽셀 값으로 그려져 있는지 감이 오기 시작할 것이다. 굳이 계산식을 이해하려고 노력하지 않아도 되므로 실제로 두세 가지 기기에서 아이콘의 크기나 액션바의 높이를 측정해보길 바란다.

> iOS에서 다루는 화면은 아주 제한적이다. 손에 들어올 만한 크기의 핸드셋 기준으로만 보면 레티나 디스플레이가 나오기 전의 3.5인치 디스플레이, 3.5인치 레티나 디스플레이, 아이폰5의 4인치, 아이폰6/7/8의 4.7인치, 아이폰6plus/7plus/8plus의 5.5인치 레티나 디스플레이, 아이폰X의 5.8인치 슈퍼 레티나 디스플레이 이렇게 6개뿐이다. 그리고 레티나 디스플레이가 나오던 순간까지도 아이폰의 화면 크기는 3.5인치로 전혀 변하지 않았다. 아이폰 GUI 디자이너들은 기존 작업을 단순히 2배, 3배 크기로만 작업하면 레티나 디스플레이에 대응할 수 있었고, 이건 별 고민거리가 아니었다.
>
> 가로세로 100픽셀짜리 버튼을 레티나 디스플레이에 맞추려면 그냥 200픽셀, 300픽셀짜리로 정확하게 2배, 3배로 만들면 된다. 어렵지 않다. 그리고 동일한 크기의 버튼이 생긴다. 파일 이름 뒤에 @2x, @3x라는 접미사만 붙여주면 된다(그림 2.29).
>
>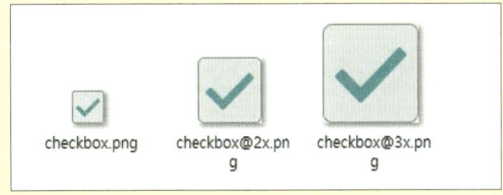
>
> **그림 2.29** 레티나 디스플레이와 이전의 디스플레이를 위한 이미지 소스

dp의 유래

수천, 수만 개의 안드로이드 스마트폰들이 저마다 다른 해상도와 크기를 갖고 지금 이 시각에도 쏟아져나오고 있다. 왜 제조사들은 iOS처럼 균질한 디스플레이로 표준화를 하지 못해 애꿎은 디자이너들을 괴롭히고 있는 것일까?(표 2.2)

표 2.2 해상도별 제조사들의 대표 기기

해상도	대표 기기들
mdpi	갤럭시 에이스, 옵티머스 원
hdpi	갤럭시 S2, 옵티머스 2x, 넥서스 원
xhdpi	갤럭시 S3, 옵티머스 G, 베가레이서 2
xxhdpi	갤럭시 S5, LG G3, 넥서스 5x
xxxhdpi	갤럭시 S9, LG G6, 넥서스 6

사실 이 문제는 하드웨어 경쟁을 일삼는 제조사에게 돌아갈 것이 아니라, 다양한 해상도, 다양한 크기의 화면을 지원하겠다는 안드로이드 OS의 기본 철학으로 돌아가야 한다. 이런 철학 때문에 안드로이드는 다양한 화면을 대응하는 여러 가지의 기술적 보완재들을 만들어냈고, dp 역시 이러한 고민의 산물이다.

하지만 왜 윈도우나 맥 OS 같은 데스크톱 환경의 운영체제들은 오랜 세월 동안 이런 문제가 없었을까? 이상하지 않은가? 지금까지 픽셀만 갖고도 아무 문제 없이 잘 살아왔고, PC 모니터 역시 다양한 크기와 해상도가 존재하는데, 왜 이게 문제가 되지 않는단 말인가? 이것은 모바일과 데스크톱의 사용자 인터페이스가 근본적으로 다른 데서 이유를 찾아볼 수 있다.

데스크톱 환경에서의 입력 장치^{input device}와 출력 장치^{output device}는 키보드, 마우스, 모니터가 각각 담당한다. 데스크톱 환경에서도 해상도가 높아지면 아이콘이 작게 보이는 현상이 나타난다. 하지만 이게 큰 문제가 되지 않는 이유는 손가락이 아이콘을 누르는 게 아니라, 화면상의 포인터가 아이콘을 누르기 때문이다. 내 손은 여전히 마우스라는 입력 장치를 만지고 있을 뿐이고, 마우스의 크기는 해상도와 상관없이 동일하다. 내 손이 지난 십년간 크게 변하지 않는 것처럼 말이다.

하지만 아이폰을 필두로 한 터치스크린 기반의 스마트폰들은 이 **터치스크린** 위에 입력 장치와 출력 장치가 하나로 합쳐져 있다. 사람은 보는 그대로를 만질 수도 있고, 또 만져야만 작동하는 구조다. 상황이 이렇다 보니 해상도가 변한다고 해서 아이콘까지 작아지면 곤란해진다. 데스크톱처럼 내 손가락 대신 아이콘을 눌러줄 자그마한 포인터가 없기 때문이다.

따라서 dp 단위의 출현은 터치스크린이라는 인터페이스의 등장과 맞물려 있다고 볼 수 있다.

2.4 정리

2장에서는 안드로이드가 지니는 하드웨어적 특성과 소프트웨어적 특성을 살펴봤다. 특히 안드로이드의 다양한 디스플레이가 소프트웨어에 미치는 영향들(dp 개념, 반응형 레이아웃 등)은 디자이너가 반드시 이해하고 있어야만 디자인 작업을 원활하게 진행할 수 있을 것이다. 이외에도 액션바, 내비게이션 등의 개념 역시 안드로이드 플랫폼에서만 볼 수 있는 특성들로, 디자인 작업에 필수적인 내용들이므로 이 책 안에서 반복적으로 만나게 될 것이다.

3장
레이아웃을 구성하는 UI 위젯

3장에서 다루는 내용
- 레이아웃을 디자인하는 기본 원칙들
- 안드로이드에서 제공하는 기본적인 UI들
- 각 UI들에 대한 적용과 커스텀 디자인

꼭 안드로이드가 아니더라도, 정보 기기들이 지니는 사용자 인터페이스는 충분히 숙지하고 있는 것이 필요한데, 이것은 꼭 디자이너뿐만 아니라 개발 조직 모두가 이해하고 있어야 하는 부분이기도 하다.

첫째, 가장 적절한 인터페이스를 선택할 수 있다. 모든 정보는 해당 정보를 표현하고 사용자가 이해하며, 조작할 수 있는 최적의 방법들이 존재한다. 켜고 끄는 두 가지의 상태만이 존재하는 전등을 생각해보자. 여기에 가장 적절한 인터페이스는 스위치다. 굳이 다이얼이나 슬라이더를 줘 사용자로 하여금 어중간한 중간값을 취하게 할 필요가 없다. 따라서 정보를 표현하고 사용자와 인터랙션하게 할 수 있는 적절한 방법들을 다양하게 알아놓으면 때에 맞춰 최적의 인터페이스를 제공할 수 있다.

둘째, 새롭게 만들 필요가 없다. 안드로이드 시스템에서 제공하는 기본적인 UI만 갖고도 어지간한 정보들을 다룰 수 있다. 물론 기본 UI보다 더 좋은 인터페이스가 생각나서 제공하는 것이야 굳이 막을 필요가 없겠지만, 있는 UI를 써먹지 못하고 애매하게 비슷한 것을 새롭게 만들겠다고 고생하는 것은 누구에게도 도움이 되지 못한다. 특히 개발자는 개발 문서를 통해 가용한 UI가 무엇인지 대강이라도 감을 잡을 수 있지만, 디자이너는 그렇지 못한 경우가 많다.

셋째, 새로 만들더라도 일관성을 유지할 수 있다. 안드로이드 고유의 스타일(구조가 아닌 색, 형태 등의 스타일)인 머티리얼 테마가 유일한 대안은 아니다. 얼마든지 저마다의 개성을 살리는 앱 디자인을 할 수 있다. 다만 개성이 너무 넘쳐 어디서 듣지도 못하고 보지도 못한 새로운 UI를 사용하라고 강요하는 것은 '내 앱을 지워주세요'라고 외치는 것이나 다름 없다. 페이스북이나 트위터처럼 엄청난 사용자를 갖고 있는 앱이 아닌 다음에야 새로운 인터페이스로 승부하는 것이 앱의 경쟁이 아니라면, 익숙한 UI를 기반으로 하는 것이 앱의 생명력을 높이는 길이다.

아마 작업을 하다 보면 iOS나 다른 OS에서 보던 UI를 가져다 사용하고 싶은 유혹이 있을 것이다. 안드로이드나 iOS 모두 터치스크린 기반의 모바일 기기다 보니 아주 불가능한 일도 아니다. 하지만 사용자가 어디 내 앱만 하루종일 사용하는 사람인가? 하루에도 적게는 서너 개, 많게는 십수 개를 사용한다. 하지만 한 가지 확실한 것은 서로 다른 OS를 서너 개씩 쓰는 사람은 없다는 것이다. 마치 한 사람이 온종일 윈도우, 맥, 우분투를 왔다 갔다 하면서 쓰는 경우가 없듯이 말이다. 따라서 하나의 OS 안에서는 가급적 통일된 UI를 사용하는 것이 사용자를 배려하는 앱 디자이너의 미덕이다.

3.1 안드로이드 UI의 48dp 리듬

안드로이드 가이드라인에는 48dp 리듬을 갖고 디자인하라는 조언이 있다. 48dp 리듬이란 뭘까?

우선, 앞에서 dp 개념이 물리적 크기 단위와 비슷한 것이라고 배웠으므로 이걸 현실 세계의 크기로 치환해보면 대략 7~10mm 정도의 크기가 나온다. 그럼 어림잡아 8mm라고 치고, 왜 이런 크기를 기억해야 한다는 것인가?

> 48dp를 정확한 물리적 크기로 환산할 수 없이 대략적으로 잡는 이유는 안드로이드 시스템이 디스플레이의 정확한 해상도(집적도)를 반영하지 못하기 때문이다. 갤럭시 S9의 해상도는 570dpi임에도 xxxhdpi 범주에 강제로 넣어버리기 때문에 640dpi에 해당하는 픽셀을 계산한다. 따라서 정확하게 640dpi에서 48dpi에 해당하는 크기보다 더 큰 물리적 크기를 갖는 것이다.

이 크기는 손끝으로 터치스크린을 건드렸을 때 접촉하는 평균적인 크기다. 아마도 여러 가지 실험 끝에 얻어낸 평균치일 텐데, iOS에서는 44픽셀(7mm)이 이와 비슷한 개념으로 알려져 있다. 안드로이드나 iOS는 미국 태생의 모바일 OS이다 보니, 서양인들을 기준으로 잡았을 테지만, 동양인들이 누르기에도 썩 여유 있는 사이즈는 아니다.

자, 그럼 이 48dp라는 크기를 외워 사용하는 곳은 어디인가?

쉽게 생각해보면, 당장 손끝으로 눌러야 할 아이콘부터 시작할 수 있다. 아이콘은 좌로나 우로 손끝 한 자리만 차지하면 되므로 가로세로 모두 48dp로 디자인하면 된다. 따라서 xxxhdpi 해상도에서는 가로세로 192픽셀에 해당하는 크기로 디자인하는 것이다. 아이콘에서 조금만 더 나가면 버튼을 생각해볼 수 있고, 이런 버튼들도 대개 48dp 높이의 안쪽에서 만들어지곤 한다. 화면을 가로지르는 리스트 역시 48dp의 높이를 유지하는 게 좋다. 48dp 이하의 높이로 리스트를 만들면 화면도 답답해 보이고, 내가 누르려던 것을 누르기가 어려워진다. 그럼 잠깐 해상도별로 48dp를 몇 픽셀로 그려야할지 복습해보자(표 3.1).

표 3.1 해상도별 48dp의 픽셀 값

해상도	48dp에 해당하는 픽셀 값
mdpi	48px
hdpi	72px
Xhdpi	96px
xxhdpi	144px
xxxhdpi	1920px

처음 모바일 디자인을 시작할 때는 이런 가이드도 모른 채, 그냥 눈대중으로 이것저것 만들다 보니 실제로 화면에 올려보고는 누르기가 어려워 다시 작업하는 일도 많았다. 내 손에 눌린다고 해서 적절한가 싶기도 하고, 너무 많은 공간을 차지하게 할 수도 없고, 최소한의 적정 크기를 내맘대로 정하는 게 여간 찜찜한 게 아니었다.

따라서 웬만한 화면 요소들은 이 48dp라는 기준 길이에 맞추면 큰 무리가 없다. 48dp가 기억나지 않는다면 손끝이 닿는 길이인 8mm 정도를 기억해도 좋다. 적어도 앞으로 100년간은 사람의 손가락 크기가 변할 일이 없을 테고, 그동안은 이 권장 사항이 유효할 것이다.

3.2 탭

탭 역시 정보를 구조적으로 표현하는 데 없어서는 안 될 중요한 UI 중 하나다. 사용자에게 친숙한 UI기도 하고, 같은 레벨의 정보들이 직관적으로 열거돼 있으니 이해하기도 쉽다. 따라서 iOS를 필두로 한 초창기의 모바일 앱들은 이 탭 UI를 톱 레벨의 메뉴 표현에 많이 활용했다. 그러나 이런 레벨의 메뉴들이 내비게이션 드로어나 스피너 등으로 해결되고 있어서 안드로이드에서 탭 UI를 톱 레벨의 메뉴용으로 쓰는 경우는 거의 없다. 오히려 한두 단계 아래로 내려가 표현해야 할 정보가 있을 때 탭을 주로 활용하곤 한다.

특히 안드로이드에서의 탭은 하단이 아닌 상단에 주로 위치하고 있는데, 이는 아랫단에 붙어 있는 소프트웨어 키와 충돌을 방지하려는 의도가 아닌가 싶다. 하지만 이전에 비해 많이 커져버린 안드로이드 기기의 크기 때문에 상단에 붙어 있는 탭을 누르기가 어렵다. 대신 안드로이드는 이런 어려움을 극복할 수 있는 또 다른 UI를 제공하고 있는데, 바로 스와이핑swiping이다. 스와이핑이 지원되는 탭의 경우 좌우로 화면을 쓸어 탭을 옮겨다니는 것이 가능하다. 이렇게 되면 굳이 엄지손가락을 탭까지 뻗느라 위태로운 상황을 연출할 필요가 없다. 하지만 이 때문에 스와이핑이라는 귀한 제스처를 다른 목적으로 사용하기(이를테면 iOS에서 항목 삭제 등에 사용하는 것처럼)는 어렵다.

탭을 구현하는 방식은 다음과 같이 나눌 수 있다.

1. 고정 탭
2. 고정 탭 + 스와이핑
3. 스크롤 탭 + 스와이핑

고정 탭을 사용하는 1번과 2번의 경우, 일반적인 탭 UI의 모양을 생각하면 된다. 다만 스와이핑을 해서 넘기는 옵션을 추가할 것인지 말 것인지의 정도 차이가 있을 뿐이다. 고정 탭은 스크롤 탭과 달리, 실제로 누르는 액션이 필요하기 때문에 터치를 할 수 있을 만큼의 충분한 공간이 필요하며(48dp 리듬을 기억하자), 3개 이하의 뷰에서 사용하는 것을 권장하고 있다. 4개 이상으로 탭이 많아지면 고정 탭으로 소화하기에는 어려움이 있기 때문에 3번 스크롤 탭 + 스와이핑 UI를 권장한다(그림 3.1).

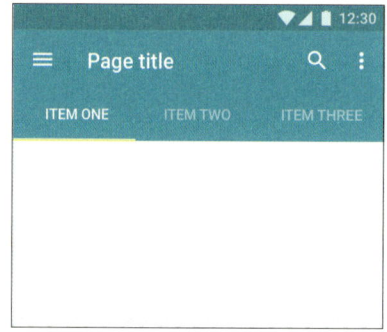

그림 3.1 최대 3개 항목까지가 적정선인 고정 탭 UI

스크롤 탭은 고정 탭으로 소화해내기 힘든 4개 이상의 항목들을 처리하기에 적절하다. 또 좌우 스와이핑을 통해 탭 간의 이동이 기본인데다 탭 영역 자체도 좌우로 스크롤되기 때문에 많은 양의 항목을 보여주기에 좋다. 구글플레이에서 볼 수 있는 스크롤 탭이 가장 대표적이다(그림 3.2). 자세히 보면 탭의 폭이 고정된 것이 아니라, 항목의 이름만큼 영역을 차지하고 있기 때문에 화면폭이 넓은 태블릿 등에서는 스크롤되지 않고 한쪽으로 몰리기도 한다.

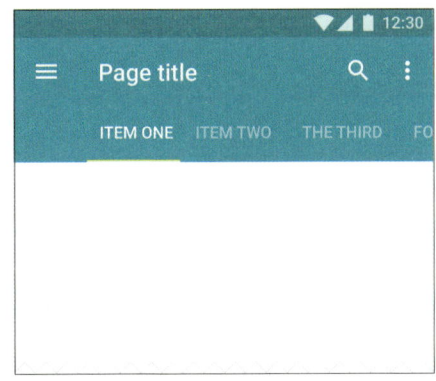

그림 3.2 스크롤 탭 UI

3.3 내비게이션 드로어

초창기 내비게이션 드로어^{Navigation drawer}는 하단이나 상단 탭 위주의 UI를 탈피하고, 확장성을 도모할 수 있어 새로운 접근으로 인식됐다. 하지만 내비게이션 드로어가 소개된 지 4~5년이 지난 지금은 거의 일반적인 UI 중의 하나로 자리 잡아 어느 앱에서나 쉽게 볼 수 있는 UI 요소가 됐다.

그러나 초기에 각광받았던 장점들에 비해 사용자가 쉽게 발견하거나 접근하기 어렵다는 비판이 많아 최근에는 다시 탭 위주의 내비게이션으로 돌아가는 추세다. 페이스북이나 유튜브도 한동안 내비게이션 드로어를 사용하다가 최근에는 다시 탭 형태의 내비게이션으로 돌아갔다. 하지만 여전히 많은 앱이 내비게이션 드로어를 사용하고 있으며, 탭 몇 개로 해결될 수 없는 구조를 가진 앱들은 이를 대체할 만한 다른 UI도 별로 없다. 내비게이션 드로어와 유사했던 스피너는 이제 완전히 시장에서 사라졌고, iOS나 안드로이드에서 가장 보편적인 UI 중의 하나라고 해도 과언이 아니다.

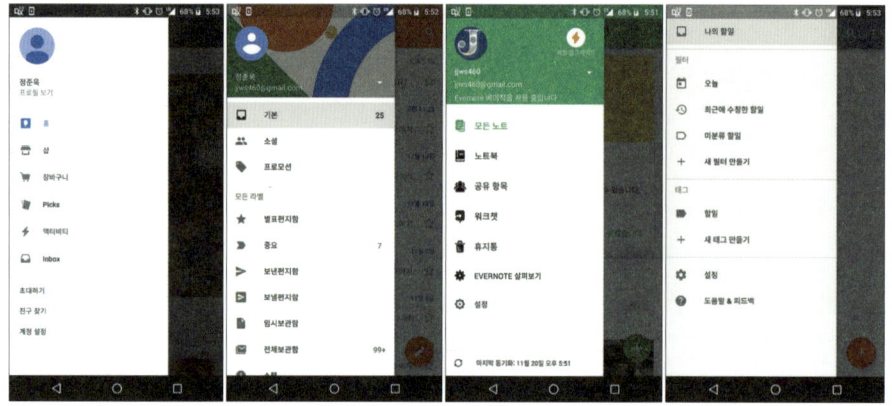

그림 3.3 내비게이션 드로어를 사용하는 대표적인 앱들. 좌측부터 팬시, 지메일, 에버노트, 태스크스

내비게이션 드로어가 가진 최고의 장점은 단연 확장성이다. 톱 레벨의 메뉴가 몇 개가 되든 디자인할 수 있기 때문에 개발하는 입장에서는 가장 안심하고 사용할 수 있는 까닭이다. 이런 메뉴들을 탭 방식으로 구현할 경우, 메뉴가 서너 개 정도만 있을 때는 충분히 감당할 수 있지만, 시간이 지나면서 메뉴 항목이 점차 늘어나면 탭 공간의 부족으로 인해 언젠가는 UI를 또 바꿔야 하는 일이 생긴다.

그 다음으로 꼽을 만한 장점은 훌륭한 접근성이다. 화면 어디서나 화면 왼쪽에서 오른쪽으로 제스처를 취하면 '드르륵'하고 열려 나오는 메뉴 덕분에 누르기 힘든 곳까지 손가락을 뻗지 않아도 되므로 메뉴 접근성이 한층 향상된다. 과거처럼 스피너로 톱 레벨에 접근해야 한다면, 매번 메뉴를 찾기 위해 액션바까지 손을 뻗어야 하는데, 요즘처럼 기기들의 크기가 대형화되는 추세에는 이것이 여간 고역이 아니다. 하지만 이런 제스처를 내비게이션 드로어에 할당하려면 콘텐츠 뷰 안에서는 제스처를 사용할 수 없으므로 이 둘 간에 충돌이 일어나지는 않는지 잘 살펴야 한다. 이를테면 지도 뷰가 있는 곳에서 내비게이션 드로어를 빼내기 위해 좌에서 우로 제스처를 취하면 메뉴는 나오지 않고 지도만 움직일 것이다.

내비게이션 드로어 메뉴를 디자인할 때 유의해야 할 몇 가지를 살펴보자. 가이드라인을 배포한 이후에도, 어렵지 않게 가이드라인을 제대로 지키고 있지 않은 앱을 찾을 수 있는 실정이다.

우선 내비게이션 드로어는 기존 콘텐츠뷰 위에 덮이는 방식으로 디자인돼야 한다. 네이버 주소록과 지메일 앱을 살펴보면 쉽게 알 수 있는데, 그림 3.4와 같이 네이버 주소록 드로어 메뉴를 보여주기 위해 콘텐츠뷰를 우측으로 밀어낸다. 하지만 지메일 앱은 드로어 메뉴가 콘텐츠뷰 위로 덮이면서 콘텐츠뷰가 어둡게 딤^{dim}되는 것을 볼 수 있다. 가이드라인은 후자 쪽이다.

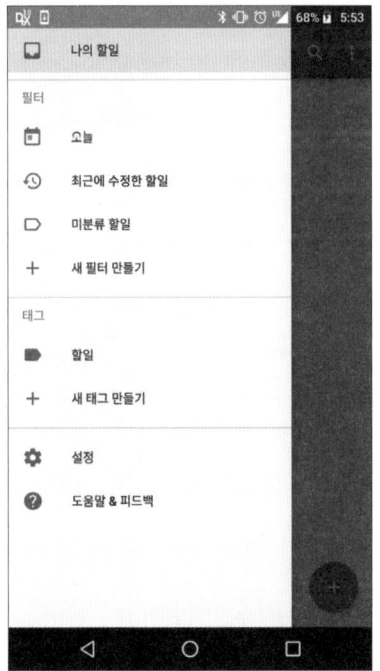

그림 3.4 드로어 메뉴가 펼쳐진 네이버 주소록

둘째로는 이 액션바 위에 올라가는 액션 아이템이다. 액션 아이템은 드로어 메뉴가 펼쳐졌을 때 필요한 것들만이 액션바 위에 보여져야 한다. 이를테면 어떤 메뉴와 상관없이 사용될 글로벌한 액션들(세팅, 로그아웃, 전체 검색 등)이 바로 이런 때에 보여져야 한다. 다시 드로어 메뉴가 닫히면, 이때는 해당 메뉴에 걸맞은 액션 아이템이 다시 액션바 위로 등장하는 것이다. 액션바에는 언제나 보여지는 뷰에 걸맞은 액션이 등장한다는 가이드를 기억한다면 이건 굳이 말하지 않아도 당연한 얘기가 된다.

셋째로는 타이틀 영역을 세심하게 살펴야 한다. 드로어 메뉴가 펼쳐지며 현재 메뉴의 타이틀을 가리게 되는데, 펼쳐진 드로어 메뉴의 상단에는 그림 3.4와 같이 사용자의 계정이나 서비스명 등이 위치하는 것이 좋다.

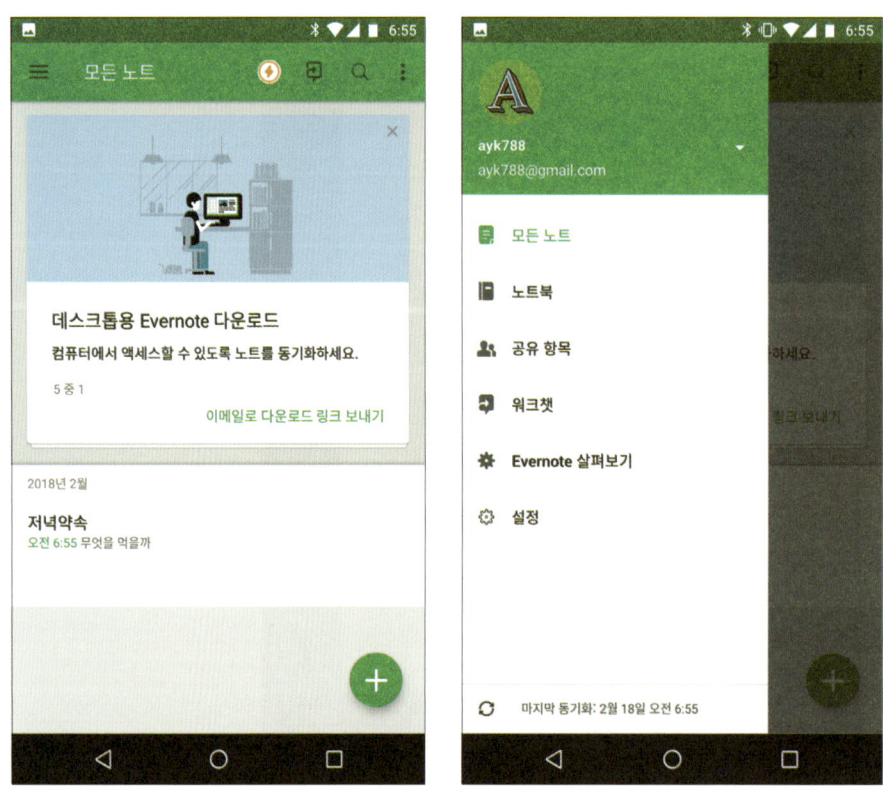

그림 3.5 내비게이션 드로어가 펼쳐지면 사용자의 계정 정보가 표기됨

마지막으로 드로어 메뉴에 액션을 넣으면 안 된다. 드로어는 탭과 같이 정보의 분류를 표기하고 해당 정보로 들어가는 링크의 표시가 담당이지 액션이 담당이 아니다. 액션은 언제나 강조하는 것처럼 액션바 위로 올라가는 것이 맞다. 공간이 부족하면 스플릿 액션바를 써도 좋고, 액션오버플로를 사용해도 좋다. 하지만 드로어에는 넣는 게 아니다. 그림 3.6의 에버노트처럼 드로어 메뉴에 액션 아이템이 들어가는 것은 가이드에서 금하고 있다.

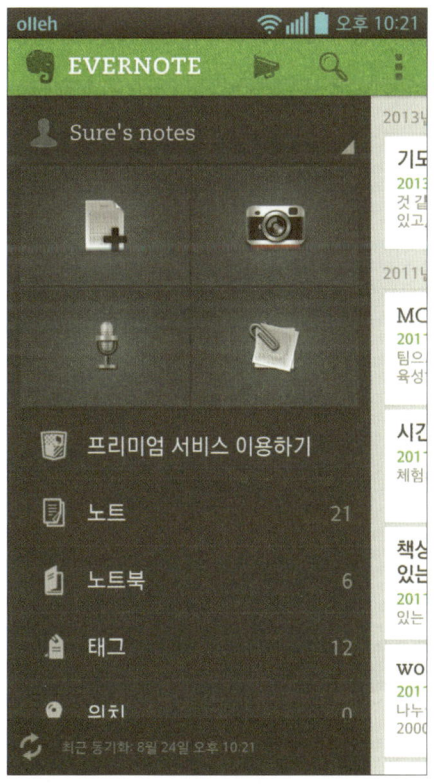

그림 3.6 내비게이션 드로어에 각종 액션을 집어넣었을 때의 에버노트

이러한 내비게이션 드로어 역시, 최근에는 몇 가지 문제점이 드러나고 있어 조금씩 탭으로 다시 회귀하는 현상이 나타나고 있다.

3.4 리스트

리스트뷰라고 하면 그림 3.7처럼 여러 아이템들이 횡적으로 쌓여 있는 형태를 말한다. OS를 불문하고, 모바일 UI에서 가장 기본적인 정보 표현 양식이라고 볼 수 있다.

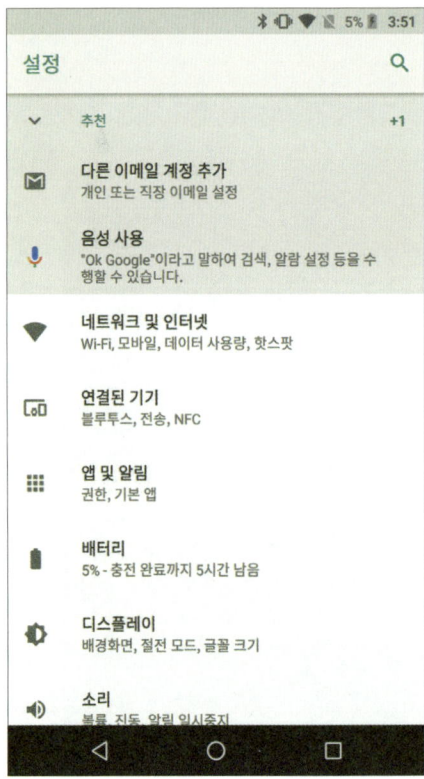

그림 3.7 리스트뷰의 전형적인 모습

리스트 아이템마다 단순한 제목 외에 다양한 것들이 포함될 수 있는데, 각종 이미지나 아이콘, 액션 버튼 등도 포함될 수 있다. 아이템 제목 바로 밑에 좀 더 옅고 작은 글씨로 아이템에 대한 설명적인 구술을 넣을 수 있는 것도 특징이다(여러 줄을 넣을 수도 있다).

iOS에서는 리스트 아이템에 대한 세부 내용이나 상황을 병기할 때 아이템 우측에 옅은 푸른색으로 적는 것이 보통이다. 이에 비해 안드로이드는 초기 버전부터 아이템 제목의 바로 밑에 좀 더 작고 옅은 글씨로 이러한 내용들을 표기해왔다. 각각 장단점이 있겠지만, 안드로이드가 더 많은 내용을 길게 적을 수 있다는 점에서 초보자들이 어떠한 아이템을 눌러보는 데 두려움을 덜 갖도록 도와주는 편이다(그림 3.8).

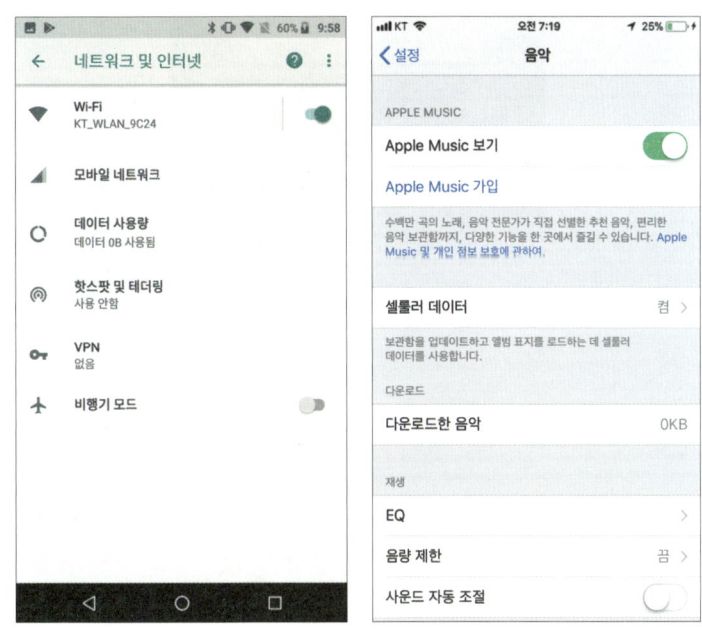

그림 3.8 안드로이드(좌)와 iOS(우)의 리스트 화면

또 하나 리스트뷰에서 주목해볼 만한 것은 화살표^{caret}의 사용이다. 그림 3.8을 보면, iOS에서는 해당 아이템의 하위로 내려갈 수 있도록 아이템 우측에 화살표를 달아놓았다. 사용자는 이 화살표를 보고 하위 콘텐츠가 존재한다는 것을 알게 되는 것이다. 하지만 안드로이드에서는 이런 목적으로 리스트 우측에 화살표를 두는 걸 막고 있다. 깔끔해 보일지는 모르겠지만, 사용성 측면에서는 정말 마이너

스다. 가이드에서는 벗어날지 모르겠지만, 이런 문제 때문에 개인적으로는 그림 3.9처럼 일부러 화살표를 디자인하기도 한다.

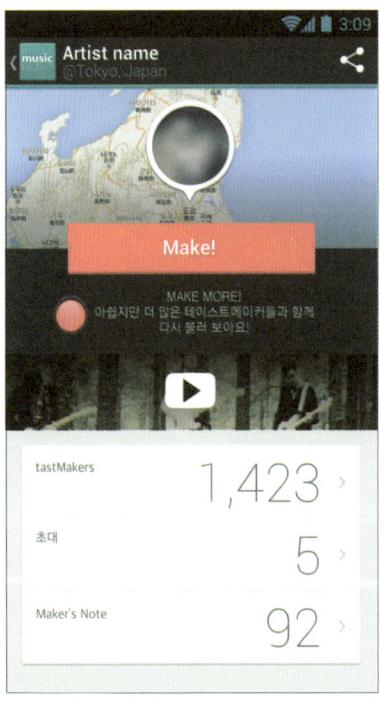

그림 3.9 사용성을 향상시키기 위해 디자인된 리스트의 화살표

3.5 그리드 리스트

보통의 리스트가 각 아이템의 횡방향으로 길게 놓여 하나씩 쌓아나가는 타입이라면, 그리드 리스트는 마치 이미지 뷰어에서 섬네일 리스트를 보는 것처럼 바둑판 형태로 각 아이템들을 늘어놓고 보는 것을 말한다.

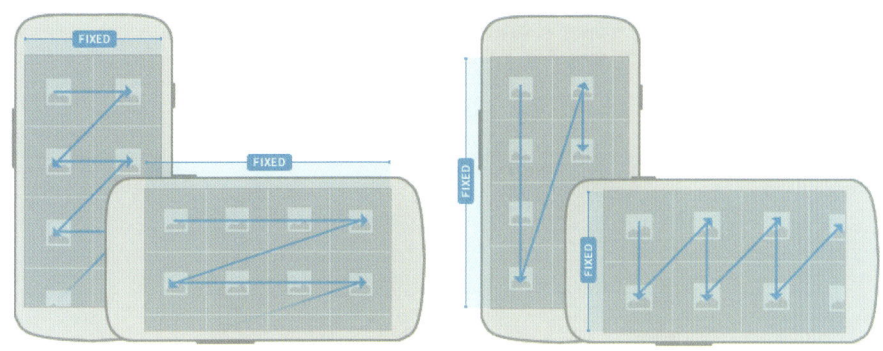

그림 3.10 그리드뷰에서 아이템 나열 방향에 대한 가이드라인(출처: developer.android.com)

그리드 리스트에는 각 아이템들이 나열되는 순서가 있는데, 세로 방향으로 스크롤될 때와 가로 방향으로 스크롤될 때 그림 3.10처럼 고유한 방향이 있다. 사실 이러한 순서는 언뜻 보면 복잡해 보여도, 다분히 상식적인 내용이기 때문에 가이드에 포함해야 할 내용인지는 의문스럽다.

안드로이드 디자인 가이드에는 심지어 그리드 리스트에 올라오는 아이템의 구체적인 디자인도 다양하게 제시하고 있다.

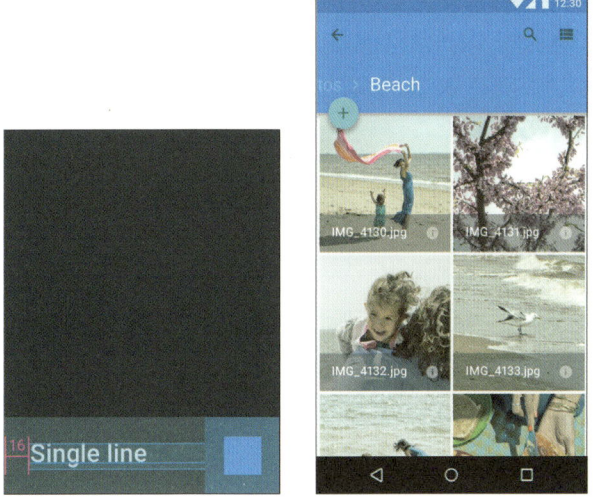

그림 3.11 그리드 아이템에 대한 가이드라인(출처: developer.android.com)

레이아웃을 구성하는 UI 위젯

그림 3.12 그리드 리스트 가이드를 충실히 따른 예시(출처: developer.android.com)

    그리드 리스트를 사용할 법한 애플리케이션을 생각해보면, 이미지 뷰어, 음악 플레이어에서의 앨범 목록, 이미지 중심의 RSS 리더기 등이 떠오른다. 하지만 그리드 리스트를 사용할 정도로 이미지 사용이 많은 앱이라면 저마다의 개성을 추구하고자 하는 욕구가 이미 차오를 대로 차오른 개발일 가능성이 높아 이러한 가이드를 과연 얼마나 충실하게 따를 것인지 의문이 들기도 한다. 콘텐츠를 보여주는 UI 자체로 차별화를 시도하고 있는 요즘의 개발 트렌드로는 이런 가이드가 과연 얼마나 강제성이 있을지 미지수다.

3.6 스크롤링

스크롤바에 대한 UI는 모바일에 들어오면서 애플이 정답을 제시해버려 거의 모든 플랫폼의 표준을 만들어버렸다. 이제 스크롤바는 화면을 내리기 위한 수단이 아니라 현재 내가 어느 위치에 있는지를 보여주는 표식에 불과하다. 데스크톱에서는 화면을 스크롤하기 위해 우측의 스크롤바를 잡아끌어야만 했지만, 모바일에서는 이제 화면의 어느 곳을 건드려도 스크롤할 수 있기 때문이다. 따라서 스크롤바는 굳이 큼지막하게 자리를 차지할 필요도 없으며, 심지어 항상 보여질 필요조차 없다.

그저 스크롤하는 순간에만 잠시 나타나 전체의 분량 속에서 내가 어느 정도를 보고 있으며, 어느 위치에 있는지를 알려주는 것으로 충분하다. 그리고 스크롤이 끝나면 자연스럽게 사라지고 마는 것이다(그림 3.13).

그림 3.13 유투브 뮤직의 스크롤바

하지만 화면이 너무 길어지면 손가락을 몇 번이고 쓸어올려도 원하는 곳에 도달하기 어려운 때가 있다. 이쯤되면 안 보여서 시원하다고 했던 스크롤바를 어떻게라도 잡아 끌어내려보고 싶은 충동이 생긴다. 이때 도움을 줄 수 있는 것이 빠른 스크롤fastScroll 기능이다.

그림 3.14 빠른 스크롤의 예

그림 3.14를 잘 살펴보면 스크롤바 옆에 커다란 인덱스가 생긴 것을 볼 수 있다. 스크롤바 자체를 터치해 움직이기 시작하면 이 인덱스가 스크롤바 옆으로 보여지는 것이다. 이 인덱스가 보여지는 동안에는 스크롤바가 굉장히 빠른 속도로 전체 항목들을 훑어내려가고, 사용자는 인덱스에만 집중해 자신이 원하는 항목까지 빠르게 도달하는 것이다. 하지만 인덱스가 나타나려면 리스트가 순차적으로

나열돼 있어야 하므로 가나다순의 주소록이나 시간순으로 정렬된 사진 목록 등에서나 볼 수 있다.

3.7 스피너

스피너는 몇 가지의 대안 중에서 하나를 고를 수 있도록 하는 UI다. 개념상으로는 드롭다운 메뉴와 동일하다.

그림 3.15 지메일에서 사용하는 스피너

선택 영역의 우측 하단에 붙은 단순한 삼각형 하나면 충분한 시각적 암시visual

cue가 되고, 사실상 디자이너가 작업할 만한 별다른 여지가 없는 UI다(컬러나 크기 정도를 굳이 바꿔볼 수 있겠지만, 그래봐야 삼각형이다). 스피너와 같은 기능을 하는 다른 UI들(이를테면 팝업을 띄워 여러 가지 대안을 열거하는 방식들)도 여전히 유효하므로 필요한 곳에 적절히 사용하는 것이 좋다.

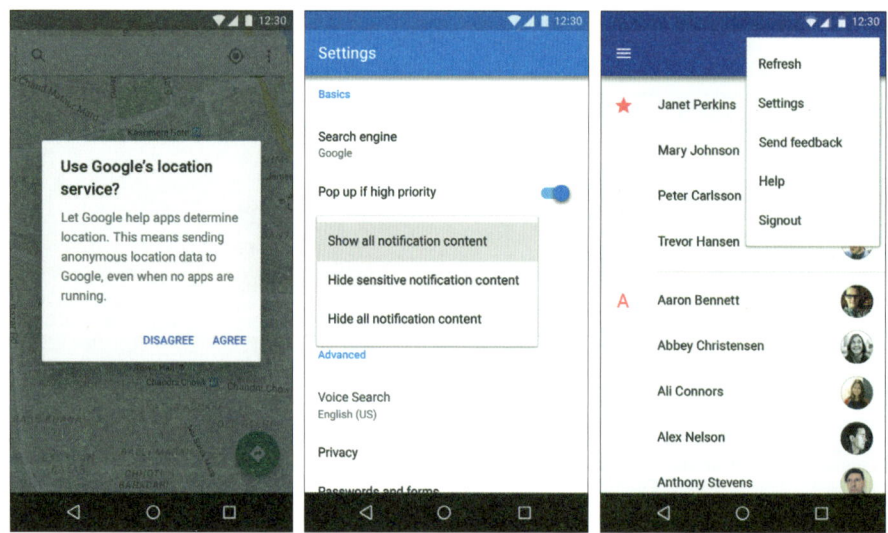

그림 3.16 안드로이드 내에서 사용되는 다양한 팝업(출처: developer.android.com)

그럼에도 스피너를 사용하는 이유는 모드 변환에 적절한 UI기 때문이다. 스피너가 가지는 특성 중의 하나는 항시 현재 선택된 값을 노출시키는 데 있다. 따라서 일반적인 팝업(그림 3.16)처럼 어떤 액션을 유도하는 데 쓰는 것보다는 모드를 변환하고 바뀐 모드가 무엇인지를 보여주는 데 더 적합하다.

스피너와 같은 형태의 시각적 암시가 현실 세계의 어떤 다른 사물에서도 찾아봄직한 것이 아니다 보니, 안드로이드 UI에 익숙해져야 사용할 수 있는 다소 어려운 UI임에 틀림없다. 이런 문제는 안드로이드의 디자인 철학에도 다소 묻어나는데, 단순함을 추구하면서 자연스럽게 받아들일 수 있는 시각적 암시들을 없애

버린 것이 바로 이러한 예다. 버튼은 버튼처럼 보이지 않고, 화살표들은 사라졌으며, 글자를 입력하는 공간은 얇은 선 하나로 대체돼 이곳에 글자를 쓸 수 있는지 조금은 혼란스러울 수도 있다. 하지만 지금의 iOS가 스큐어모피즘을 더 이상 사용하지 않는 것은 시각적 암시라는 큰 장점보다 우선시되는 어떤 이유가 있기 때문일 것이다.

3.8 버튼

아마도 디자이너라면 가장 많이 고민하고 또 작업량이 많은 것이 버튼 UI가 아닐까 싶다. 사람 손이 닿는 부분은 제품이 됐든, 소프트웨어가 됐든 가장 어려운 부분이다. 말 그대로 누르라고 만들어놓은 UI이니만큼 사람의 손이 닿을 것을 항상 고민해서 만들어야 좋은 결과가 나온다.

안드로이드에서 버튼 만들기는 간단하게 텍스트만 입력해도 만들 수 있다. 텍스트뿐만 아니라 그림 3.17처럼 이미지와 텍스트를 섞어버튼 위에 올리는 것도 가능하다. 간단하게는 크기를 조절하거나 색을 바꾸는 것, 외곽선을 넣는 것 등도 가능하며, CSS처럼 화려한 효과를 줄 수도 있다.

그림 3.17 기본적인 버튼의 종류

기본적으로 버튼을 만들 때 최대 네 가지 상태를 고려할 수 있다.

1. 평상시
2. 눌렀을 때
3. 포커스가 맞았을 때
4. 비활성 시

비활성의 경우는 반드시 사용되는 것은 아니므로 사실상 평상시, 눌렀을 때, 포커스가 맞았을 때 세 가지를 만든다고 생각하는 것이 보편적이고, 그나마도 포커스가 맞았을 때의 버튼은 키보드나 리모컨을 사용할 경우에나 필요하다 보니 사실상은 평상시와 눌렀을 때의 두 가지 버튼 정도를 생각하는 게 보통이다(그림 3.18).

그림 3.18 버튼의 대표적인 두 가지 상태

포커스가 맞았을 때라는 경우는 다소 생소할 수 있다. 터치를 사용하는 UI에서 포커스라니? 하지만 안드로이드 UI는 엄밀하게 말해 터치만을 사용하는 운영체제가 아니다. 블루투스 키보드를 연결하면 키보드상에서의 커서 키도 작동하고, 심지어 블루투스 마우스를 연결하면 화면에 포인터도 등장하며, 리모컨을 사용하는 기기도 있다. 따라서 포커스가 맞았을 때 대응할 수 있는 버튼 이미지도 만들어야 하는 것이다. 물론, 커스텀 디자인이 아닌 안드로이드 기본 UI를 사용하게 되면 이런 디자인을 따로 할 필요가 없다.

버튼은 사용자 행동을 명시적으로 유도하는 UI다. 유도라고도 볼 수 있지만, 어떤 관점에서는 요구에 가깝다. 모든 버튼이 사용자에게 '나를 눌러주세요'라고 외치고 있기 때문이다. 따라서 버튼으로 처리하지 않아도 되는 인터랙션을 굳이 버튼 UI로 표현할 필요는 없다. 다른 UI를 통해 해결할 수 없는지 한 번쯤은 생각해볼 필요가 있다. 하지만 사용자가 추측도 하지 못할 숨겨진 인터랙션을 심어놓고(예: 제스처) 버튼을 줄인 미니멀리즘 디자인을 구현했다고 기뻐하는 것은 위험하다.

3.9 텍스트 영역

안드로이드의 텍스트 영역은 깔끔한 실선 한 줄로 매우 심플하게 제공된다. 컬러나 선의 두께 및 커서를 통해 현재 입력되고 있는 영역을 구분해주며, 스피너 등의 UI도 함께 제공하기도 한다(그림 3.19). 이러한 텍스트 영역이 좋기만 한 것은 아니다. 대체 디자이너는 이제 무얼 하란 말인가?

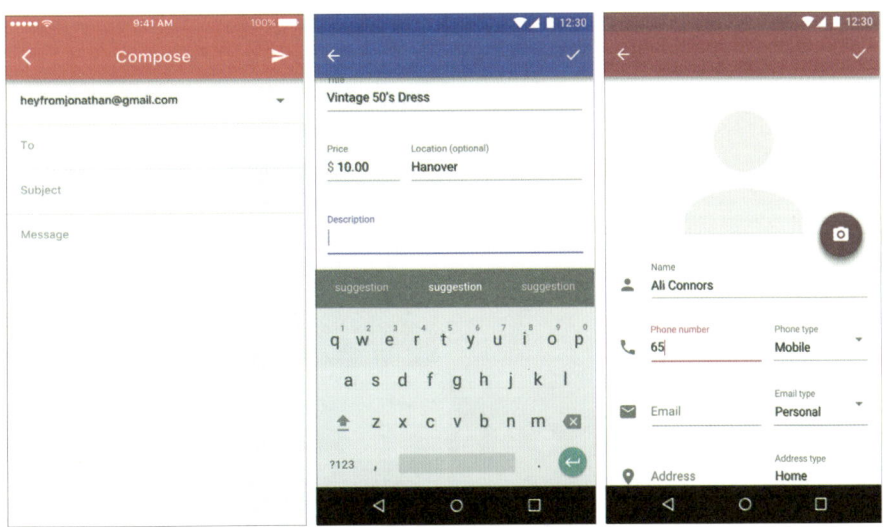

그림 3.19 안드로이드 내에서 사용되는 텍스트 영역(출처: developer.android.com)

또 깔끔하긴 하지만 사용성을 버렸다는 지적도 있다. 실선만으로 이뤄진 텍스트 영역은 사각 박스 형태의 디자인보다 어포던스가 부족해 사용자로 하여금 텍스트 입력을 유도하는 데는 효용성이 떨어지는 편이다. 힌트라고 적어놓은 부분이 힌트인지 아닌지도 무척 헷갈린다.

텍스트를 선택하는 UI도 새롭게 변화됐다. 롱프레스를 통해 텍스트를 블록으로 지정하면, 양끝으로 핸들이 생기고, 이와 동시에 컨텍스추얼 액션바가 등장하면서, 전체 선택, 복사, 잘라내기 등의 추가 액션을 할 수 있도록 유도한다(그림 3.20).

그림 3.20 텍스트 선택과 관련된 UI

하지만 컨텍스추얼 액션바를 사용하는 것이 가이드 수준이지 강제 사항은 아니며, 앱마다 고유의 UI를 제공할 수도 있고, 제조사가 만들어놓은 기본 UI를 사용할 수도 있다(따로 만들지 않으면 제조사의 UI를 쓰게 된다)(그림 3.21).

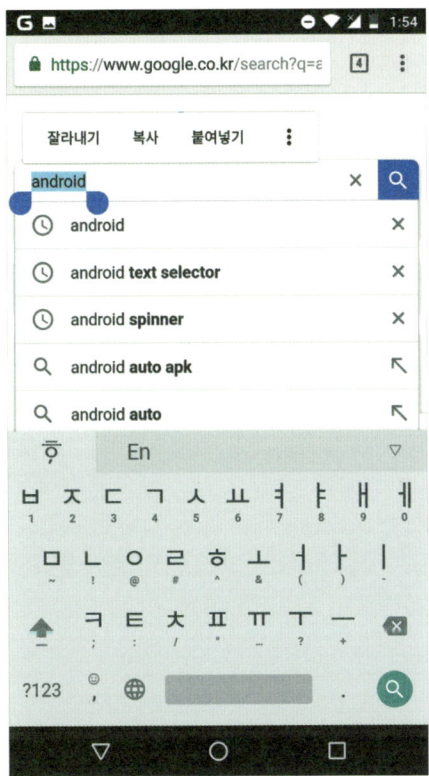

그림 3.21 제조사의 선택 UI

3.10 타이포그래피

안드로이드에서 텍스트 표현은 어떻게 다룰 수 있을까? 간단한 크기 조절부터 글꼴 적용까지, 안드로이드가 다루는 타이포그래피를 살펴보자.

3.10.1 텍스트 스타일

우리가 그래픽 툴에서 표현할 수 있는 텍스트 스타일과 안드로이드에서 구현 가능한 스타일에는 다소 차이가 있다. 이 차이점을 이해하지 않고 디자인을 마쳤다가는 결국 뭔가 아쉬운 텍스트 스타일로 되돌아가거나 손쉽게 텍스트로 표현 가능한 것을 굳이 이미지로 만들어 해결해야 하는 경우가 생긴다. 따라서 텍스트 스타일에 대한 몇 가지 속성을 이해하자.

일반적으로 알려진 텍스트 스타일 중 안드로이드 시스템이 기본적으로 통제하는 속성들은 다음과 같다(표 3.2).

표 3.2 타이포그래피 속성과 안드로이드 통제 여부

속성	통제 여부
글꼴	O
크기	O
색상	O
그림자(x 방향, y 방향, 그림자 색상, 그림자의 흐린 정도)	O
굵기	O
기울기	O
줄 간격	O
장평	O
자간	O
그림자의 중복 지정	X

웹 CSS에서는 그림자 효과를 중복해 지정하는 것이 가능하지만, 안드로이드에서는 불가능하다. 또한 자간(letter-spacing)을 설정하는 것이 그동안 골칫덩어리였는데, 다행스럽게도 최근부터는 자간 설정이 가능해졌다. 예전에는 자간을 만들고 싶을 때 일일이 한 칸, 두 칸씩 공간을 내는 방법이 최선이었다. 간혹 개발자들이 textScaleX를 자간이라고 생각했는데, 이는 문자 가로 비율, 즉 글씨의 장평이다. 이것으로 글씨의 가로 비율을 좁혀, 가독성에 방해가 되는 경우도 있었다.

3.10.2 텍스트의 크기

안드로이드 가이드라인에는 앱 내에서 사용을 권장하는 텍스트 크기를 다음 표와 같이 제안하고 있다(표 3.3).

표 3.3 안드로이드 가이드라인의 텍스트 크기

명칭	크기
App bar	Medium 20sp
Buttons	영어 Medium 14sp / 한글 Medium 15sp
Subheading	영어 Medium 16dp, 15sp(데스크톱) / 한글 Medium 17sp, 16sp(데스크톱)
Body 1	영어 Medium 14dp, 13sp(데스크톱) / 한글 Medium 15sp, 14sp(데스크톱)

그림 3.22에서 알 수 있듯이 안드로이드는 폰트의 스타일과 크기 및 이를 적용했을 때의 다양한 예시를 제공해주고 있다.

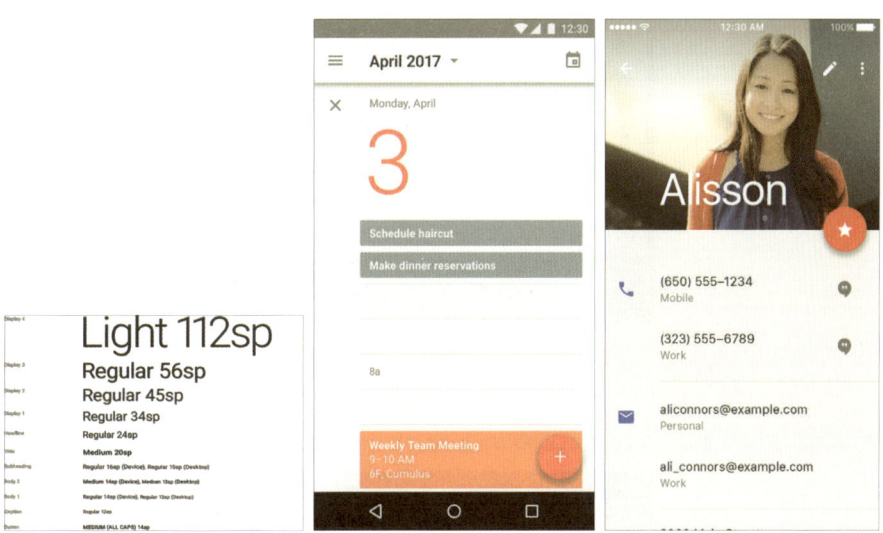

그림 3.22 안드로이드에서 제공해주는 Font 사용 예시(출처: developer.android.com)

3.10.3 sp 대 dp

sp^(scale-independent pixel) 단위는 주로 텍스트 크기를 지정하는 데 사용된다. 기본적으로 dp와 동일한 크기 개념이지만, 사용자의 환경 설정에 따라 크기가 변한다는 특징이 있다.

시스템 설정에서 폰트 크기를 조절 가능한 기기의 경우(안드로이드 레퍼런스 기기에서는 조절 가능하다), 그림 3.23처럼 폰트 크기를 마음대로 작게 하거나 크게 만들 수 있는데, 시력이 좋지 않은 장애인이나 노약자의 접근성 향상을 염두에 둔 설정이다. 따라서 가급적 앱 내에서 사용되는 모든 폰트는 sp 단위로 지정해놓는 것이 좋다.

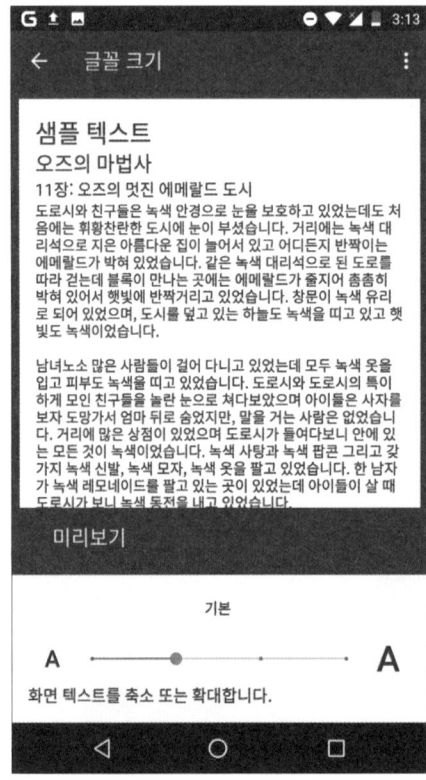

그림 3.23 설정 > 디스플레이 > 글꼴 크기

3.10.4 폰트패밀리

안드로이드 앱에서는 개발자가 특정 폰트를 앱에 포함시켜 배포할 수 있기 때문에 디자이너가 원하는 폰트로 앱을 개발할 수 있다. 고유의 폰트를 포함하는 것이 '좋다, 나쁘다'라는 가치 판단의 문제이므로 이것은 전적으로 디자이너가 판단해야 할 부분이다. 하지만 고유의 폰트를 사용하지 않았을 때 사용자들이 만나게 될 폰트는 흔히 말하는 '기본 폰트'가 될 텐데, 사실 이 기본 폰트라는 것도 제각각인 것이 현실이다.

예전의 안드로이드는 드로이드산스Droid Sans 폰트(그림 3.24)를 기본적으로 사용했다. 이 '기본적'이라는 말에는 어지간한 제조사의 관여가 없는 안드로이드 기기들이 대부분 이 폰트를 사용한다는 뜻이다. 하지만 삼성이나 LG 같은 제조사들에서 내놓는 기기들은 제조사에서 커스터마이즈한 폰트들을 심어놓는 경우가 많기 때문에 기본 폰트라는 개념 자체가 모호하다.

그림 3.24 드로이드산스 글꼴

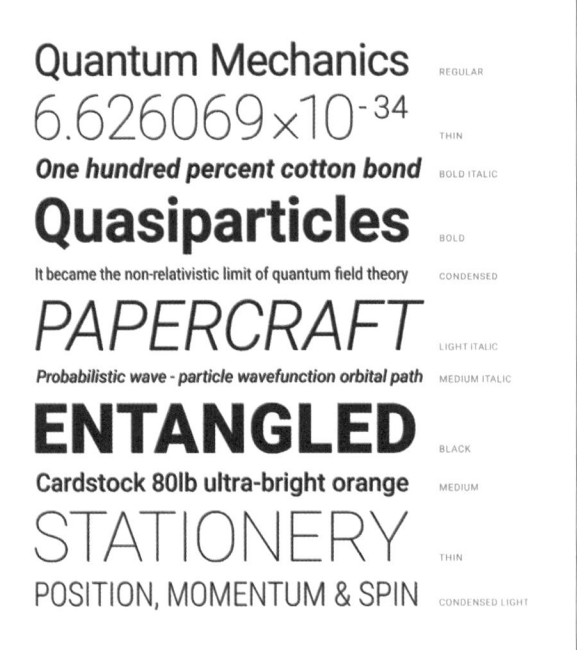

그림 3.25 로보토 글꼴

안드로이드 4.0부터는 그림 3.25와 같이 로보토[Roboto]라고 불리는 새로운 폰트 시스템이 적용됐다. 아울러 한글 글꼴은 본고딕[Noto Sans] 시리즈가 로보토에 대응하는 한글 기본 폰트로 지정됐다. 따라서 자신이 제작한 앱이 안드로이드 버전 이전에서 열리느냐, 4.0 버전 이후에서 열리느냐에 따라 사용자에게 보여질 폰트가 다르다는 것을 인지하고 있어야 한다. 하지만 이 역시도 앞서 말했듯이 제조사에서 지정하는 폰트에 따라 기본이 달라지기 때문에 통제가 불가능한 영역이다(그림 3.26).

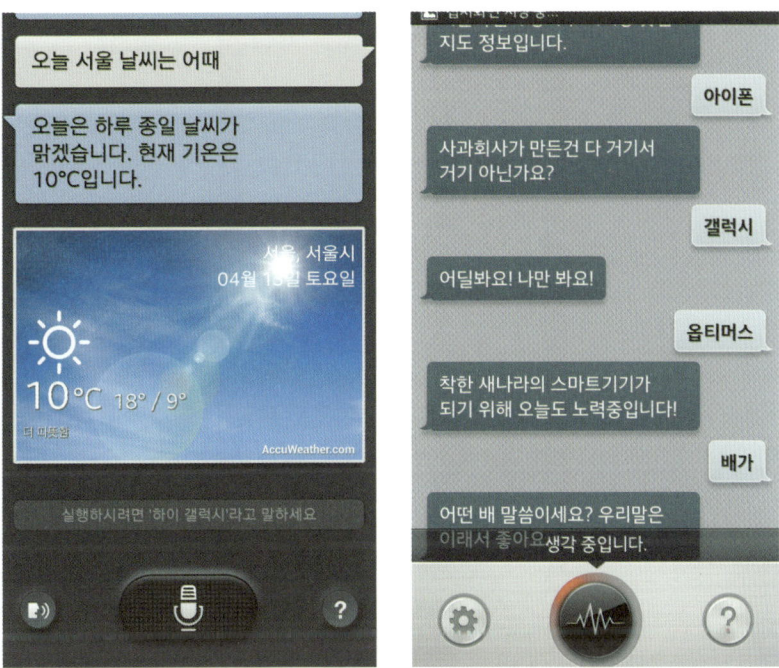

그림 3.26 삼성 안드로이드의 기본 글꼴(좌)과 LG 안드로이드(우)의 기본 글꼴

따라서 폰트에 아주 민감하고, 사용자에게 딱 하나의 폰트 경험을 전달하는 것이 철칙이라고 생각한다면 커스텀 폰트를 사용하는 것만이 이 혼돈의 시대에 유일한 방법이라 할 수 있다.

하지만 요즘 제조사들은 안드로이드에서 기본으로 제공하지 않는 폰트 바꾸기 기능을 제공하고 있는데(그림 3.27), 개발사에서 앱 내에 고유 폰트를 지정하면 이런 설정에 아무런 반응이 없으므로 사용자로서는 뭔가 '이상'이 있다고 생각할 여지가 있다.

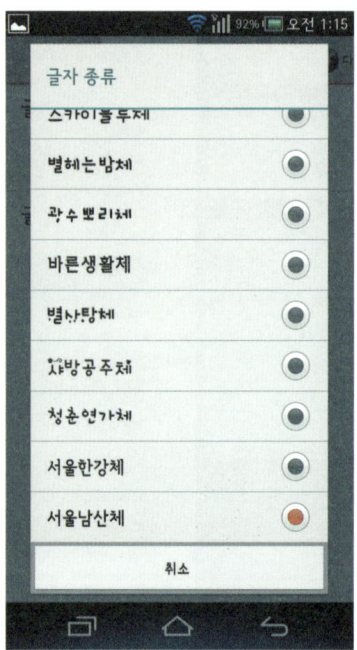

그림 3.27 제조사에서 지원하는 글꼴 변경

    또한 폰트 변경이 시스템 전체에 적용되지 않는 경우도 있는데, 일부 런처들이 제공하는 폰트 테마들이다(그림 3.28). 이 경우, 폰트를 바꾼다는 개념이 런처 내에서만 바뀌는 것이어서 언뜻 보면 폰트가 바뀐 듯하지만, 안드로이드 내부 시스템으로 들어오면 바뀌지 않고 그대로인 경우들이 있다. 가끔은 이런 골치 아픈 경우까지도 앱의 문제가 아니냐는 항의 메일을 받기도 한다.

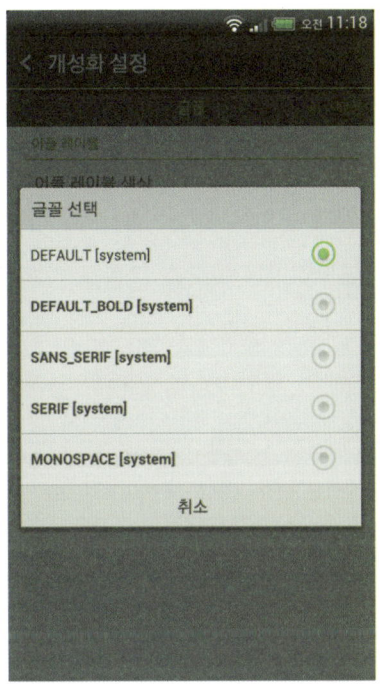

그림 3.28 고런처에서 제공하는 글꼴 변경

따라서 왜 설정에서 지정한 폰트로 보이지 않죠?라는 항의 메일이나 **폰트가 별로임, 지정한 폰트로 나오지 않음**이란 1점짜리 악평에도 심지가 흔들리지 않을 디자이너라면 고유 폰트를 사용해 자기만의 앱 디자인을 완성하는 데 큰 무리가 없을 것이다.

3.11 슬라이더

슬라이더 UI는 굳이 긴 설명이 필요 없는(어느 모바일 OS에서나 볼 수 있는) 흔한 UI 중의 하나다. 안드로이드 역시 슬라이더를 지원하는데, 일반적인 모양새는 그림 3.29와 비슷하다.

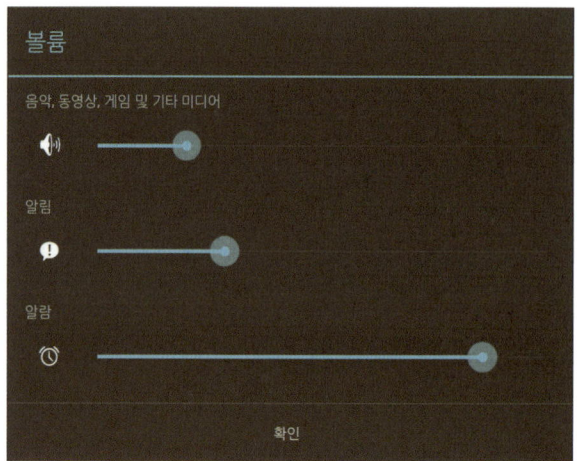

그림 3.29 슬라이더의 일반적인 모습

슬라이더도 버튼과 마찬가지로 **보통/비활성/눌렀을 때/포커스됐을 때**의 네 가지 상태를 갖게 되는데, 모양은 그림 3.30과 같다.

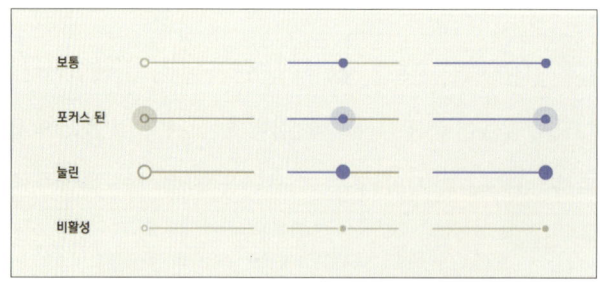

그림 3.30 슬라이더의 네 가지 상태(출처: developer.android.com)

따라서 슬라이더도 커스텀 디자인을 만들고 싶다면, 이와 같은 상태들을 가급적 구분해 이미지 소스를 개발하는 것이 좋다. 하지만 이런 상태들보다 사용성에 가장 큰 영향을 미치는 것은 슬라이더의 핸들 부분인데, 직접 손으로 컨트롤을 하는 부분이며, 핸들만 잡히는 게 아니라 좌우로 펼쳐진 바 전체가 눌릴 수 있기 때문에 적절한 핸들 크기가 필요하다.

그림 3.31처럼 앱 고유의 슬라이더를 만들고자 한다면, 슬라이더 핸들과 슬라이딩바를 따로 디자인하면 된다. 슬라이딩바는 비어 있는 상태와 차오른 상태 두 종류를 나인패치로 제작하고, 핸들의 경우도 필요한 만큼 만들면 커스텀한 슬라이더를 만들 수 있다.

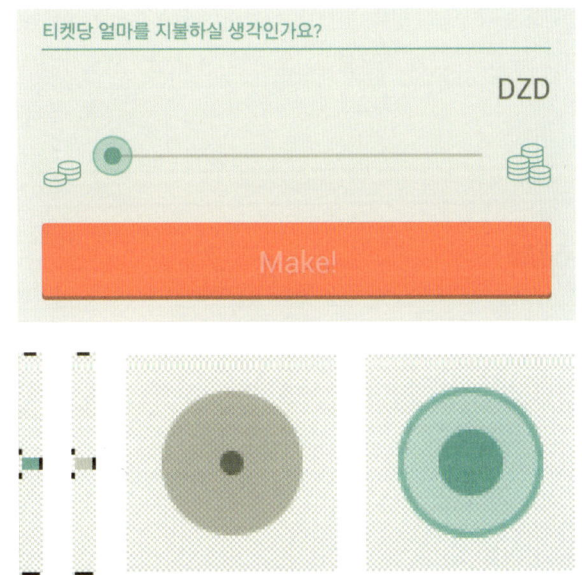

그림 3.31 상단의 커스텀 슬라이더를 위해 디자인된 슬라이딩바 나인패치와 핸들

얼마 전까지만 해도 구글에서 제조한 넥서스나 픽셀폰 시리즈가 아닌 이상, 시스템에서 사용하는 슬라이더의 모습은 제조사에 따라 천차만별이었다. 그림 3.32는 LG 옵티머스 시리즈와 삼성 갤럭시 시리즈의 슬라이더 모습이다. 안드로이드 가이드라인에서의 핸들 크기는 29dp인데 반해, 옵티머스는 25dp 수준으로 약간 작고, 갤럭시는 고작 10dp밖에 되지 않아서 사용자가 작동하기에 부담이 느껴질 정도였다. 따라서 제조사에서 GUI를 제작하는 디자이너의 경우도 이러한 최소 핸들 크기를 어느 정도 고려해 작업하는 것이 좋다.

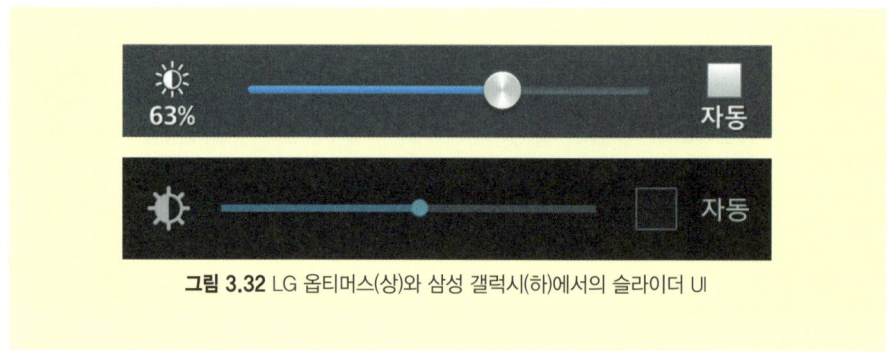

그림 3.32 LG 옵티머스(상)와 삼성 갤럭시(하)에서의 슬라이더 UI

3.12 대화상자

대화상자는 사용자로 하여금 어떤 의사결정을 내리거나 값을 입력하게 해서 작업을 진행시키거나 완료하는 데 주로 사용된다. 모바일은 물론이고, 데스크톱 환경에서도 보통 대화상자라고 하면 다른 모든 작업들을 멈추고 여기에만 집중하도록 요구하는 편이다. 그리고 사용의 흐름을 단절하는 경향이 있기 때문에 가급적 사용자의 주목이 반드시 필요한 경우에만 사용되는 편이 좋다. '정말 삭제하시겠습니까?'와 같은 정도 말이다.

안드로이드에서 사용되는 대화상자의 종류는 아주 다양하다. 앞서 다뤘던 일부 UI들은 여전히 대화상자 안에서도 등장할 수 있다. 아주 간단하게는 네/아니오 정도만을 묻는 것부터 시작해 픽커나 스피너처럼 일부 항목을 선택할 수도 있고, 복잡하게는 장문의 글을 써야 하는 경우까지 생긴다.

3.12.1 기본 구조

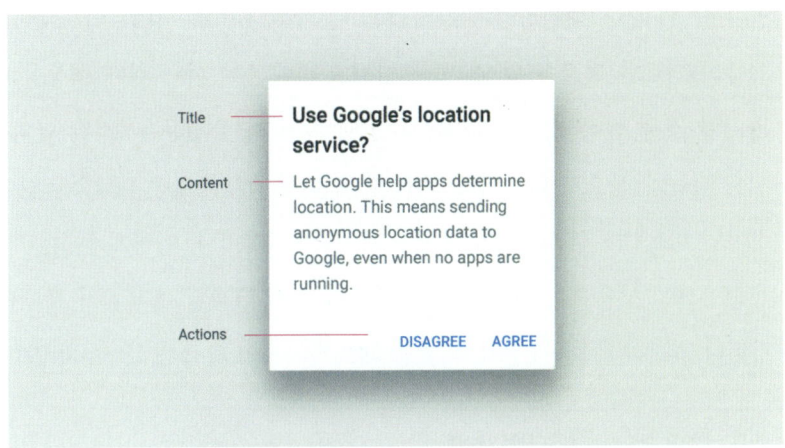

그림 3.33 대화상자의 기본 구조(출처: developer.android.com)

대화상자의 기본 구조는 그림 3.33에서처럼 상단의 제목 영역, 중간에 있는 콘텐츠 영역, 맨 아랫단의 액션 영역으로 나눠볼 수 있다. 구조는 때에 따라 다양하게 변형 가능하지만, 어찌됐든 사용자로 하여금 액션을 취하게 한다는 점에서는 동일하다. 그만큼 사용자의 흐름을 방해하는 요소이므로 대화상자의 사용에는 많은 고민이 필요하다.

3.12.2 가장 많이 헷갈리는 좌부정 우긍정

대화상자의 수많은 경우를 모두 열거할 필요는 없을 듯하다. 하지만 가장 많이 헷갈리고, 또 쉽지 않은 것이 예/아니요를 묻는 대화상자다. 안드로이드는 4.0부터 좌측이 부정적인 내용을 담당하는 것으로 바뀌었다. 앞의 그림 3.33을 살펴보면 DISAGREE 버튼이 좌측에, AGREE 버튼이 우측에 있는 것을 볼 수 있을 것이다. 안드로이드 4.0이 나오기 전까지는 이 긍정과 부정이 현재와 반대로 매핑(긍정: 좌, 부정: 우)돼 있었기 때문에 초반에 많은 혼란이 있었다.

그렇다면 부정적인 질문에는 어떻게 할까? 이를테면, **탈퇴** 버튼을 눌렀더니 '정말입니까?'와 같은 대화상자가 나타났을 때 말이다. 이런 경우, 안드로이드에서는 가급적 명료한 질문을 할 것과 예/아니요의 수준이 아닌 실제 행동을 버튼 위에 명기할 것을 권장하고 있다. 즉, '정말입니까?'라는 질문은 '정말 탈퇴하시겠습니까?'라는 질문으로 바뀌어야 하고, 이에 대한 대답으로는 **아니요** 버튼과 **예** 버튼이 아닌 **취소** 버튼과 **탈퇴하기** 버튼을 둬야 하는 것이다. 이렇게 해야, 버튼을 누르는 순간까지 사용자는 자신이 하는 행동이 어떤 결과를 초래할지 가늠할 수 있는 것이다. 좌우 버튼에 매핑될 수 있는 대표적인 레이블들은 표 3.4와 같다.

표 3.4 좌우 버튼에 매핑되는 대표적인 레이블

좌측	우측
취소	확인
이전	다음
취소	설정
취소	저장
취소	탈퇴하기
취소	삭제하기

3.13 스위치

스위치는 2개의 모드를 갖는 UI를 총칭해 부르는 이름이다. 우리가 가장 잘 알고 있는 on/off 스위치가 대표적인 사례라고 할 수 있다. 이런 종류로는 체크박스나 라디오 버튼도 포함된다. 스위치, 체크박스, 라디오 버튼 모두 개별 항목에 대해서는 2개의 모드(on/off)만을 갖지만, 쓰임새로 보면 조금씩 다르다.

우선 체크박스는 큰 항목 내에서 서로 다른 항목들을 중복적으로 선택하는 데 주로 쓰인다. 그림 3.34를 보면 **알림**이라는 큰 카테고리 내에서 개별 항목들을 선택적으로 활성/비활성시키는 걸 볼 수 있다. 굳이 어느 하나만을 선택하지 않아도 되는 경우다.

그림 3.34 체크박스로 다중 선택 허용

하지만 라디오 버튼의 경우는 이와 반대로 여러 항목 중에 어느 하나만 선택하도록 강요하는 UI다. 그림 3.35에서 사용자가 **화면보호기**로 선택할 수 있는 것은 주어진 다섯 가지 항목 중 하나만 가능하다. 다른 하나를 선택하면 나머지는 모두 꺼지게 돼 있다.

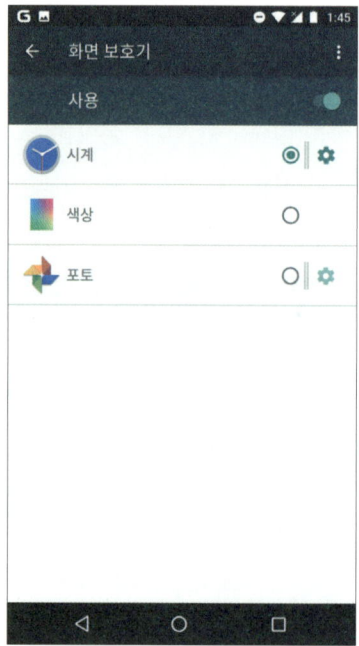

그림 3.35 단일 선택만 가능한 라디오 버튼

　그럼 스위치는 어떤 상황에서 사용하게 될까? 사실 스위치나 체크박스가 동일한 역할을 하고 있어서 어떤 상황에서 어떻게 써야 하는지 다소 모호한 때가 있다. 모두 체크박스만이나 스위치만으로 해도 크게 상관없기 때문이다. 하지만 굳이 나누자면, 스위치는 상위 설정을 켜고 끌 때 체크박스나 라디오 버튼은 하위 설정들을 하나씩 켜고 끄는 데 사용한다(그림 3.36).

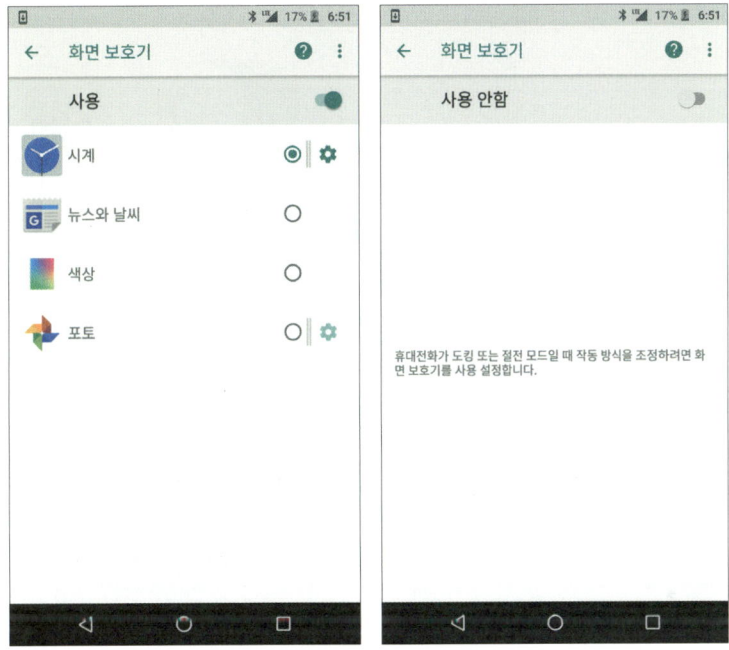

그림 3.36 전체 설정을 켜놓은 상태(좌)와 꺼놓은 상태(우)

특히 스위치를 디자인할 때는 그림 3.37처럼 좌부정, 우긍정의 관례를 따르는 걸 볼 수 있다. 좌우를 뒤바꿔 커스텀 디자인을 하는 실수는 하지 않도록 하자.

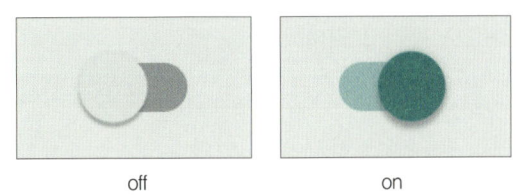

그림 3.37 스위치 UI의 두 가지 상태

그림 3.38 iOS11(상)와 iOS6(하)에서의 스위치 UI

iOS에서는 스위치의 상태 여부를 핸들이 아닌 슬라이더 몸통에 표기하고 있는 반면(그림 3.38), 안드로이드의 경우에는 4.0 버전까지 스위치의 상태 여부를 스위치의 핸들 위에 표기했고, 이후 5.0 버전부터는 iOS와 같이 슬라이더 몸통에 표기하기 시작했다. 커스텀 UI를 만들다 보면 이런 디테일에서 내가 iOS의 관례를 따르고 있는 것인지, 안드로이드의 관례를 따르고 있는 것인지 종종 헷갈릴 때가 있다.

3.14 픽커

픽커 UI는 시간이나 날짜처럼 연속적인 숫자 범위 내에서 특정한 숫자를 선택할 때 많이 사용된다. iOS에서는 그림 3.39처럼 드럼통이 돌아가는 것처럼 생겼다 해서 휠 UI$^{wheel\ UI}$라고도 불리고 있다.

안드로이드 시간 설정에서는 iOS와는 달리 위아래로 움직이는 플리킹^{flicking} 개념이 아니라 시계처럼 돌려 설정하도록 돼 있다.

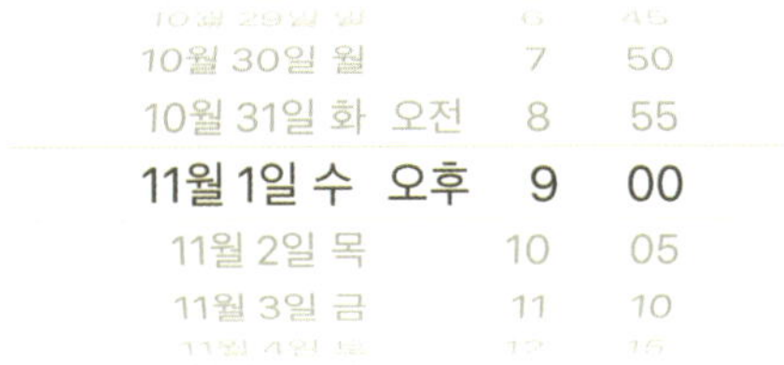
10월 30일 월 7 50
10월 31일 화 오전 8 55
11월 1일 수 오후 9 00
11월 2일 목 10 05
11월 3일 금 11 10

그림 3.39 드럼통처럼 생긴 iOS의 픽커

92% 9:27
종일
10:30
오전
오후
오후 9:30
오후 10:30
취소
확인
10분 전

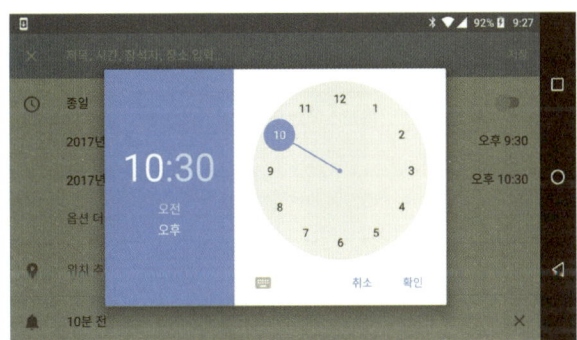

그림 3.40 안드로이드의 픽커 UI

또한 안드로이드에서는 입력을 통해 항목을 빠르게 수정할 수 있다. 12월 31일을 찾아가기 위해 휠을 한참 돌릴 필요 없이, 선택 공간을 눌러 12와 31을 직접 적을 수 있는 것이다(물론 옵션으로 결정할 수 있다). 시계 등의 형태로 UI를 만든 것이 직관적으로 입력할 수 있다는 점에서는 좋지만, 때로는 이렇게 숫자를 직접 입력하는 것이 더 빠를 때가 있다.

이외에도 여러 가지 종류의 픽커가 안드로이드 자체 및 여타의 라이브러리로 가용한데, 특히 앞서 말한 시간 픽커 외에 날짜 픽커라는 것도 있다. 구글 캘린더에서는 두 가지의 픽커가 모두 사용되고 있다.

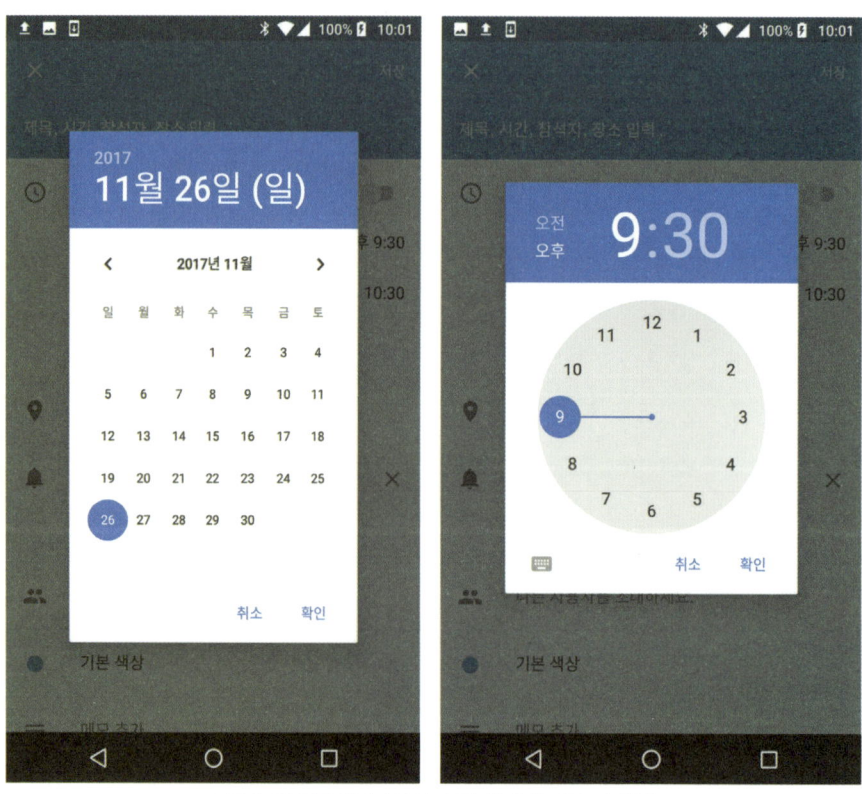

그림 3.41 구글 캘린더의 날짜 픽커(좌)와 시간 픽커(우)

그림 3.42 미로니의 회원가입 중 생년월일 선택 대화상자

음악 서비스 '미로니'에서는 회원 가입 시 가입자의 생일을 입력받는 공간이 있었다(그림 3.42). 여기에도 날짜를 입력하기 때문에 전통적인 피커 UI를 사용하고 있었는데, 사용자가 입력하는 생일 날짜에 기본으로 들어가 있는 날짜가 1988년 2월 29일이었다. 1900년 1월 1일처럼 의미 없는 날짜를 넣어도 되는데 굳이 1988년 2월 29일로 한 까닭이 있다.

우선은 사용성이 가장 큰 이유다. 아무리 피커를 사용한다고 해도 1900년으로 기본값을 지정하면 실제 생일인 1980년대나 1990년대로 이동하기에는 한참을 움직여야 한다. 20세기 초에 태어난 사람들이 우리 서비스를 많이 사용하리라고 생각치는 않았으므로 우리는 타깃 유저들의 생일과 최대한 가까운 어떤 날이 기본값으로 들어갔으면 했다. 그러자면 1980년대 혹은 1990년대의 어느 날을 기본값으로 두는 것이 제일 좋았다.

하지만 그렇다고 아무 날이나 잡아버리면 생일을 정확히 입력하지 않고 지나가는 사용자들이 문제다. 의도치 않게 이 날을 생일로 하는 사람들이 데이터베이스에 수없이 많아지는 것이다. 미로니는 생일날에 뱃지를 발급하기도 하는데, 잘못하면 서버에서 감당할 수 없는 폭발적인 뱃지 발급이 일어날 수도 있다.

따라서 고민 끝에 정한 날짜가 1988년 2월 29일이다. 윤년의 2월 29일이니 아무래도 해당 날짜가 실제 생일인 사람이 극히 적을 것이고, 기본값으로 잡아도 전후로 움직이면서 자기 생일을 찾기에 편리하기 때문이다.

3.15 토스트

토스트는 마치 토스터기에서 튀어나온 토스트처럼 잠시간 나타났다 사라지는 일종의 알림창이다. 검은색 글상자로 조그맣게 표시되며, 지속 시간은 1~2초 정도다. 주로 사용자가 어떤 액션을 취하면 결과를 알려주는 데 사용되는데, 그림 3.43처럼 나타난다(위치는 설정하기 나름이다).

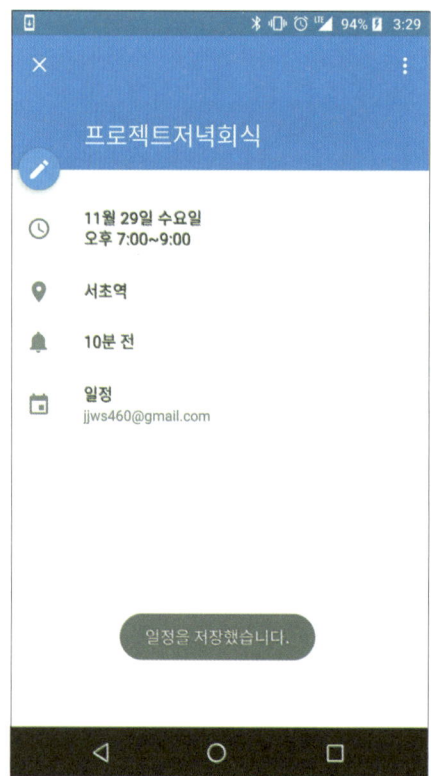

그림 3.43 하단부에 떠오른 토스트

재밌는 것은 토스트가 앱에 종속적인 뷰가 아니라는 것이다. 토스트는 앱을 나오든 들어오든 자기가 있어야 할 시간만큼은 있다가 사라지는 특성이 있다. 따라서 가끔은 지연된 토스트가 엉뚱하게 다른 앱에서 나타난다거나 토스트가 나타나고 앱을 나가도 토스트는 사라지지 않는 경우를 볼 수 있다.

앱 내에서 토스트를 적절하게 사용하면 사용성이 한결 좋아진다. 메시지를 한참 작성하고 **완료**를 눌렀는데, 이 메시지가 제대로 전송됐는지 마음 한구석이 불안하다. 방금 쓴 메모를 저장하기 위해 **저장** 버튼을 눌렀는데, 이 메모가 제대로 저장됐는지도 잘 모르겠고, 이미지를 삭제했는데 확실하게 지워졌는지도 궁금하다. 이런 사용자의 미심쩍은 마음들을 짧은 한 줄의 메시지로 만들어주는 것이 토스트다. 적시적소에 잘 사용할 것을 권장한다. 그리고 가급적 토스트와 같은 보편적 UI는 굳이 커스텀 디자인을 고집해 개발자와 불화를 일으킬 필요가 없다.

3.16 상태바와 알림

안드로이드는 상단의 상태바를 끌어내리면 사용자에게 **알림**을 주는 각종 정보들을 토막으로 확인할 수 있게 돼 있다. 방금 도착한 메일, 메시지, 다운로드하고 있는 파일의 상태, 재생되고 있는 음악의 제목 따위 말이다. 안드로이드 정책상 어느 앱이나 상태바에 등장하는 것이 가능하다. 권고안이야 물론 **필요하다면**이란 조건부를 달고 있지만, 실상은 너도나도 내 앱을 좀 봐달라며 별 필요하지도 않은 정보들을 보여주느라 상태바는 포화 상태다(그림 3.44).

그림 3.44 각종 앱들의 알림으로 넘쳐나는 상태바

따라서 이토록 난잡하고 무질서한 안드로이드 세상에 '내 앱 하나쯤...' 하는 이기심으로 이 혼란을 가중시키기보다는 절제되고 신사적인 매너로 상태바 디자인에 접근할 필요가 있다. 이에 다음과 같은 항목에 부합하는 알림인지 아닌지 한 번쯤 확인해보는 것이 좋다.

- 이 알림을 보고 사용자가 뭔가 행동을 취할 수 있는가? 하다 못해 알림을 눌러 뭔가 앱이 종료되거나 구동되는 게 있는가? 사용자가 '아, 그렇구나... 그래서 뭘 하란 얘기지?'라는 반응이 나온다면 필요 없거나 해서는 안 되는 알림이다.

- 지름길을 제공하려는 것 아닌가? 홈스크린에 왔다가 돌아가기엔 우리 앱은 너무 긴급하다고 생각하는 것이 아닌가? 지름길을 만든다는 생각으로 상태바를 어지럽히지 말자.

- 사용자에게 정말 필요한 정보인가? 우리가 보여줄 수 있어서, 혹은 보여주고 싶어서 들이미는 정보가 아닌가?

메시지 도착과 같은 알림은 언제나 필요하기도 하고, 또 좋은 알림의 사례라고 볼 수 있다. 메시지를 열어보는 행동을 취할 수 있고, 메시지의 내용도 일부 보여주니 사용자가 보고 싶어하는 정보기도 하다. 하지만 '메일이 잘 보내졌다' 정도의 시스템 메시지 성격의 알림은 굳이 상태바에서 알림으로 보여질 필요는 없을 것이다. 잘 보내진 메일을 굳이 보러 들어갈 필요도 없고, 알림을 눌러 어떤 결과가 나올지 예측하기도 어렵다. 이런 것은 오히려 토스트 형태로 보여주고 마는 것이 더 적절해 보인다.

여기서 디자이너가 제공할 수 있는 것은 상태바에 들어갈 수 있는 흰색의 작은 아이콘과 끌어내렸을 때 보여지는 토막 정보의 형태다.

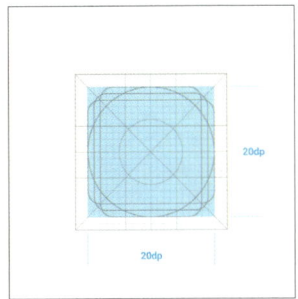
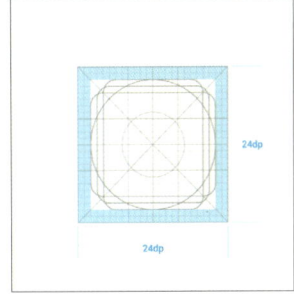

그림 3.45 상태바에 올라가는 알림 아이콘 가이드라인(출처: developer.android.com)

흰색의 아이콘은 가로세로 24dp로 제작하면 되는데, 실제로 어느 정도의 여백을 고려하면 22dp 정도의 크기를 최대로 생각하고 작업하는 것이 좋다. 이렇게 제작된 아이콘은 일반적으로 상태바에 노출되는 것이 먼저고, 경우에 따라서는 상태바를 끌어내렸을 때 보여지는 알림 정보 내에서도 활용된다. 기기마다 상태바에 표시하는 아이콘의 크기가 미세하게 다르기 때문에 캡처한 화면 기준으로 제작하지 말고, 권고안대로 24dp에 맞춰 제작하자(그림 3.45).

또한 스타일도 평면적이고 단순하며 흰색만 사용하는 것을 권장한다. 시스템이 알아서 이 흰색 아이콘을 어둡게 보여줄 때가 있으므로 굳이 80% 회색 따위를 칠할 필요가 없다. 흰색을 칠할 곳에 회색으로 하는 것 정도야 문제는 아니지만, 아예 이런 권고안을 모두 무시하고 너도나도 튀어보려고 하는 무리한 시도가 더 큰 문제다.

3.17 오버뷰

안드로이드 5.0부터 기존 멀티태스킹 기능이 오버뷰^{Overview}라는 이름으로 바뀌었다(그림 3.46). 오버뷰 화면에서는 아이폰의 멀티태스킹바와 같이 백그라운드에 있는 앱을 종료할 수 있을 뿐만 아니라 화면의 위/아래 스크롤을 통해 카드들이 회전하기도 한다. 또한 사용 중인 앱도 검색할 수 있으며, 앱은 물론 앱 내의 작업 단위에 대한 액세스가 가능하다(그림 3.47).

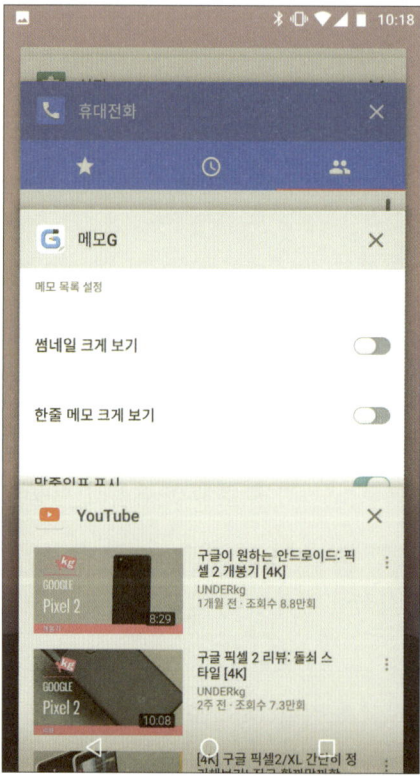

그림 3.46 안드로이드의 오버뷰

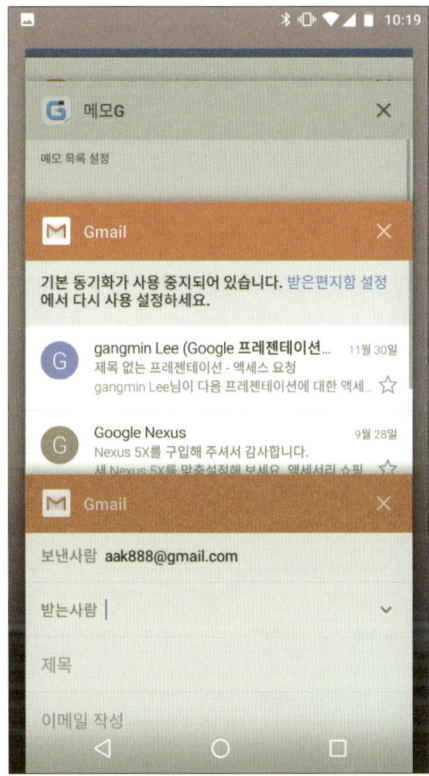

그림 3.47 지메일의 작업 단위 액세스 예시

3.18 화면 분할

화면 분할 모드Split-Screen Mode는 쉽게 말해 하나의 화면에서 2개의 앱을 동시에 볼 수 있도록 하는 기능이다. 예를 들면, 유튜브 동영상을 보면서 웹 검색을 할 수 있게 된 것이다. 물론 이전에도 제조사에서 해당 기능을 지원했던 적은 있었지만, 안드로이드에서도 직접 지원하기 시작했다(그림 3.48).

앱 사용 중 최근 앱 버튼을 길게 누르면 화면 분할 모드로 진입하며, 화면 분할을 이용할 앱을 상하 스크롤로 선택하면 된다. 물론, 모든 앱이 지원하는 것은 아니며, 지원하지 않는 앱의 경우 지원하지 않는다는 메시지가 토스트 팝업으로 나타난다(그림 3.49).

화면 분할 모드 이용 중, 화면 중앙 구분선의 핸들을 드래그해 화면 크기를 조절할 수 있으며, 상하뿐만 아니라 좌우로도 화면 분할을 이용할 수 있다.

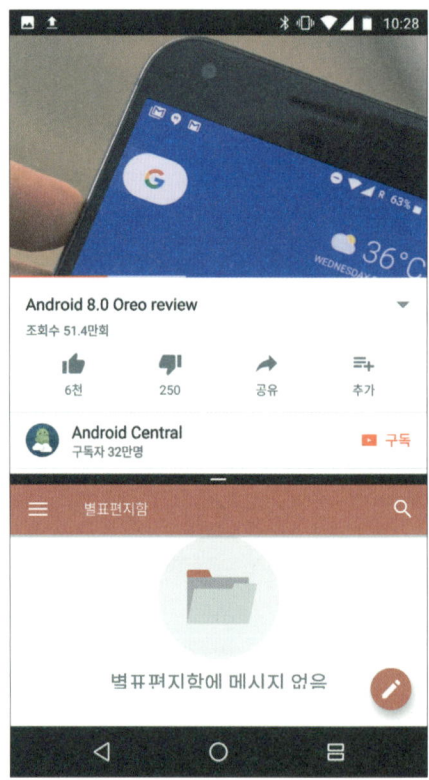

그림 3.48 화면 분할 모드

그림 3.49 화면 분할을 지원하지 않는 경우(토스트)

3.19 픽처인픽처와 알림닷

안드로이드 8.0에서 새로 생긴 기능 중 가장 대표적인 것이 픽처인픽처^{PIP}와 알림닷$^{Notification\ Dots}$일 것이다.

    픽처인픽처 기능은 애플의 페이스타임처럼 데이터 기반의 영상 통화 서비스나 유튜브 등의 영상을 재생할 때 백그라운드에서 다른 앱을 사용하며, 화면 모서리의 고정 창에서 계속 볼 수 있게 해주는 기능이다(그림 3.50).

    인터페이스를 최대한 방해하지 않는 선에서 제공하며, 화면 내에서 원하는 곳으로 이동시키거나 크기를 조절할 수도 있고, 필요에 따라서는 스와이프로 없앨 수도 있다.

알림닷은 아이폰의 알림 뱃지와 유사한 기능으로, 새로운 알림이 있을 경우, 해당 앱의 오른쪽에 작은 점이 나타난다. 알림닷이 떠 있는 앱의 아이콘을 길게 누르면 정보가 추가로 노출되는 형태로 사용된다(그림 3.51).

그림 3.50 안드로이드의 픽처인픽처 화면(출처: www.android.com)

그림 3.51 안드로이드의 알림닷 화면(출처: www.android.com)

3.20 정리

3장에서는 안드로이드의 레이아웃을 구성하는 다양한 UI들을 살펴봤다. 특히 48dp 리듬을 기본으로 하는 안드로이드의 기본 UI들은 디자이너가 표현하고자 하는 여러 가지 정보를 가장 적절한 형태로 표현할 수 있게 해준다. 안드로이드 앱은 최대한 안드로이드에 적합한 UI를 사용할 것을 권장하며, 다른 플랫폼에 최적화된 UI를 사용하는 것은 사용자에게 혼란을 줄 수 있으므로 지양해야 한다. 안드로이드가 제공하는 기본 UI로 충분히 표현할 수 없는 경우에는 새로운 UI를 디자인해 적용하는 것도 한 가지 방법이다.

2부
안드로이드 UI/GUI 제작

4장
UI 설계

4장에서 다루는 내용
- UI 설계의 프로세스
- UI 설계에 사용되는 도구들(스케치, 목업 등)

단순한 기능에서부터 복잡한 서비스까지 결국 사용자에게 인터페이스로 다가가려면 설계 과정이 필요하다. 종이 한 장을 꺼내놓고 스케치를 하면서 시작될 수도 있고, 당장 그래픽 툴을 열어 작업을 하는 사람도 있을 것이다. 4장에서는 머릿속에 있는 생각이 화면 속의 인터페이스가 되기까지를 간략하게 살펴보고, 디자이너가 그래픽 작업에 성급하게 매몰되지 않도록 고민해야 할 부분들을 짚어본다.

4.1 콘셉트와 주요 태스크 설정

이것이 웹이든 앱이든 혹은 서비스라 불리는 무엇이든 더 나아가 당신의 사업이라고 한다면, 이것이 무엇인지 다른 사람에게 한 문장으로 설명할 수 없을 때, 그 즉시 뭔가 잘못됐다고 느껴야 한다. 즉, 한 문장으로 축약될 수 있는 콘셉트 없이는 앱을 만들 준비가 되지 않았다고 보면 된다.

한 문장이어야 하는가? 그렇다. 무조건 한 문장이어야 한다. 물론 페이스북을 두고 스토킹 앱이라고 부를 사람도 있고, 사진 앱이라고 부를 사람도 있겠지만 제 나름의 쓰임새일 뿐, 각각에게는 그렇게나마 한 문장으로 콘셉트가 잡힐 수만 있다면 성공이다. 누구에게도 하나의 쓰임새로 다가오지 못하고, 만드는 나조차도 쓰임새가 두리뭉실하다면, 아마도 이 앱은 이것도 저것도 다 된다거나, 혹은 이 사람 저 사람에게 모두 이롭다는 식으로 시작했을 수 있다. 디자인계의 명언을 다시 한 번 생각해보자.

"모두를 위한 디자인은 누구를 위한 디자인도 아니다."

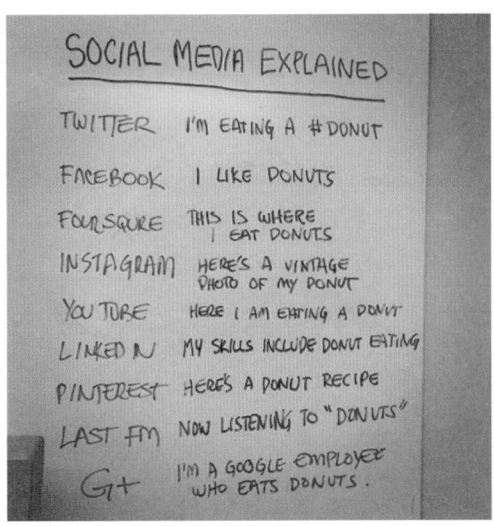

그림 4.1 각 소셜미디어들의 콘셉트를 설명하는 인터넷 글귀, 트위터: 나는 #도넛을 먹는다 / 페이스북: 좋아요 도넛 / 포스퀘어: 나는 여기서 도넛을 먹어요 / 인스타그램: 여기 빈티지 느낌의 도넛 사진 멋지지? / 유튜브: 도넛을 먹는 중 / 링크드인: 도넛 먹는 스킬이 있습니다. / 핀터레스트: 도넛 만드는 방법 / 라스트에프엠: '도넛'을 듣고 있습니다. / 구글플러스: 나는 도넛 먹는 구글 직원(출처: http://instagram.com/p/nm695/)

앱의 콘셉트가 잡히고 나면, 커다란 하나의 쓰임새를 위해 동반될 구체적인 태스크(과업)가 만들어진다. 간단하게 음악 플레이어를 생각해보자. 음악을 들으려면 우선 찾아야 하므로 음악을 찾는 것이 하나의 태스크가 된다. 또 그 다음에는 음악을 재생하면서 이전 곡이나 다음 곡으로 넘어가고 일시정지도 해줘야 하니 재생 제어가 또 하나의 태스크다. 다음으로는 EQ처럼 음향을 조절하는 것도 하나의 태스크고, 경우에 따라서는 타이머나 알람 설정을 하기도 하므로 이것 역시 태스크다. 음악 플레이어라고 하면 생각나는 아주 기초적인 것부터 군더더기라고 생각할 정도로 소소한 것까지 태스크로 따지고 들면 하나의 앱 안에도 여러 가지가 존재한다.

문제는 이런 태스크를 모두 담는다고 해서 결코 좋은 앱이 나오지 않는다는 것이다. 여러 가지 태스크가 모두 필요하다고 생각하다가는 결국 누구도 쓰지 않는 앱을 만드는 실수를 하게 된다. 따라서 이런 태스크 중에 자신의 앱 콘셉트에 가장 부합하는 태스크들을 우선적으로 선별하고, 이에 미치지 못하는 것들은 과감하게 잘라내는 용단이 필요하다.

또한 태스크들을 선별할 때는 **빈도**가 높거나 **긴급**한 태스크가 무엇인지 유심히 살펴볼 필요가 있다. 일반적으로 이 두 가지 영역에 속하는 태스크는 사용성을 최대한으로 끌어올려야 하기 때문이다. 아무리 아름답고 미려한 앱이라도 매번 실행할 태스크가 몇 단계씩 거쳐야 해낼 수 있는 것이라면, 다시 말해 0.1초도 아까워서 숨도 안 쉬고 처리해버려야 할 태스크가 몇 번이나 눌렀다 넘겼다 해야 다다를 수 있다면, 이미 이 앱은 쓸모가 없을 것이다. 전화를 거는 다이얼 앱이 사람 찾기도 잘되고, 새 번호 저장도 잘된다 해도, 당장 119에 전화거는 게 어려우면 탈락인 것이다.

종합해보면 나의 앱 콘셉트와 부합하는 태스크들을 추렸는지, 긴급하거나 빈도 높은 태스크는 무엇인지 세심하게 분별해야 좋은 앱을 만들 가능성이 높아진다.

4.2 정보 구조 설계

정보 구조Information Architecture도 크게 보면 하나의 인터페이스라고 할 수 있다. 구체적인 화면단의 버튼이나 슬라이더가 아니더라도 의도한 태스크를 실행할 수 있도록 큼직한 문들과 길을 만든다는 점에서 커다란 인터페이스 역할을 한다.

이 거대한 인터페이스가 앱 전체를 아우르는 뼈대의 역할을 하게 되고, 각종 태스크는 이 뼈대를 타고 흘러나가게 된다. 어떤 태스크는 1번 문을 밀고 들어와 서랍장 3번을 열면서 끝날 수도 있고, 어떤 태스크는 3번 문을 열고 들어와 윗쪽 찬장을 열고 끝날 수 있다. 어찌됐든 우리는 문을 달고 서랍장과 찬장을 놓아야 한다. 그래야만 사용자가 태스크를 해낼 수 있을 테니 말이다.

문제는 이러한 정보 구조가 사용자의 멘탈 모델과 비교적 비슷하게 맞아떨어져야 한다는 것이다. 1번 문을 열었을 때 나옴직한 찬장이나 서랍장 대신 갑자기 사다리가 놓여 있거나 아무것도 없다면, 사용자가 얼마나 당황하겠는가? 때로는 앱을 만드는 자신이 최고의 사용자임을 자처하면서 열심히 만들어놓은 정보 구조가 일반 대중이 만났을 때는 당황스러울 때가 많다. 따라서 이런 구조를 만들 때는 반드시 다른 누군가에게 자신의 독창적인 생각을 검증받을 필요가 있다. 기획자도 디자이너도, **대중적인 멘탈 모델**을 지닌다는 것이 얼마나 어려운 일인지 실제로 닥치기 전까지는 자신해선 안 된다.

정보 구조와 멘탈 모델에 관해서는 인디 영의 『멘탈 모델』(인사이트, 2009)이나 앨런 쿠퍼, 로버트 라이만, 데이비드 크로닌의 『퍼소나로 완성하는 인터랙션 디자인 ABOUT FACE 3』(에이콘출판, 2010) 등의 책을 참고하길 바란다.

4.2.1 태스크 흐름과 깊이

태스크들은 물 흐르듯이 정보 구조가 흘러나갈 수 있어야 한다. 또 이렇게 태스크가 흘러갈 물줄기가 아닌 다른 곁가지들은 의미 없는 것은 아닌지 살펴보고 정리할 필요도 있다. 재밌는 것은 정보 구조를 그려보면 마치 저기 높은 산에서 터진 샘물이 바다까지 흘러가듯 아래로 퍼져나가는 트리 구조를 그리게 되는데, 실제 태스크가 실행되는 것은 이 트리 구조를 뒤집어놓고 물이 거슬러 올라가는 것과 같다. 트리 구조가 복잡해질수록, 트리의 깊이^{depth}가 깊어질수록 물은 거슬러 올라가다 멈춰버린다. 현실 세계에서는 사용자가 짜증내며 앱을 빠져나오는 순간이 바로 그 지점이 된다.

일반적으로 하나의 앱에서 3단계 이상으로 깊이 들어가는 정보 구조는 권장할 만한 것이 못 된다. 사이드 내비게이션을 사용하는 앱을 떠올려보자, 사이드 내비게이션이 1단계의 관문이 된다. 그리고 들어온 화면 내에서 이번엔 스피너로 여러 화면을 나눌 수 있으므로 이것이 2단계다. 그 다음 스피너로 이리저리 선택해서 도착한 화면 내에 탭이 놓일 수 있으므로 이것이 3단계다. 이 안에 또 들어갈 길이 놓여 있다면 단계가 너무 많다. 사용자가 거기까지 찾아갈 센스도 없고, 대부분의 경우 필요조차 없다. 너무 깊은 구조는 얕고 넓게 다시 펼 수 없는지 돌아봐야 한다.

한 사용자가 문을 열고 서랍장까지 도착했다. 근데 여기서 뭘 해야 할까? 손잡이가 달린 걸 보니 서랍을 열 수는 있을 것 같은데, 서랍을 열어 뭘 꺼내야 하는 것일까? 아니면 서랍에 뭘 넣어야 하는 것일까? 사용자가 도착한 자리에서 사용자가 무엇을 해야 하는지를 정의하는 것이 사용자가 취할 **액션**의 개념이다.

앱들을 둘러보면 어느 페이지에서나 사용자가 취할 수 있는 액션이 있다. 페이스북의 뉴스피드처럼 그저 둘러보는 데 그치는 듯한 정적인 화면도 자세히 살펴보면 **좋아요**를 누르거나 댓글을 다는 사용자 액션이 달려 있다. 아무런 액션이 없는 페이지는 정말 끝까지 파서 내려간 마지막 어딘가쯤일 수 있다. 하지만 그마저도 잘 없다. 거의 모든 페이지에서 사용자에게 요구할 수 있는 액션이 한두 개쯤은 존재하기 마련이다.

안드로이드가 액션바 개념을 도입하기 시작하면서 이것이 더욱 명확해졌다. 사용자가 어디를 가든 그곳에 액션바가 있다면 뭔가 취할 액션이 있어야 할 것이다. 사진 전체 보기나 동영상 보기처럼 액션바가 아예 사라지는 곳쯤 돼야 수동적인 사용자도 어느 정도 허용될 수 있는 것이다.

정보 구조를 그릴 때도 해당하는 페이지마다 어떤 액션들이 들어갈 수 있을지 미리 적어보는 것도 필요하다.

빠르고 쉽게 이런 계층 구조를 작성하는 도구들이 널리 알려져 있다. 과거에는 적절한 툴이 없어서 엑셀을 열어놓고, 첫 번째 열에 첫 번째 계층을 적고, 그 다음 열에 하위 계층, 그 다음 열에 아래 계층을 적는 식으로 작업하곤 했는데 여러모로 불편했다. 계층을 옮겨다니기도 힘들고, 한눈에 잘 보이지도 않는다.

그래서 최근에는 마인드맵처럼 한눈에 보이고 마음대로 노드를 이리저리 옮길 수 있는 도구들이 이런 정보 구조를 그리는 데 많이 사용된다. 마인드맵을 그리는 도구로는 마인드마이스터Mindmeister와 같은 웹 서비스도 있고, 마인드맵퍼Mindmapper와 같은 데스크톱용 소프트웨어도 있다.

내가 자주 사용하는 도구는 checkvist.com이라는 아웃라인 툴인데(그림 4.2), 원래는 할 일 관리to do list용으로 개발된 서비스다. 키보드만으로 조작이 쉽고, 노드를 손쉽게 위 아래 계층으로 옮겨다닐 수 있어서 웬만한 마인드맵 프로그램보다 편리하다.

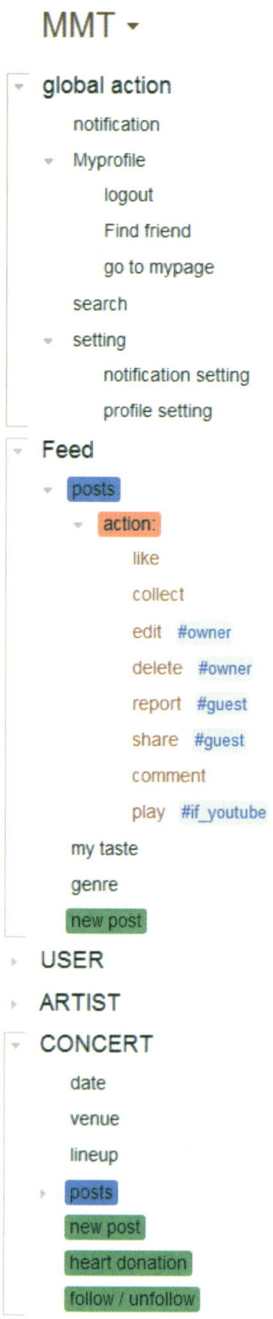

```
MMT ▾
  ▾ global action
        notification
      ▾ Myprofile
            logout
            Find friend
            go to mypage
        search
      ▾ setting
            notification setting
            profile setting
  ▾ Feed
      ▾ posts
          ▾ action:
                like
                collect
                edit    #owner
                delete  #owner
                report  #guest
                share   #guest
                comment
                play    #if_youtube
        my taste
        genre
        new post
  ▸ USER
  ▸ ARTIST
  ▾ CONCERT
        date
        venue
        lineup
      ▸ posts
        new post
        heart donation
        follow / unfollow
```

그림 4.2 아웃라이너(checkvist.com)로 그린 앱 정보 구조

4.3 작업 순서

모든 작업이 한 붓 그리기처럼 별다른 고민 없이 한 번에 끝날 수만 있다면 더할 나위 없이 좋겠지만, 현실은 수없이 많은 시행착오와 반복 노동이 대부분을 차지한다. 앱을 디자인한다는 일도, 머릿속에 있는 아이디어를 손바닥 만한 공간 위에 꺼내놓는 것이고, 이것이 사용자와 서로 의미 있는 상호작용을 요하는 일이다 보니, 우리가 하는 일은 한 장의 그림보다는 수많은 타임프레임 속의 한 장 한 장을 들추는 일에 가깝다고 할 것이다.

앱 디자인을 한다고 하면 포토샵부터 열고 그리드를 짜는 사람도 있고, 더러는 종이를 꺼내들고 연필 스케치를 시작하는 사람도 있다. 맞고 틀리고가 없고, 또 어느 것이 더 좋다고 말하기는 어렵지만, 보편적으로는 하나의 아이디어가 구체화되기까지는 각 단계에 맞는 적절한 작업들이 존재하는 것으로 보인다. 흔히 이런 작업이 아직 완성된 단계도 아니고, 또 완성품의 한 조각으로 재활용되는 경우도 없어서 **프로토타이핑**이라고 부르기도 한다. 앞서 말하는 **적절한 작업들**이란 표현 역시 이 **프로토타이핑**의 여러 수준을 일컫는 말이다.

아주 오래전에 제품 디자인 회사에서 잠시 일한 적이 있는데, 작업이 떨어지면 나는 3D 툴을 먼저 열어놓고 거기서부터 바로 라인을 그리고 덩어리를 만드는 식이었다. 물론 툴을 만지는 게 워낙 익숙하고 굳이 낱장 스케치를 하지 않아도 어느 정도 머릿속에 있으므로 가능하다고 생각한 것이었다.

하지만 함께 일하는 베테랑 디자이너들은 (나보다 툴에 훨씬 능숙함에도) 항상 2D 렌더링을 먼저하고, 그 다음 3D 작업으로 들어가는 식이었다. 물론 나중에서야 알았지만, 이런 일련의 작업이 더 많은 시간을 쓰고 번잡스러운 것 같아도, 실은 수년간의 시행착오에서 얻은 삶의 지혜에 가까운 행동이었다. 그리고 2D 렌더링은 일종의 프로토타이핑에 가까운 것이라는 것도 말이다.

프로토타이핑의 유익이나 이러한 접근이 주는 효율에 대해서는 이미 많은 그룹들과 저서들을 통해 알려져 있다. 이에 대한 자세한 내용은 빌 벅스턴의 『사용자 경험 스케치』(인사이트, 2010)와 같은 책을 참고하고, 우리는 UI 설계와 GUI로 내려가는 일련의 과정들에 대해 적절한 프로토타이핑 방법들을 찾아보자.

4.3.1 스케치: 종이와 연필

아주 고전적인 툴이지만 여전히 필요하다. 특히 **연필**이 지니는 특성은 프로토타이핑이 갖는 본질과 들어맞는 점이 많기 때문에 펜보다 연필을 사용해 작업하는 것을 추천한다. 앱을 만든다고 하면, 결국 우리는 손바닥 만한 화면에서 일어날 일들에 대해 그리기 시작할 것이다. 연필로 맨 처음 그리는 것도 아마 화면의 외곽선 정도일 것이다. 크게 구획을 나누고, 버튼을 올리고, 섬네일이나 목록을 하나씩 그려본다(그림 4.3).

그림 4.3 앱 디자인을 위한 스케치

파워포인트나 포토샵에서도 얼마든지 할 수 있지만, 종이와 연필이 갖고 있는 프로토타이핑의 특성은 몇 가지 이유에서 훌륭한데, 첫째가 빠른 속도다. 여러분이 갖고 있는 생각의 속도와 거의 비슷하게 그려낼 수 있는 툴이 무엇인가? 파워포인트가 적성이라면 모르겠지만, 아마 대부분은 연필로 종이 위에 그리는 속도만 못할 것이다. 따라서 머릿속의 생각을 가장 빠르게 던져보고 그걸 다시 눈으로 피드백시키는 일련의 과정을 해보는 데 이만한 툴이 없다. 여기서 다시 한 번 강조돼야 할 부분은 바로 속도인데, 우리가 머릿속에 있는 것들을 아무리 잘 정리해도 그걸 밖으로 그려내면 어딘가에 미처 생각치 못한 변수들이 튀어나오기 시작한다. 따라서 머릿속에서 잘 그린다고 백날 고심해봐야 대충 서너번 지우고 그려본 그림에 견주지 못할 때가 많다. 머릿속은 휘발성이 가득한 공간이므로 가능한 한 빠르게 밖으로 아이디어를 꺼내보고, 고치고 또 고쳐라. 이게 가장 빠른 지름길이다.

둘째로는 연필 스케치가 가지는 '부정확함'에 있다. 이 부정확함의 매력은 내가 생각했던 것들을 대략 표현했음에도 나머지는 얼마든지 바뀔 수 있다는 데 있다. 경계도 뚜렷하지 않을 수 있고, 색채나 명암도 불분명하다. 어차피 지금 단계에서는 이런 것들을 고민할 필요도 없고, 고민하지 않는 것이 더 효율적이다. 연필이라는 도구의 한계 덕분에 우리는 쓸데없는 에너지를 이 단계에서 낭비하지 않게 되는 것이다. 단순하게 요소의 배치, 적당한 비례차 같은 것들만 확인하자.

셋째로는 다른 사람들과 소통하면서 상대방을 참여시킬 수 있다는 데 있다. 내가 포토샵으로 정성들여 그린 시안에 감히 개발자나 기획자가 버튼 하나 얹어볼 염두가 나겠는가? 하지만 연필로 대강 그린 스케치는 선뜻 '이건 어떤가요?'라면서 자기도 스윽 그려본다. 이 수준에서는 아직 스타일을 논할 것도, 버튼의 라운드를 정할 것도 아니므로 디자이너 외의 다른 사람들의 의견이 조율돼야 한다. 그러기에는 연필로 그린 스케치가 딱이다. 좀 쉬워 보여야 할 필요도 있다.

하지만 여러 가지 이유를 뛰어넘을 가장 강력한 스케치의 매력은 부담 없이 쉽게 버릴 수 있다는 점이다. 들인 노력이나 시간을 고려해볼 때 가차 없이 버려도 아깝지 않을 만큼 저렴하다는 뜻이기도 하다. 『사용자 경험 스케치』(인사이트, 2002)의 저자 빌 벅스턴 역시 스케치의 장점으로 '쉽게 버릴 수 있음'을 꼽기도 했는데, 감정이나 시간의 투자가 그만큼 덜하기 때문이라고 설명하고 있다. 다시 말해, 우리가 스케치라는 본연의 행위에 충실하려면 절대 꼼꼼하거나 디테일해서는 안 된다. 그저 대충 빨리 그리는 것이 미덕이다.

4.3.2 와이어 프레임: 파워포인트, 일러스트 등

와이어 프레임까지도 여전히 폰트나 색상에 대한 고려는 없다. 하지만 이 단계에서 우리는 아이디어를 스케치보다 좀 더 명확하게 그려내는데, 주된 작업은 공간 배치와 명암 구분 정도가 될 것 같다.

사실 와이어 프레임을 그리는 도구라고 해서 시중에 나와 있는 여러 가지 소프트웨어들이 있지만, 디자이너 스스로가 생각하는 전혀 다른 UI가 존재한다면 기존의 UI 목업mock-up 소프트웨어로는 감당하기 어려운 경우가 많다. 따라서 자유로운 와이어프레이밍이 가능한 파워포인트나 일러스트와 같은 툴이 일반적으로 많이 쓰인다(UI 목업용 툴들은 시중에 많이 나와 있으므로, 여러 가지를 시도해보고 적합한 툴을 사용하는 것도 한 가지 방법이다).

스케치에서 빠른 속도로 구성 요소와 정보의 흐름들을 그려냈다면, 와이어 프레임에서는 비교적 뚜렷한 공간 배치와 명암 구분을 시도해야 한다. 우선 그림 4.4처럼 내가 타깃으로 하는 화면의 비례를 명확하게 그리고, 상태바와 액션바 등도 정확한 크기로 박스를 배치해본다. 아마 이 작업만으로도 스케치에서 그렸던 것과 사뭇 다르다는 느낌을 받을 수 있을 것이다. 기왕이면 타깃 디스플레이와 동일한 인치 수로 그려놓고 시작하는 것도 좋다. 인쇄해보면 바로 실제 화면과 동일한 크기가 나올 테니 말이다.

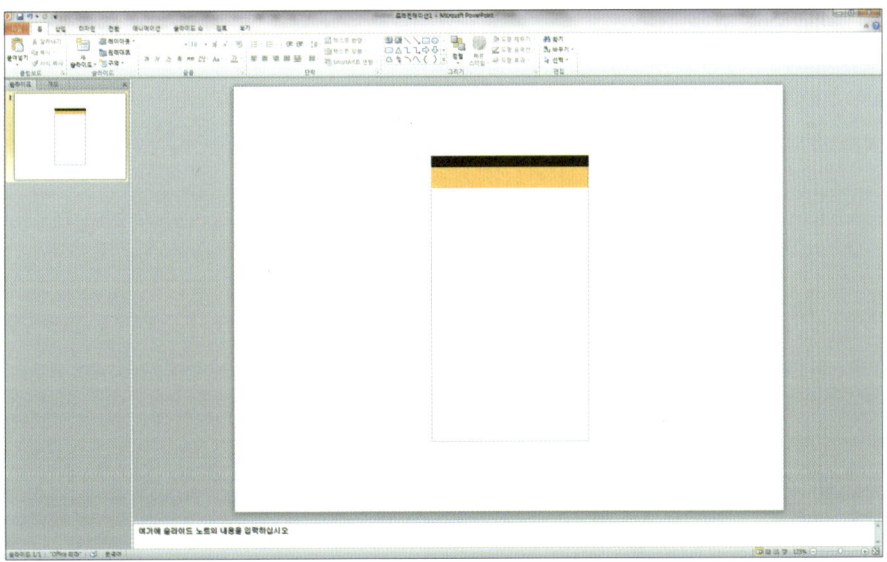

그림 4.4 정확하게 비례를 지켜 그린 와이어 프레임

> 파워포인트나 일러스트는 객체를 빠르게 조작하고, 움직일 수 있다는 점에서 레이어를 중심으로 돌아가는 각종 비트맵 에디터(포토샵)보다 와이어프레이밍에 효과적이다. 굳이 일러스트나 파워포인트 중에서 골라보라면 파워포인트가 더 추천할 만한데, 어지간한 기본 도형들이 템플릿으로 존재하는 것, 아무 도형이나 스페이스바를 한 번 눌러 글상자로 만들기, 각개 변형(transform each)이 일러스트보다 간편하다는 점 등이 매력적이다.
>
> 그러나 결정적인 이유는 개발자를 비롯한 다른 직원들의 컴퓨터에 일러스트가 설치돼 있지 않기 때문이다. MS 오피스 구입이 부담스럽다면, 무료로 쓸 수 있는 오픈 오피스나 구글 닥스도 있다.

기본 바탕을 만들고 나면 배치하고 싶었던 요소들을 배치하는데, 여기서도 안드로이드의 48dp 리듬을 잊으면 안 된다. 48dp 크기를 고려해가면서 리스트나 버튼의 높이를 맞추고, 폰트 크기도 적정한지 고려해보자.

적절한 배치가 끝나고 나면, 본격적인 그래픽 툴로 들어가기 전에 각 요소들의 시각적 무게$^{Visual\ weight}$가 적절한지 먼저 시도해보는 것도 좋다(그림 4.5). 폰트의 굵기 변화나 면과 면의 명암 차이 등을 시도해보면, 그래픽 툴에서 디테일에 전념하기 전에 대강의 무게감을 빨리 잡아볼 수 있기 때문이다. 사용자의 사진이 들어갈 영역에 실제 사진을 올리거나, 구체적인 아이콘을 미리 집어넣는 것은 아직 시기상조다. 사진이 갖고 있는 색감이나 인물의 호감도 때문에 전체적인 UI의 감을 잡는 데 방해가 되기 때문이다. 아이콘의 경우 빠르게 가져다 쓸 수 있는 게 아니라면 그리느라 시간을 낭비한다. 이건 나중 일이다. 같은 맥락에서 그래픽 툴에서 다시 할 일이 있다면 이 단계에서는 굳이 하지 말자.

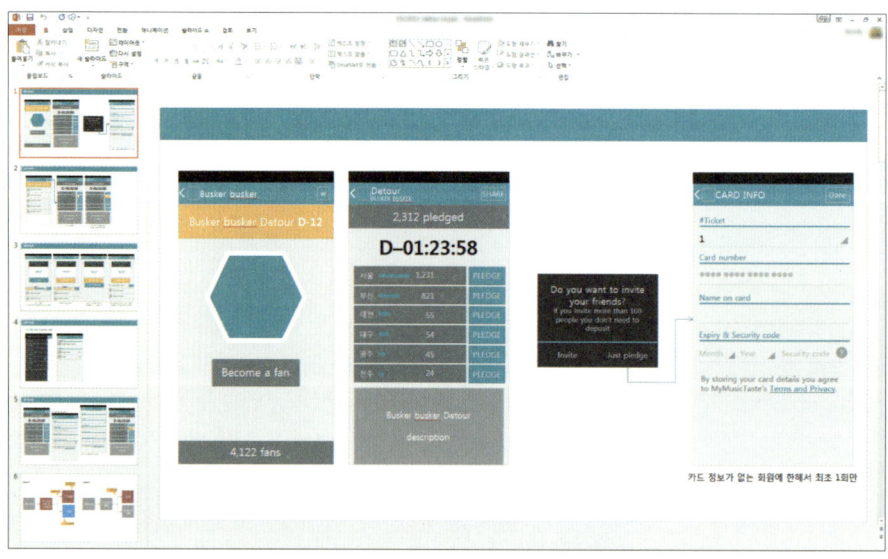

그림 4.5 시각적 무게가 고려된 와이어 프레임

4.3.3 픽셀 디자인: 포토샵 등

픽셀 디자인이라는 용어가 적절한지는 모르겠지만, 결국 우리가 픽셀을 하나씩 만지면서 작업을 해야 하는 곳까지 왔다면, 와이어 프레임이 현실 세계에 두 발을

내딛게 된다는 걸 의미한다(그리고 이 다음은 개발자의 리소스 폴더에 안착할 것이다). 앞서 와이어 프레임을 통해 형태의 크고 작음을 비롯한 시각적 무게감이 잡혔다면, 이제 픽셀 하나하나에 생기를 불어넣듯이 색과 폰트, 크고 작은 그림자와 하이라이트, 일관성 있는 아이콘 등이 들어갈 것이다.

무엇보다도 이 수준에서는 앱이 전달하고자 하는 하나의 스타일을 고민해야 하고, 그러한 고민들은 버튼 스타일(보통, 강조), 텍스트 스타일(제목, 본문, 강조), 리스트 스타일, 강조 컬러 등을 지정하는 것으로 일관성을 띄게 된다. 특히 앱 내에서 사용되는 아이콘들의 경우, 사용자가 쉽게 이해할 수 있는 보편성, 각 아이콘끼리의 통일감이 중요하다.

이러한 스타일은 트렌드를 좇다 보니, 시간이 지나도 질리지 않는 디자인을 하기가 좀처럼 쉬운 일이 아니다(아이폰의 아쿠아 스타일도 이젠 지겹지 않은가?). 따라서 앱 디자인이 너무 시류를 좇는 스타일은 아닌지 살펴보고, 디자인계의 영원한 명제인 형태는 기능을 따른다 form follows function 라는 말도 되새겨보며, 스타일링에 자신만의 철학을 담을 수 있도록 고민해보자.

4.4 안드로이드 UI 패턴

모든 정보는 그에 걸맞은 표현 방법이 있고, 사용자 중심의 인터페이스는 사용자의 멘탈 모델에 적합하도록 최적의 정보 표현과 조작 방법을 제시하는 것이라고 볼 수 있다. 다행히도 대부분의 정보들은 이미 언급된 안드로이드의 기본 UI들 내에서 소화될 수 있다. 이를테면 모드를 전환하는 인터랙션은 스위치를 사용한 인터페이스도 있고, 체크박스를 사용한 인터페이스도 있다. 어느 하나만이 모드 전환에 적합하다고 볼 수도 없고, 안드로이드 시스템 내에서도 때에 따라 이 둘을 적절히 혼합해 사용하고 있는 실정이다.

많은 앱이 만들어지고 이것이 사람들에게 노출되면서 대중에게 익숙한 UI라는 것들이 생겨나는데, 이런 인터페이스들을 소위 UI **패턴**이라 부르고 있다. 피드 혹은 타임라인 방식이라 불리는 정보 형태는 이제 누구나 익숙한 인터페이스 중의 하나다. 배경화면 위에 카드 같은 것들이 순차적으로 흘러가고, 카드 위에 작성자의 이름이나 사진, 글 같은 것이 올라가며, 하단부에는 해당 카드에 대한 몇 가지 액션을 취할 수 있는 것 따위가 그 예라고 할 수 있다. 또 이런 타임라인 정보를 새로고침하려면 최상위단에서 좀 더 끌어내렸다 놓음으로서 신규 정보를 가져오는 풀투리프레시 pull to refresh 등도 이제 우리에게 익숙한 패턴이라고 볼 수 있다.

이러한 UI 패턴은 정답이라고 부를 수 있는 것이 없으며, 또 시간에 따라 계속 변화하고 있고, 유행처럼 번져나가는 경우도 많다. 사실 모바일 기기를 사용한 인터랙션이 보편화된 게 고작해야 10년도 채 되지 않은 듯하므로 데스크톱처럼 이제 더 이상 바뀔 것도 없겠구나 싶은 사용자 인터페이스에 이르기까지는 아마도 계속 바뀌어나갈 것이다(데스크톱조차도 변화하고 있다!). 아마도 이 즈음에는 지금의 맥 OS나 MS 윈도우가 크게 다를 것 없는 인터페이스들을 보여주듯이, 모바일 OS들도 저마다의 특색이 많이 희석돼 비슷한 경지에 이르지 않을까 생각해본다.

따라서 내가 다루고자 하는 정보의 형태가 적절한 인터페이스로 구현되고 있는지만 확신할 수 있다면 트렌디한 UI 패턴을 좇는 데 시간을 쏟지 않아도 될 것이다. UI 패턴을 다루고 있는 웹 사이트들은 많이 있으므로 내가 다루고자 하는 정보 형태가 기본 UI로 다루기 까다롭다거나 대중들이 편하게 받아들일 수 있는 인터페이스가 어느 수준인지 궁금하다면 약간의 시간을 투자해 살펴보는 것도 도움이 된다. 다음 웹 사이트들을 참고하자.

- http://developer.android.com/design/patterns/index.html
- http://www.androiduipatterns.com/
- http://www.androidpatterns.com/
- http://www.mobile-patterns.com/

4.5 목업

목업^{Mock-up}은 실제와 거의 비슷한 모형을 뜻하는데, 여기서는 실제로 만들어질 앱과 비슷한 느낌의 것을 큰 노력 없이 미리 경험해보는 것을 말한다. 일종의 인터랙티브 목업이 되는 것인데, 이 버튼을 누르면 이 화면이 나오고 저 버튼을 누르면 이런 화면이 나오는 식의 연속적인 사용 경험을 시뮬레이션해보는 것에 가깝다.

목업 역시 크게는 프로토타이핑의 범주에 속하고, 결국은 사용 경험을 미리 예측하는 수단으로서의 역할이 강하다. 다만 스케치나 와이어 프레임이 정적인 화면에만 집중했다면, 적어도 목업에서는 동적인 앱의 움직임을 볼 수 있어야 한다. 픽셀 작업까지 준수하게 마친 화면이 있다면, 이것이 동적인 움직임을 갖기 전까지는 어디까지나 스크린샷에 불과하다. 눌러서 움직이고 화면이 바뀌면 그때부터는 목업으로 간주해볼 수 있을 것이다.

목업에서 어느 정도의 완성도를 지닌 화면을 사용해야 하는지는 정해진 바가 없다. 사용성만을 체크하는 수준이라면 픽셀 작업에 들어가지 않은 와이어 프레임만 갖고도 얼마든지 목업을 제작해볼 수 있을 것이다. 이런 경우, 스타일을 배제하고 사용 프로세스에 집중할 수 있으므로 미리 오류를 발견하거나 큰 레이아웃의 변경을 수용하기에 더 적절하다. 픽셀 작업까지 모두 마친 상태에서 목업을 만든다면 (멋지게 작동하니 기분이야 좋을지 모르지만) 오류를 발견했을 때 큰 비용을 지불해야 한다.

하지만 경우에 따라서는 개발이 완료되기까지 다른 사람과의 커뮤니케이션을 위해 목업을 만들어야 하는 경우도 있다. 이때는 픽셀 작업까지 완료된 화면도 사용할 수 있을 것이고, 거의 실제와 다름없는 결과물을 만들어 보여줘야 할 때도 있다(이를테면 투자자들에게!). 따라서 목업은 상황과 목적에 맞도록 제작하는 것이 중요하다. 아직 UI가 완전히 의사결정되지 않은 상황에서의 완성도 높은 목업은 지양하는 것이 좋다.

4.5.1 목업/프로토타이핑 저작 도구

디자이너는 자신의 창의적인 아이디어와 디자인을 시각적으로 표현하고, 그것에 대한 개발자 및 사용자의 정확한 피드백을 얻어야 한다. 특히 모바일 시대로 넘어오면서 기존의 입력 방식 및 스크린 구성 자체가 달라진 오늘, 디자이너들은 기존 웹과 달리 매우 동적인 디자인이 가능해졌고, 사용자 또한 더욱 복잡하고 새로운 디자인을 기대하기 때문에 더욱 그렇다.

하지만 아무리 좋은 아이디어를 가진 디자이너라도 단독으로 실제 페이지를 구현해보는 것은 매우 어렵다. 아무리 멋진 디자인을 해놓아도 개발자에게 '이 부분에선 이렇게 해주시고, 저 부분에선 이렇게 해주세요'라는 두리뭉실한 말로는 이해시키기 힘들며, 디자이너 역시 피곤하다. 욕심을 부려 개발이나 코딩을 배워 볼까 고민해보지만, 실제 작업으로 연결하기까지 많은 한계에 부딪힌다. 디자이너는 늘 시간에 쫓기기 때문이다.

지금까지 목업이나 프로토타이핑을 작업할 때는 주로 어도비 사의 '에프터이팩트AfterEffect'라는 영상 프로그램이 주로 이용됐다. 에프터이팩트는 포토샵/일러스트와 연동할 수 있으며, 섬세한 애니메이션과 복잡한 구조를 콤포지션으로 관리할 수 있는 장점이 있다. 하지만 영상으로 구동 예시를 재생하는 것 이외에 실제 인터랙션 실험이 불가능하다는 것은 정말 아쉬운 점이었다. 또한 작업한 결과물을 수정하는 데도 꽤 오랜 시간이 걸린다. 그렇기 때문에 애프터이팩트를 대체할 만한 가볍고, 빠르며 효율적인 전문 툴에 대한 관심이 대두됐고, 최근에는 다양한 전문 툴이 많이 출시됐다.

가장 대표적인 프로그램인 어도비 XD는 포토샵 및 일러스트레이터와 원활하게 호환된다. 자주 사용하는 프로그램에서 디자인 작업을 진행하고 XD로 이들 에셋을 가져온 후, XD를 사용해 프로토타입을 제작하고 공유할 수 있으며, 이들 에셋을 어도비 XD에서 추가로 다듬거나 인터랙티브 프로토타입을 개발하는 데 사용할 수 있다. 또한 데이터 손실 없이 SVG 및 비트맵 파일을 지원한다. 포토샵과 일러스트레이터를 주로 사용하는 디자이너들에게는 획기적이고 간편한 툴이다. 기획부터 디자인, 프로토타입 모두 가능하기 때문이다.

두 번째로 소개할 툴은 국내에서 제작한 프로토타이핑툴인 Protopie다. Protopie는 학습 난이도가 낮은 데 반해, 구현할 수 있는 범위가 넓어 다양한 인터랙션이 가능하다. 그리고 2개의 스마트폰 통신, 3D 터치나 나침반, 사운드와 같은 센서 리스펀스보다 실제와 같은 프로토타이핑이 가능하다. 또 실제 디바이스에서 바로 테스트가 가능하고 클라우드 업로드 및 공유도 가능하다. 디자이너와 개발자 간의 확실한 커뮤니케이션 수단인 프로토타입을 보다 정교하게 만들기에 좋은 툴이다.

그림 4.6 어도비 XD(출처: www.adobe.com)

UI 설계

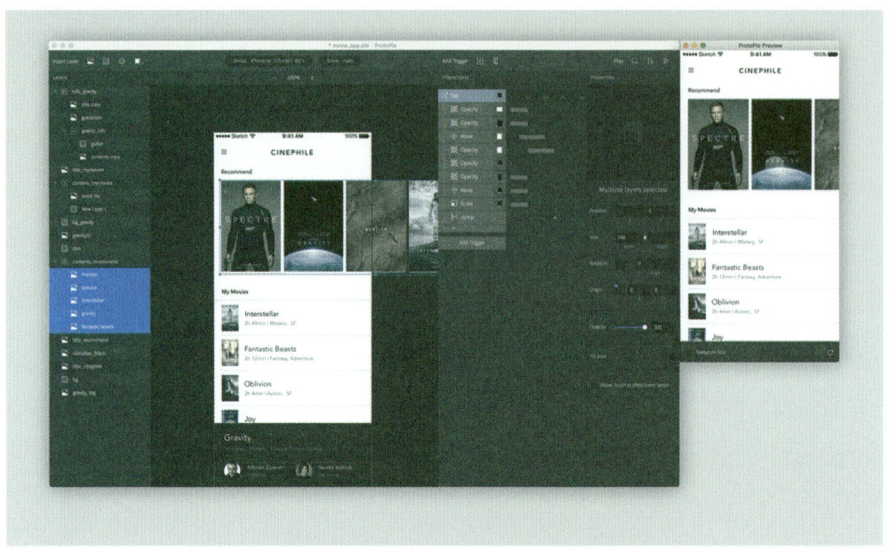

그림 4.7 Protopie(출처: www.protopie.io)

4.6 정리

아이디어가 제대로 된 물건이 되려면, 생각보다 많은 노력이 필요하다. 많은 디자이너들이 아이디어의 탁월함에 스스로 만족하는 경우들을 많이 본다. 하지만 하나의 앱, 서비스를 만들어내는 과정들은 많은 수고와 시행착오를 수반하기 마련이다. 그래서 되도록이면 효율적이고 효과적인 방법을 권장하는 것이다. 흐릿했던 아이디어들을 모아 뚜렷한 콘셉트를 하나 만드는 것도 사실 쉬운 작업이 아니다. 콘셉트가 다시 여러 태스크들로 구성되고 이것이 스케치로, 와이어 프레임으로, 또 프로토타입으로 만들어지는 일련의 과정들은 사실 얼마든지 선택이 가능한 문제들이다. 한 가지 정답이 강요될 수는 없다. 하지만 4장에서 열거된 일련의 과정들을 전체적으로 한 번 경험해보는 것은 반드시 권하고 싶다. 이후에 비로소 자신에게 맞는 방법을 찾을 수 있으리라 생각한다.

5장
스케일러블 디자인

5장에서 다루는 내용
- 어느 화면에서나 안정적으로 그래픽 요소들이 보이는 레이아웃 제작 방법
- 스케일러블한 그래픽의 정의와 제작
- 안드로이드에서 이미지가 보여지는 다양한 방법

안드로이드의 UI가 iOS에 비해 확장성을 염두에 둔 것은 잘 알려진 사실이다. iOS가 돌아가는 기기는 애플에서 제조한 아이폰이나 아이패드 정도로 한정되지만, 안드로이드는 알고 있는 것만도 수십, 수백 가지 종류에 이른다. 대부분의 경우는 스마트폰과 태블릿 기기들이지만 이외에도 TV, 카메라나 내비게이션에도 들어가고, 심지어 세탁기나 전자레인지에도 들어가므로 예측 가능한 기기라는 개념이 없다.

물론 안드로이드 시스템을 운영하기 위한 적정 수준의 권장 사양은 있지만, 범위가 iOS처럼 명확하게 한정되지 않은 상황에서 OS를 제작하는 구글은 확장성에 대해 고려하지 않을 수 없었을 것이다. 화면의 크기가 어떤 비례의 어떤 크기가 된다 하더라도 사용성에 큰 불편을 주지 않을 UI 말이다.

안드로이드가 웹 디자인의 개념과 비슷하다고 느끼는 것도 이런 부분이다. 웹이 사용하는 HTML 규약이 안드로이드의 XML과 닮아 웹에서 누리던 디자인의 확장성을 안드로이드에서도 비슷하게 사용할 수 있다. 웹이 특정한 크기나 해상도의 모니터만을 고려하지 않듯이, 안드로이드 역시 다양한 스크린에 대응할 수 있도록 디자인된 것이다.

아이패드가 처음 나왔을 때 아이폰 앱들을 어떻게 구동했는지 기억나는가? 2x 버튼을 둬 화면을 뻥튀기하는 것이 초창기 아이패드의 확장성이었다. 한동안은 이를 극복하기 위해 아이패드용 앱과 아이폰용 앱을 따로 만들던 시절도 있었다. 물론 지금은 iOS도 확장성을 고려한 앱 디자인이 가능해져서 굳이 2개의 앱을 따로 만들 필요가 없어졌다.

하지만 안드로이드는 애초부터 태블릿과 폰을 서로 다르게 만들 필요가 없도록 고려된 OS다. 굳이 2개의 앱을 따로 만들지 않아도 하나의 앱으로 스마트폰과 태블릿 모두에 대응할 수 있기 때문이다(그림 5.1). 물론 이를 위해서는 디자이너와 개발자의 세심한 고민과 노력이 요구된다. 하지만 기본적인 룰을 지켜서 앱을 만들었다면 태블릿이든 패블릿이든, 이상한 비례의 스크린이든 안드로이드 앱은 어딘가 깨지거나 줄어들어 나오지 않는 것이 기본이다. 이것이 안드로이드가 추구하는 확장성의 개념이다(물론 확장성을 못 지키는 앱들이 여전히 많다).

그림 5.1 동일한 앱을 태블릿(좌)와 스마트폰(우)에서 구동한 화면

5.1 레이아웃

그림 5.2의 좌측은 9:16 비율의 디스플레이를 생각하고 그린 화면 디자인이다. 이제 이 앱을 3:4 비율의 우측 디스플레이에서 구동한다고 생각해보자. 과연 어떻게 보여질까?

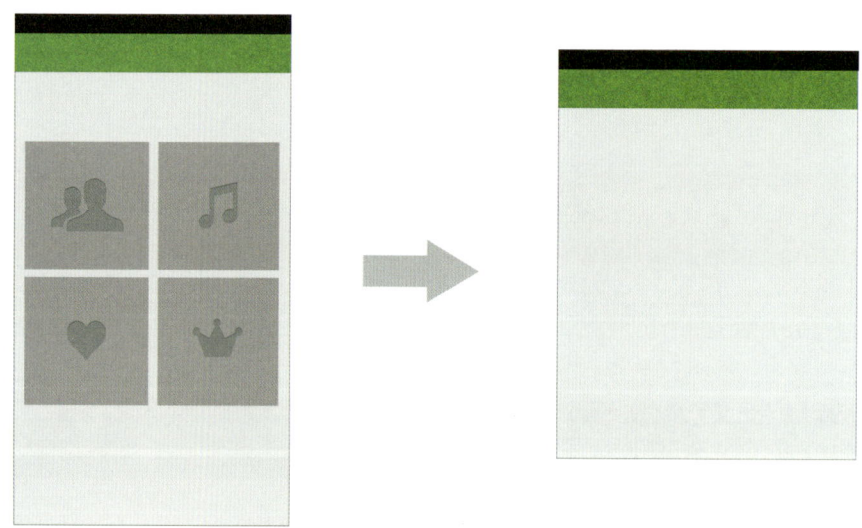

그림 5.2 좌측의 레이아웃을 우측의 스크린으로 옮긴다면 어떻게 될까?

안드로이드는 iOS처럼 정해진 비례와 해상도의 디스플레이에서만 구현되지 않기 때문에 늘 이러한 가변적 레이아웃에 대해 고민할 필요가 있다. 한창 갤럭시 시리즈가 보급되던 시절에는 480 × 800 해상도가 거의 주류를 이뤘기 때문에 당연히 안드로이드 화면 비례는 3:5라고 생각하고 작업해왔다. 그러다 보니, 한두 해가 지나 새로운 비례의 기기가 나오면서 3:5 비례에 꼭 맞게만 디자인했던 앱들이 엉성하게 깨진 모습으로 보여지거나 기기에 따라 화면이 가로나 세로 방향으로 늘어지기도 했다. 안드로이드가 가변적 레이아웃을 취할 수 있다는 것을 염두에 두지 않은 탓이다.

그림 5.2의 왼쪽 레이아웃이 오른쪽 디스플레이로 넘어간다면 아마도 다음과 같은 경우들을 고려해볼 수 있을 것이다.

그림 5.3 (경우 1) 4개의 박스가 그대로 다른 디스플레이에 들어감

첫 번째 경우는 4개의 박스가 한데 묶여 그 모습 그대로 다른 디스플레이로 넘어가는 방법이다. 이때 크기 변화는 없으며, 가로폭 720픽셀이던 디스플레이에서 768픽셀의 디스플레이로 넘어가므로 좌우로 각 24픽셀씩의 여유 공간이 생긴다(그림 5.3).

두 번째 경우는 그림 5.4처럼 그룹 전체가 화면 외곽에 닿기까지 확대되는 경우다. 이때 각 박스 안에 있는 아이콘 이미지는 박스를 따라서 확대되는 경우도 있을 수 있고, 박스와 무관하게 자기 크기를 그대로 유지할 수 있다. 따라서 박스 그룹이 확대되는 방법도 두 가지나 가능하다.

그림 5.4 (경우 2) 4개의 박스 전체가 화면 외곽에 닿기까지 확대됨

세 번째 경우는 그림 5.5처럼 각 박스들의 크기는 변동이 없고, 서로 간의 간격만 균등하게 멀어지는 방법이다. 아마도 화면이 커질수록 각 박스들끼리 점점 멀어지는 형상을 취할 것이다.

그림 5.5 (경우 3) 박스의 각 크기는 그대로인데, 간격이 동일하게 벌어짐

이처럼 간단해 보이는 레이아웃도 조금만 디스플레이가 변하면 이 안에 들어 있는 요소들을 어떻게 움직여야 할지 하나씩 고민해야 한다. 따라서 디자이너가 이런 가변적 레이아웃을 정확하게 정의내리지 못하면 개발자의 임의대로 화면이 만들어질 가능성이 높아지고, 이는 디자이너가 의도하지 않은 어설픈 레이아웃의 발현으로 이어질 가능성이 많다. 여러 말할 것 없이 지금 당장 태블릿으로 일부 앱들을 다운로드해 실행만 해봐도 디자이너가 예측하지 못했을 것 같은 레이아웃의 문제들이 산적해 있음을 발견하게 될 것이다.

5.1.1 레이아웃과 박스 모델

젤리빈 이상의 기기에서는 **설정 > 개발자 옵션**에서 **레이아웃 범위 표시**라는 옵션을 통해 그림 5.6처럼 안드로이드 앱을 비롯한 시스템 전체의 모든 레이아웃을 눈으로 확인할 수 있다.

그림 5.6 레이아웃 범위가 표시된 구글플러스

파란색 실선은 하나의 박스가 차지하는 범위를 나타내고, 보라색 실선은 여백 범위를 나타낸다(레이아웃이라는 표현이 안드로이드에서는 하나의 박스를 부르는 용어기도 하므로 편의상 박스라고 하자).

따라서 레이아웃 범위를 표시한 채로 이 앱 저 앱 들여다보면 어떤 방식으로 레이아웃을 구성했는지 좀 더 쉽게 이해할 수 있다. 이를테면, 이미지를 한 덩어리로 처리했는지, 겹겹의 레이어로 구성했는지, 글자와 아이콘 사이의 여백은 아이콘 이미지 자체의 여백인지 아니면 레이아웃에서 정의내린 여백인지 등을 확인하는 것이다.

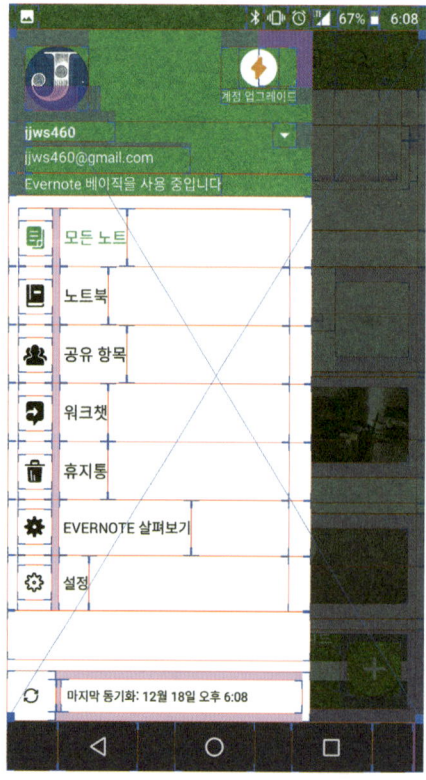

그림 5.7 에버노트의 레이아웃 범위 표시

레이아웃을 좀 더 깊게 들어가기 전에 먼저 **박스 모델**에 대해 짚고 넘어가자. 박스 모델은 안드로이드 애플리케이션만 아니라 iOS에서도 사용되는 개념이고, 앱에서 쓰기 전에는 웹에서 오래전부터 사용되던 레이아웃 개념이다.

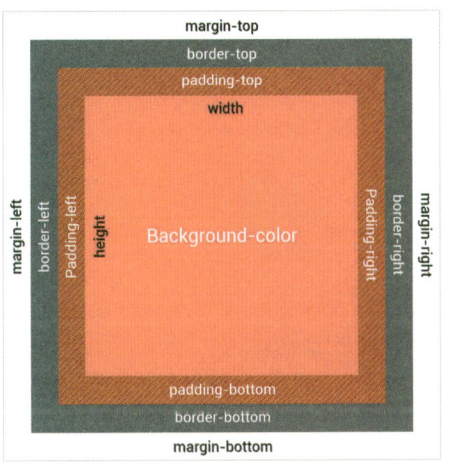 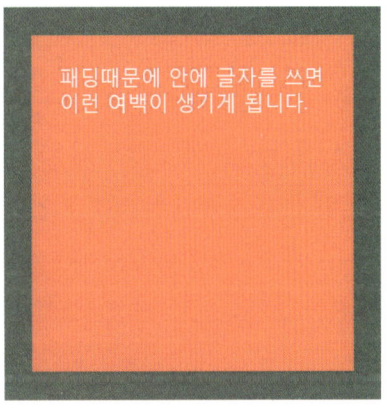

그림 5.8 박스 모델의 개념도(출처: http://www.mandalatv.net/itp/drivebys/css/)

외곽선^{border}의 개념은 접어두고, 마진^{margin}과 패딩^{padding}에 대해서만 이해해도 안드로이드에서 박스 모델을 이해하는 데 부족함이 없다. 쉽게 생각하면 마진은 **바깥 여백**에 해당하는 개념, 패딩은 **안쪽 여백**에 해당하는 개념이다.

폭^{width}과 높이^{height}가 100dp인 박스가 있다고 가정했을 때, 안쪽 여백에 해당하는 패딩을 10dp로 설정하면 실제로 이 박스 안에 다른 뭔가를 채울 수 있는 공간은 80dp × 80dp만 남게 된다. 위, 아래, 좌, 우 모두 10dp씩의 안쪽 여백을 설정해버렸기 때문이다(그림 5.9).

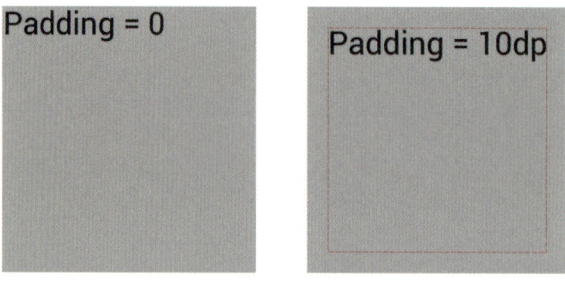

그림 5.9 패딩의 이해

반면, 마진의 경우는 바깥 여백에 해당하기 때문에 개체 사이의 간격을 조절하는 데 주로 사용되곤 한다. 아이콘 옆에 텍스트를 딱 붙이지 않고 적당히 간격을 두는 경우가 이런 마진을 사용하는 케이스다(그림 5.10).

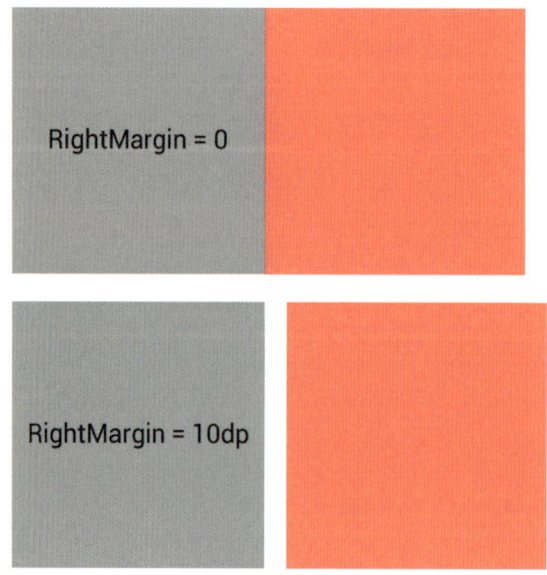

그림 5.10 마진의 이해

마진과 패딩 모두 방향성을 갖고 있기 때문에 특정 방향에 대한 설정 없이 값을 지정하면 해당 값이 사방으로 적용된다. 따라서 특정 방향으로만 여백을 설정하고 싶다면, LeftMargin, RightMargin, TopMargin, BottomMargin처럼 방향 표시를 앞에 붙여 기록하면 된다.

그림 5.11은 팬시 앱의 메뉴 부분을 레이아웃 표시 옵션으로 확인한 결과다. 메뉴마다 가로 방향으로 크게 하나씩의 박스가 그려져 있고, 안에 아이콘과 텍스트가 차례대로 좌측 정렬된 것을 볼 수 있다. 또한 아이콘 우측에는 약간의 여백이 있어서 아이콘과 메뉴 제목이 딱 붙어 보이는 것을 알 수 있다.

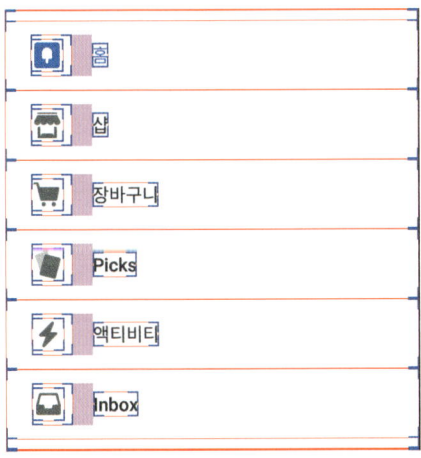

그림 5.11 구글플러스의 메뉴 디자인

아마도 이런 레이아웃은 다음과 같은 순서를 거쳐 만들어졌을 가능성이 높다.

첫 번째로, 가로 방향을 꽉 채우는 임의의 박스를 하나 만든다. 이 박스의 높이는 지정되지 않았고, 다만 폭을 100%로 해놓은 상태다. 또한 그림 5.11에서 보는 것처럼 흰색을 배경색으로 갖고 있고, 별다른 마진은 주어지지 않았다.

바로 여기에 아이콘과 텍스트 상자를 좌측 정렬로 배치한다. 차례대로 좌측에 가서 자리를 잡은 아이콘과 텍스트는 아직 서로 간의 여백이 없으므로 딱 붙어 보일 것이다(그림 5.12).

그림 5.12 좌측 정렬로 배치된 아이콘과 텍스트 상자

두 번째로는 아이콘과 텍스트를 감싸고 있는 박스에 적당한 크기의 패딩을 설정하는 것이다. 패딩을 설정하면 측벽에 딱 붙어 있던 아이콘 모서리가 가로세로 방향으로 패딩 값만큼 떨어져 나오는데, 사방으로 패딩 값이 적용됐으므로 박스 전체의 높이가 아까보다 한층 높아진다(그림 5.13).

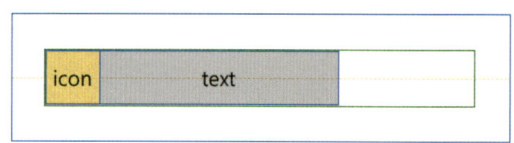

그림 5.13 패딩 값이 주어진 박스

마지막으로는 그림 5.14처럼 아이콘과 텍스트 사이에 적당한 여백을 주는 것이다. 이때 여백값을 아이콘의 오른쪽 마진으로 설정할 수도 있고, 텍스트 박스의 왼쪽 마진으로 설정할 수도 있다. 혹은 텍스트 박스의 왼쪽 패딩 값을 설정해버려도 마진을 설정하는 것과 동일한 효과를 볼 수 있다. 아이콘과 텍스트 박스가 서로 간의 간격을 두는 순간이다.

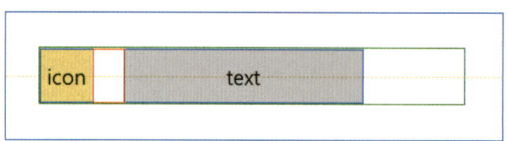

그림 5.14 아이콘과 텍스트 사이에 주어진 여백

5.1.2 데이터 오버플로

화면 내에서 담아내는 요소가 어떻게 변화할지를 예측하는 것은 레이아웃 디자인에 있어서 늘 필요한 부분이다. 특히, 레이아웃의 형태를 해칠 위험이 있는 요소들은 항상 최악의 상황을 고려해 디자인하는 것이 필요하다.

그림 5.15 페이스북 레이아웃 일부

그림 5.15는 페이스북의 피드 하단부에 붙어 있는 레이아웃이다. 좌측으로는 좋아요, 최고에요 등을 누를 수 있도록 하는 공감 링크가 있고, 그 옆에는 댓글의 수와 공유한 수가 적혀 있다. 언뜻 봐서는 큰 문제가 없는 레이아웃이다. 하지만 이런 레이아웃도 그림 5.16처럼 극한의 경우를 상정해볼 필요가 있다. 좋아요와 댓글의 숫자가 극한에 치달으면, 결국 이 레이아웃 안에서는 좌측의 링크와 아이콘이 부딪히는 순간이 온다. 이런 문제들은 예측 가능한 범위 안에 있을까?

그림 5.16 데이터 값이 극한일 경우의 레이아웃

아무리 페이스북이 일 사용자 6억 명이 넘어가는 초대형 서비스라고는 하지만, 그림 5.16과 같은 극한의 상황은 거의 벌어질 일이 없을 거라고 본다. 아마도 페이스북 디자이너들도 이 정도의 예측은 가능했기에 이런 레이아웃을 허용한 것이 아닐까 싶다. 지금은 이런 극한의 상황을 해결하고자 일정한 카운트가 넘어가면 5.1만, 21.3만 이런 식으로 표시된다. 그래도 숫자를 굳이 정확하게 표현하고 싶다면, 아마도 다음과 같은 디자인으로 레이아웃을 바꿀 수 있을 것이다.

그림 5.17 극한의 데이터에도 큰 문제가 생기지 않을 것 같은 레이아웃

하지만 음악 콘텐츠를 다루는 앱의 경우, 음악 제목이나 아티스트의 이름처럼 길이를 예측할 수 없는 데이터가 제법 많기 때문에 레이아웃을 디자인할 때 늘 이런 부분들을 고민해야 한다. 그림 5.18처럼 재생 목록의 경우 모든 곡의 이름 들을 보여줘야 하는데, 길이가 화면 밖으로 넘어가는 경우가 종종 생기기 때문에 이것을 한 줄로 처리할 것인지, 두 줄로 처리할 것인지, 아니면 최대치로 모두 보여줄 것인지 등을 정해야 하고, 한 줄로 처리한다면 화면의 경계에서 글자를 잘라낼 것인지, 아니면 제목 전체를 마퀴marquee 처리해 흘러가게 만들 것인지 등을 정해야 한다. 이에 대한 고민 없이 안전한 글자들, 수치들로만 디자인하면 결국 레이아웃이 훼손되거나 제대로 정보를 보여줄 수 없는 경우가 생기게 된다.

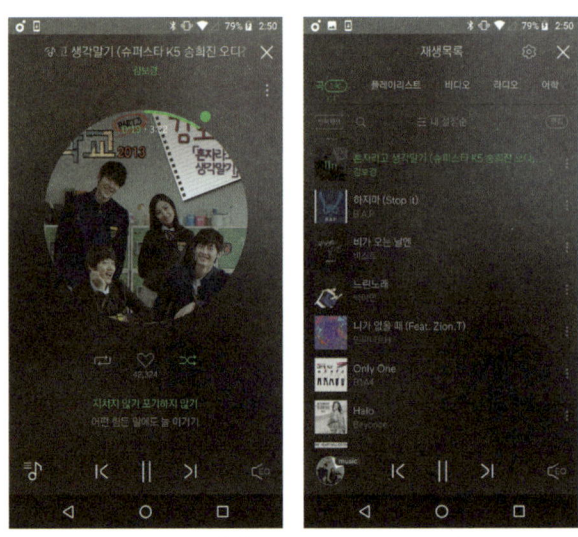

그림 5.18 멜론 앱의 재생 목록 화면(좌), 음악 플레이어에서 제목을 마퀴로 처리한 경우(우)

5.2 스케일러블 그래픽

우리가 흔히 이미지 소스라고 부르는 그래픽들도 동적으로 레이아웃에 맞춰 늘어나거나 줄어들도록 할 수 있다. 안드로이드의 대표적 스케일러블 그래픽인 나인패치[9-patch]와 drawable xml 등을 살펴보자.

5.2.1 나인패치

나인패치는 스크린의 크기나 지정된 길이에 따라 좌우 또는 상하로 늘어날 수 있는 이미지 포맷을 말한다. jpg나 gif와 같은 별도의 이미지 포맷으로 존재하는 것이 아니라 png 타입을 기본으로 사용하고 있으며, 파일명 뒤에 .9를 접미사로 붙이면 안드로이드 시스템에서 알아서 나인패치 이미지로 인식한다.

```
<filename>.9.png
```

나인패치는 이름에서 알 수 있듯이, 이미지를 총 3 × 3개의 구역으로 나눠 처리하게 해주는 방식이다. 혹시 '점을 9개 찍기 때문에 나인패치가 아닌가?'라는 오해는 하지 않도록 하자(그 이상으로도 나눌 수는 있지만 기본은 9개). 이렇게 구역을 나누는 이유는 늘어나는 부분과 늘어나지 않는 부분을 지정해 가변적인 이미지를 깔끔하게 다룰 수 있도록 하기 위함이다. 특히, 그림 5.19처럼 귀퉁이에 라운드가 들어간 이미지들은 정비례가 아닌 비율로 늘게 되면, 당연히 라운드가 일그러지게 마련이다. 하지만 나인패치 작업을 통해 귀퉁이 부분을 늘어나지 않는 영역으로 설정해주면, 모서리의 라운드 값을 유지한 채로 나머지 영역에서만 길이를 늘일 수 있다.

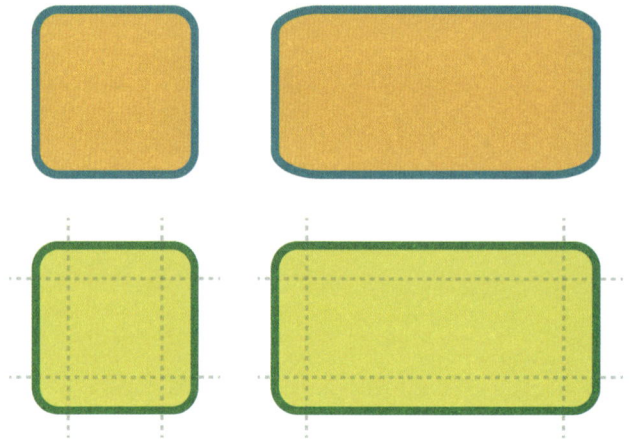

그림 5.19 점선으로 영역을 나눠보면 총 9개의 조각이 나옴

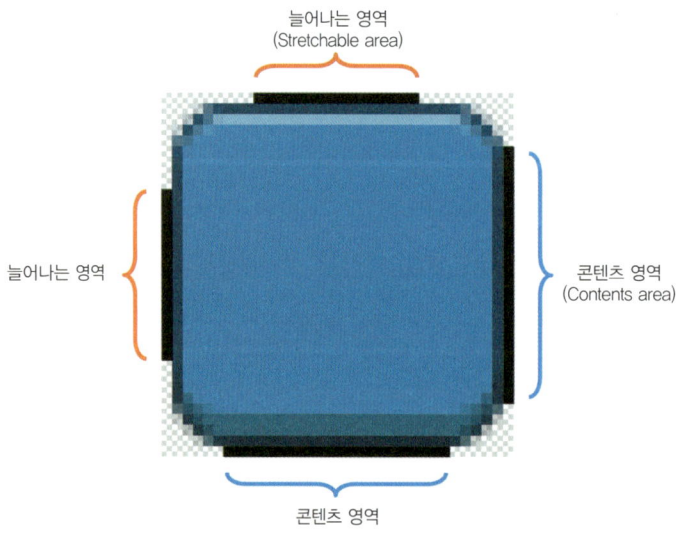

그림 5.20 나인패치의 구조

　　그림 5.20은 전형적인 나인패치의 모습이다. 나인패치의 좌우상하 1픽셀은 이미지가 아닌 정보를 담고 있는 구역으로, 투명하게 남겨두거나 검은색으로 채울 수 있다(여기에 투명/검정 이 둘이 아닌 다른 것을 채워넣으면 나인패치로 제대로 인식되지 않을 수

있으므로 주의해야 한다). 따라서 내가 어떤 이미지를 나인패치로 만들겠다고 작정하면, 이미지를 그대로 둔 채로 상하좌우 한 픽셀씩 덧대주면 된다. 예를 들어, 50 × 50픽셀의 이미지를 만들고 이것을 나인패치화하고자 한다면, 52 × 52픽셀로 캔버스 크기를 확장해 상하좌우로 1픽셀씩의 여백을 생성하는 것이다. 물론, 이 여백은 앞서 말한 대로 투명한 영역이 돼야 하며, 이 위에 검은색(#000000)을 채워넣으면서 나인패치 작업을 하는 것이다.

나인패치의 좌측과 상단의 1픽셀은 앞서 말한 **늘어나는 구역**을 설정하는 공간이다. 투명한 채로 영역을 남겨두면 해당 영역은 늘어나지 않는 영역이 되고, 늘어나도록 만들고 싶다면 여기에 검은색(#000000)을 채워넣으면 된다. 모서리 라운드를 잘 보존한 채로 이미지를 늘이고 싶다면 그림 5.20처럼 늘어나는 부분에만 검은색으로 표시해주면 된다.

우측과 하단의 영역 지정은 콘텐츠 영역을 설정하는 것인데, 설정된 영역에만 글자 등이 들어갈 수 있다. 나인패치 이미지 전체를 하나의 글상자라고 보고, 좌우상하에 필요한 여백을 설정한다고 생각하면 된다. 콘텐츠 영역을 상하좌우 끝까지 모두 채워버리면 그림 5.21처럼 귀퉁이의 라운드 영역까지 글자가 침범할 수도 있으므로 이런 점을 고려해 콘텐츠 영역을 설정하면 된다.

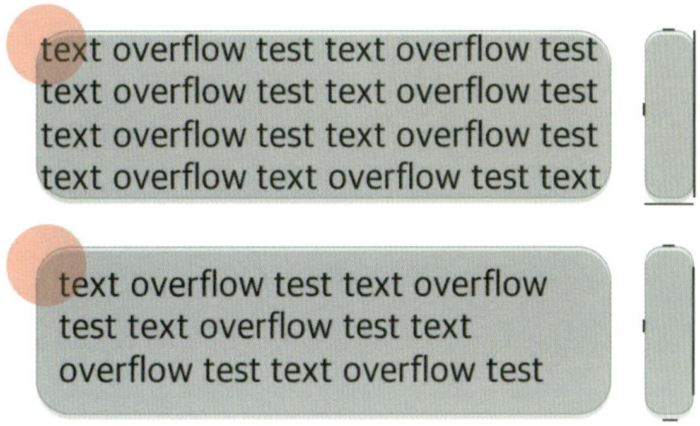

그림 5.21 콘텐츠 영역 설정에 따라 달라지는 여백

> 늘어나는 구역은 여럿으로 나눠 지정할 수도 있다. 이렇게 하면 영역이 9개가 아니라 더 많이 쪼개질수도 있을 것이다. 늘어나는 비율 자체는 달라지지 않는다. 구글에서 제공하는 나인패치 테스트 툴을 활용해 나인패치의 늘어난 모습을 미리 체크해보는 것도 한 가지 방법이다.

나인패치를 만들었다면, 과연 정확하게 만든 것인지를 테스트해보는 것도 필요하다. 열심히 만든 나인패치를 개발자에게 전달했는데, 뭔가 이상이 생기면 개발자의 코딩 탓인지, 아니면 디자이너의 포토샵 탓인지 잘못을 가려야 하기 때문이다. 따라서 이런 분쟁을 미연에 방지할 수 있도록 나인패치를 테스트할 수 있는 툴이 있다.

나인패치 테스트 툴은 안드로이드 개발자 도구에 포함돼 있는데, SDK가 포함된 경로에 /tool 폴더 안에 draw9patch.bat로 들어 있다. 실행시켜보면 그림 5.22와 같은 화면이 나타난다.

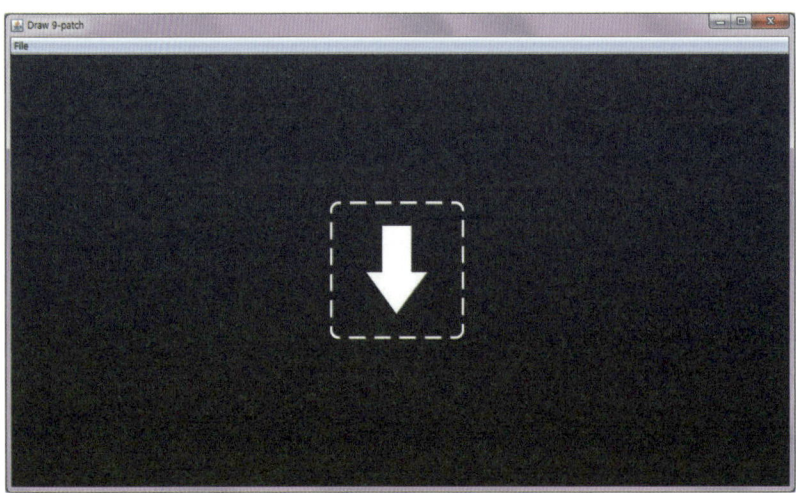

그림 5.22 draw9patch.bat의 실행 화면

만든 png 파일을 드래그하거나 File > Open을 통해 불러들이면 된다. 나인패치를 불러들이면 그림 5.23과 같은 모습의 화면을 볼 수 있다. 좌측에는 나인패치를 크게 확대해 여백 1픽셀에 영역 표기를 쉽게 넣고 빼볼 수 있도록 하고 있다. 우측에는 좌측에 있는 나인패치를 상하, 좌우 등으로 임의로 늘어나게 만들어 어떤 모양이 되는지를 가늠해볼 수 있도록 프리뷰를 넣어놓았다.

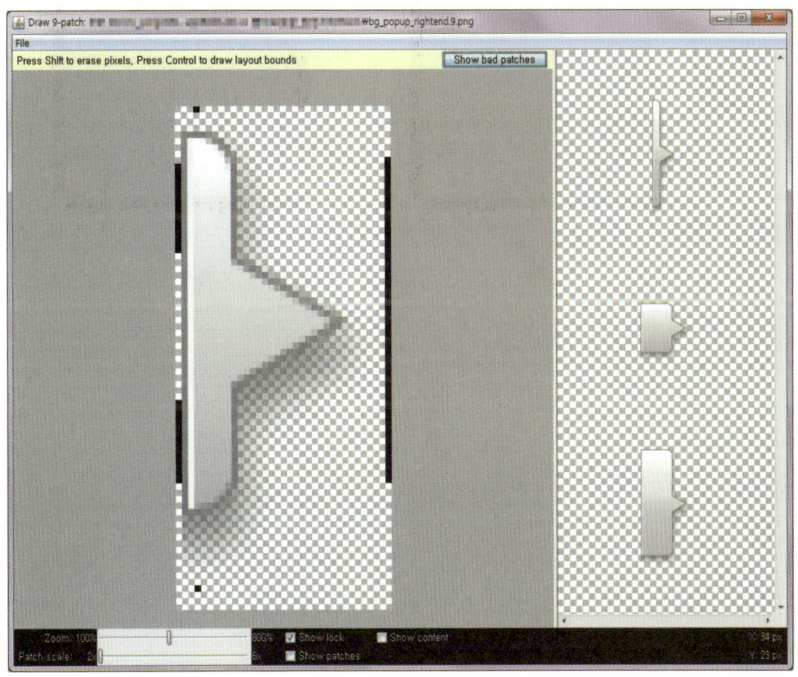

그림 5.23 나인패치를 불러들인 화면

이 툴은 테스트가 목적이라기보다는 애초부터 나인패치를 제작할 수 있도록 만들어진 툴이다. 잠깐만 사용해보면 늘어나는 영역 설정이나 해제를 마우스 클릭으로 손쉽게 할 수 있다는 것을 알게 될 것이다. 따라서 그래픽 툴에서 나인패치를 만들지 않은 일반 png 파일도 여기서 불러들여 나인패치로 탈바꿈시킬 수 있다. 다만 한 픽셀씩 마우스로 설정해야 하는 점이 불편하기 때문에 어지간한 나인패치는 일반적인 그래픽 툴에서 직접 만드는 편이 수월하다(나인패치가 아주 작지 않은 이상, 점만 찍다가 하루가 간다).

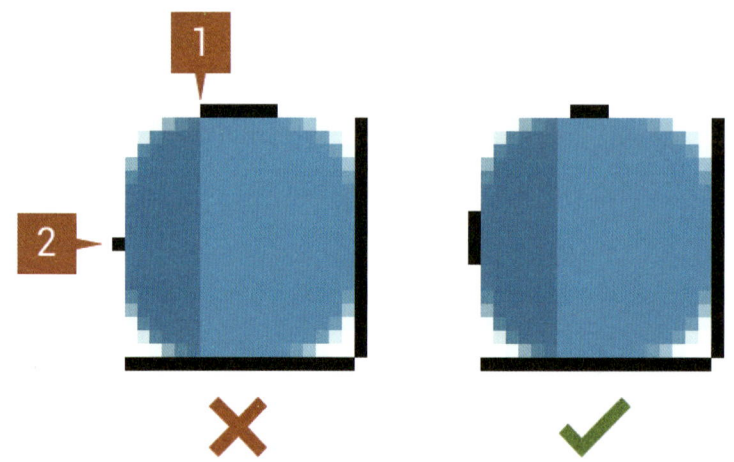

그림 5.24 나인패치 작성 시 주의(출처: https://plus.google.com/+AndroidDevelopers/posts/6wCy6rHJDm8)

나인패치를 그릴 때 늘어나는 영역 표시를 그림 5.24처럼 되지 않게 주의할 필요가 있다. 그림 5.24의 1번 주의점은 늘어나는 영역의 시작점을 픽셀의 변화가 있는 경계에 두지 말라는 것이다. 나인패치 역시 해상도에 따라 확대, 축소되는 이미지 소스기 때문에 나인패치가 줄어들어 경계에 있던 픽셀이 뭉개지면 의도치 않은 픽셀이 늘어나는 걸 볼 수 있다. 둘째로 2번 주의점은 늘어나는 영역을 단일 픽셀로 지정하지 말라는 것이다. 이 역시도 나인패치가 해상도에 따라 축소될 때 잠재적인 문제를 갖게 되는데, 1픽셀로 지정해놓은 자리가 축소되면서 0픽셀 이하로 떨어져 제대로 작동하지 못하는 경우가 생길 수 있다.

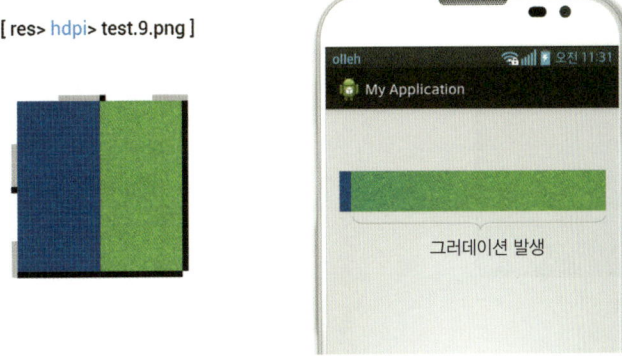

그림 5.25 경계 부근에 늘어나는 영역을 지정해(좌) 다른 해상도에서 번진 화면(우)

그림 5.25는 경계 부근에 늘어나는 영역을 1픽셀로 표기한 경우다. 나인패치가 hdpi 폴더에만 있다고 가정하고, xxhdpi 기기에서 작동시켜본 화면이 우측이다. 이론 대로라면 나인패치에서 점을 찍은 대로 녹색 부분만 늘어나야 옳지만, 실제 환경에서는 이미지를 확대하면서 번져버린 경계 부근의 픽셀을 그대로 늘여버리는 걸 볼 수 있다. 결국 녹색 영역은 깨끗하게 표현되지 못하고 좌측의 청색 영역이 번진 듯한 효과를 내게 된다.

정확한 나인패치를 제작하려면 모든 해상도에 대응하는 나인패치를 만드는 것이 가장 좋고, 이렇게 하기가 어렵다면 그림 5.26처럼 경계 부근에서 멀리 떨어져서 4픽셀 이상의 영역을 지정해주는 것이 안전하다. 이렇게 하면 설령 모든 해상도 폴더에 나인패치를 넣지 못했더라도 늘이고 줄이는 과정에서 의도치 않았던 나인패치 표현이 생기는 경우는 없을 것이다.

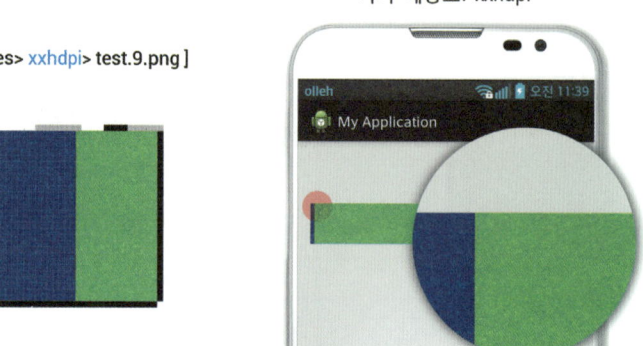

그림 5.26 경계에서 멀리 떨어져 늘어날 영역을 표기한 나인패치

5.2.2 drawable xml

drawable xml이란, 쉽게 말해 코딩으로 만들어낼 수 있는 그래픽을 말한다. 굳이 이미지 소스를 제작하지 않아도, 포토샵을 열지 않아도 안드로이드 개발 툴에서 몇 줄 코딩으로 구현 가능한 그래픽 요소가 drawable xml이다.

그림 5.27 drawable xml로 하단부 그러데이션을 처리한 feedly

그림 5.27에 나타나는 하단부의 그러데이션은 이미지로도 제작 가능한 영역이다. 하지만 굳이 이미지를 만들지 않아도 다음과 같은 코딩 몇 줄이면 이런 그러데이션을 손쉽게 구현할 수 있다.

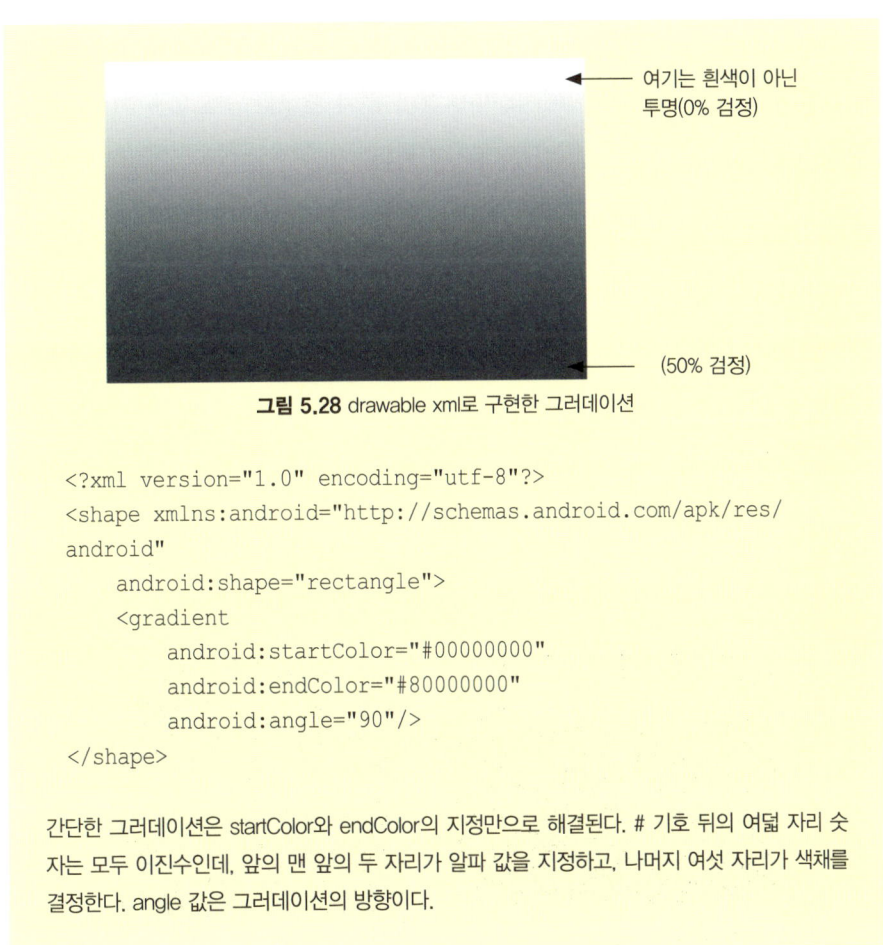

그림 5.28 drawable xml로 구현한 그러데이션

```
<?xml version="1.0" encoding="utf-8"?>
<shape xmlns:android="http://schemas.android.com/apk/res/android"
    android:shape="rectangle">
    <gradient
        android:startColor="#00000000"
        android:endColor="#80000000"
        android:angle="90"/>
</shape>
```

간단한 그러데이션은 startColor와 endColor의 지정만으로 해결된다. # 기호 뒤의 여덟 자리 숫자는 모두 이진수인데, 앞의 맨 앞의 두 자리가 알파 값을 지정하고, 나머지 여섯 자리가 색채를 결정한다. angle 값은 그러데이션의 방향이다.

이렇게 만들어진 drawable xml은 마치 이미지 소스처럼 취급되는데, 일반적으로 png 파일이 하나씩 이미지 소스라면 drawable xml 역시 xml 파일 하나가 이미지 소스의 역할을 하는 것이다.

drawable xml은 일반적인 나인패치보다 용량도 가볍고, 앱 내에서의 처리 속도도 빠르기 때문에 간단한 조형 요소는 drawable xml 형태로 구현하는 것을 추천한다. 최근 웹에서 이미지 요소들을 최대한 배격하고 CSS를 활용해 레이아웃 스타일을 구현하는 것과 일맥상통한다고 볼 수 있다. 아직까지는 안드로이드 시스템이 지원하는 스타일에 한계가 있기 때문에 화면 구성을 drawable xml만으로 해결하기는 어렵지만, 아마도 머지 않아 웹과 비슷한 수준으로 화면 스타일을 구현할 수 있는 날이 올 수 있을 것으로 본다.

5.2.3 이미지 타일링

이미지를 반복해 배열하는 타일링 기법도 스케일러블 디자인을 가능하게 하는 중요한 요소 중 하나다. 최근에는 단색의 플랫한 면 처리가 트렌드기 때문에 이미지 타일링을 활용한 앱을 찾아보기 어려울 수는 있지만, 스큐어모피즘이 유행이던 시절에는 디스플레이가 크든, 작든 채워야 하는 공간을 이미지의 열화 없이 깨끗하게 채우는 방법으로 타일링 만한 방법이 없었다.

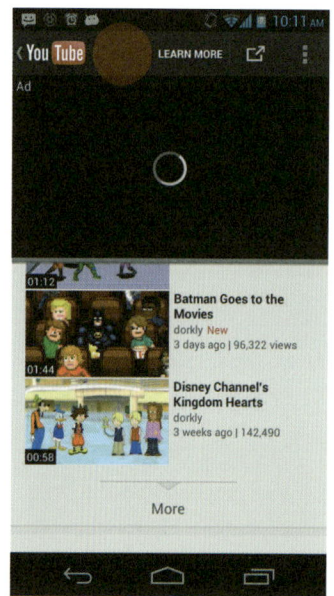

그림 5.29 액션바를 타일링으로 채웠던 예전의 유튜브

그림 5.29에서 액션바를 자세히 살펴보면 희미하게 사선으로 빗금이 그려진 것을 확인할 수 있는데, 바로 이런 이미지가 타일링으로 구현된 것이다.

타일링 기법은 특히 일정한 질감을 표현하는 데 유용하게 쓸 수 있는데, 나인패치로는 타일링을 할 수 없기 때문이다. 그림 5.30의 경우에도 메뉴 부분을 특정한 질감의 이미지로 구현했는데, 이것은 나인패치나 단일 이미지가 아닌 타일링으로 구현한 것이다.

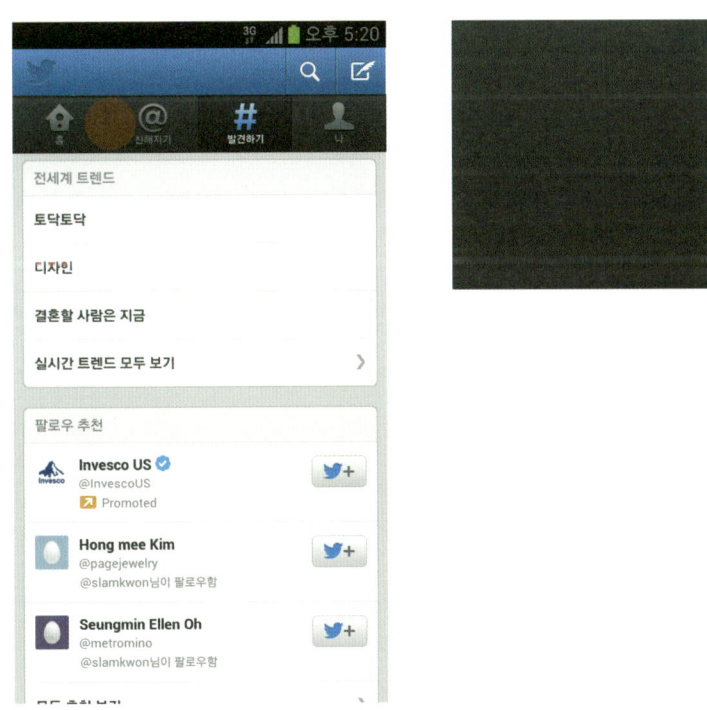

그림 5.30 트위터에서 메뉴 영역을 타일링으로 구현했던 사례

이런 질감 패턴을 타일링할 생각을 못하고 나인패치로 어설프게 구현했다가는 그림 5.31처럼 반복되지 않고 길게 늘어나버리는 현상만 발견할 수 있다.

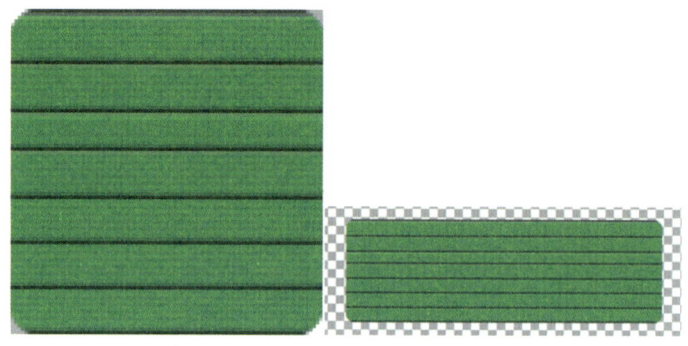

그림 5.31 패턴 이미지를 나인패치로 만들었을 때

타일링을 하기 위해서는 가장 최소 단위의 패턴 이미지가 필요하고, 이 단위 이미지를 타일링시키는 drawable xml로 변환해 이미지 소스로 활용하는 것이다. 즉, 1) 패턴 이미지 2) 패턴 이미지를 타일링한 drawable xml 두 가지 모두가 필요하다.

타일링 이미지 역시 해상도별로 제공하지 않으면, 안드로이드 시스템이 알아서 줄이거나 늘여 사용한다. 타일링 패턴이 적당히 큼직하면 모르겠지만, 서너 픽셀 수준으로 작을 경우, 리사이징하는 중에 타일 이미지가 훼손되는 경우가 생긴다. 이렇게 되면 생각만큼 깔끔하게 타일링이 이뤄지지도 않고, 타일 자체가 번져 보이거나 타일과 타일 사이에 이격이 생기기도 한다. 이런 일을 간단하게 막기 위해 타일링 이미지 소스를 그냥 모든 해상도 폴더에 똑같이 복사해넣는 것도 방법이다. 굳이 1.5배, 2배 하는 식으로 따로 디자인하느니 어차피 눈꼽 만한 타일링 소스는 모든 해상도에서 공유하는 것도 화면상으로는 큰 차이가 없다. 리사이징 때문에 타일이 뭉게지느니 이렇게라도 복사해놓는 편이 훨씬 깔끔한 화면을 제공한다.

패턴 이미지를 타일링하는 drawable xml은 다음 코드와 같다. [your_pattern_image_name]을 패턴 이미지 이름으로 대치하면 완성된다. tileMode의 경우, repeat가 일반적으로 생각하는 순차적 타일링이고, mirror 등의 옵션을 쓰면 패턴 이미지가 거울상으로 반복되는 효과를 볼 수 있다.

```xml
<?xml version="1.0" encoding="utf-8"?>
<bitmap
    xmlns:android="http://schemas.android.com/apk/res/android"
    android:src="@drawable/[your_pattern_image_name]"
    android:tileMode="repeat"
    android:dither="true" />
```

5.3 이미지뷰

앞서 레이아웃을 설명하면서도 나왔던 얘기지만, 한때는 안드로이드 기기가 모두 3:5 비례로만 돼 있는 줄 알던 시절도 있었다. 480 × 800 해상도가 보편적으로 사용되던 무렵이었고, 스케일러블 디자인을 테스트해볼 다른 기기도 거의 없던 탓이었다. 하지만 2011~2012년을 지나면서 다양한 해상도의 기기들이 쏟아져 나오고, 그제서야 기존의 디자인이 하나둘씩 무너지는 사례들을 보게 되는데, 그림 5.32와 같은 경우들이다.

그림 5.32 3:4 비율의 디스플레이어에서 이미지가 늘어나 보였던 앱들

스플래시 화면이니 잠깐 보이고 지날 것으로 생각하고, 별다른 레이아웃 작업 없이 이미지 한 장을 얹은 경우들인데, 원래 작업했던 비례가 아닌 디스플레이에 올라가자마자 엉성하게 늘어난 모습들을 볼 수 있다. 게다가 원본 화질이 그리 크지 않은 이미지들이기 때문에 이런 앱들을 태블릿처럼 큰 기기에서 구동하면 스플래시 화면이 신선함을 주기는커녕 앱을 쓰고 싶은 마음마저 달아나게 한다.

그나마 이런 스플래시 화면까지도 레이아웃 작업을 한 것이 그림 5.33과 같은 경우인데, 한 장의 이미지가 아닌 여러 조각의 이미지들을 레이아웃으로 엮어놓은 것이다.

그림 5.33 4장의 이미지와 배경 타일링으로 레이아웃을 구성했었던 스플래시 화면

이렇게 레이아웃을 짜서 화면을 구성한 경우는 디스플레이의 비례나 크기에 상관없이 어느 정도 이상의 퀄리티를 보여줄 수 있다. 하지만 레이아웃을 다룰 만한 여유도 없고, 한 장의 이미지로 저런 화면들을 해결해야 한다면 정말 저런 우스꽝스러운 비례 문제를 피할 방법이 없는 것일까?

5.3.1 이미지 스케일 타입

사용자의 얼굴 사진을 넣을 때, 음악 앨범 자켓 이미지를 넣을 때, 앱 전체에 사용할 배경 이미지를 넣을 때, 우리는 모두 이미지뷰^{image view} 객체를 사용해 이미지를 구현한다. 하지만 사용자의 기기가 어떤 비율의 어떤 해상도가 될지 아무것도 예측할 수 없을 때, 어떻게 이미지를 배치할 수 있을까?

여기에는 표 5.1과 같이 이미지를 스케일링하는 안드로이드의 몇 가지 방법을 알아놓는 것이 유용하다.

표 5.1 이미지 스케일링의 여덟 가지 방법

스케일명	스케일 방법
CENTER	확대나 축소 없이 화면의 정중앙에 놓는다.
CENTER_CROP	이미지를 정비례로 확대, 축소해 가로나 세로 중 긴 쪽으로 최대한 폭을 맞춰준다. 따라서 이미지 왜곡 없이 주어진 공간을 꽉 채우긴 하지만, 이미지가 잘려 보이는 경우가 생긴다.
CENTER_INSIDE	이미지를 정비례로 확대, 축소하지만 가로나 세로 중 짧은 쪽으로 최대폭을 맞춰준다. 따라서 이미지 왜곡 없이 최대한 키우긴 했지만, 화면에 비는 공간이 생긴다.
FIT_CENTER	화면의 중앙으로부터 정비례로 꽉 채운다. 화면의 위아래가 빈다.
FIT_END	화면의 마지막 지점으로부터 정비례로 꽉 채운다. 화면의 윗단은 비운다.
FIT_START	화면의 시작 지점으로부터 정비례로 꽉채운다. 화면의 나머지는 비운다.
FIT_XY	비례를 무시하고 화면을 꽉 채운다. 가로 길이는 가로축, 세로 길이는 세로축에 맞춘다.
MATRIX	매트릭스 함수를 이용해 이미지를 원하는 모양으로 배치할 수 있다. 예 Matrix matrix = new Matrix(); matrix.postScale(scale, scale, mid.x, mid.y); ImageView.setImageMatrix(matrix);

각 처리 방법에 대한 기기별 화면 대응은 앞으로 나올 그림들과 같다. 안드로이드 앱 개발 툴인 Android Developer Tools를 실행하면, 그래피컬 레이아웃 창에서 다양한 디스플레이의 기기들에 시뮬레이션해볼 수 있기 때문에 이미지 스케일 타입을 이해하는 데 큰 도움이 된다.

> 현재는 Android Studio가 Android Developer Tools를 대신해 표준 저작 도구로 자리 잡았다.

MATRIX

가장 쉽게 생각할 수 있는 이미지 배치 방법이다. 원본 픽셀 그대로를 1:1로 화면 상에 뿌려주는 방식으로 이미지 자체로는 별다른 축소나 확대가 없다. 따라서 디스플레이 종류에 따라 이미지가 덜 보이거나 비는 공간이 생길 수 있다.

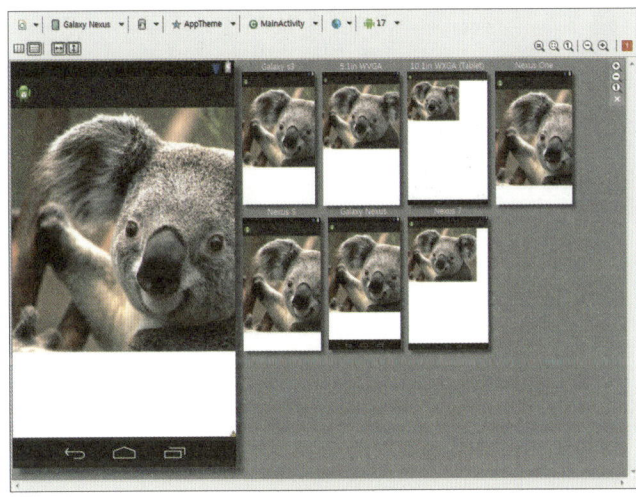

그림 5.34 MATRIX

FIT_XY

주어진 공간 안에 비례에 상관없이 꼭 맞추는 방법이다. 비례를 훼손하는 이미지란, 어지간한 디자이너들은 죽었다 깨어나도 용납할 수 없는 방식이기에 애초부터 제공돼서는 안 될 악마의 이미지 배치임에도 허용되고 있다. 종종 개발자들이 뭐가 문제인지 모르겠다는 표정을 짓고 있고, 옆에 서 있는 디자이너가 광분하고 있다면 십중팔구는 이 케이스다.

그림 5.35 FIT_XY

FIT_START

공간의 시작점(좌측상단)으로부터 시작해 정비례로 폭을 꼭 맞추는 방식이다. 해상도가 충분치 않다면 역시 큰 화면에서 화질 열화를 보이게 된다.

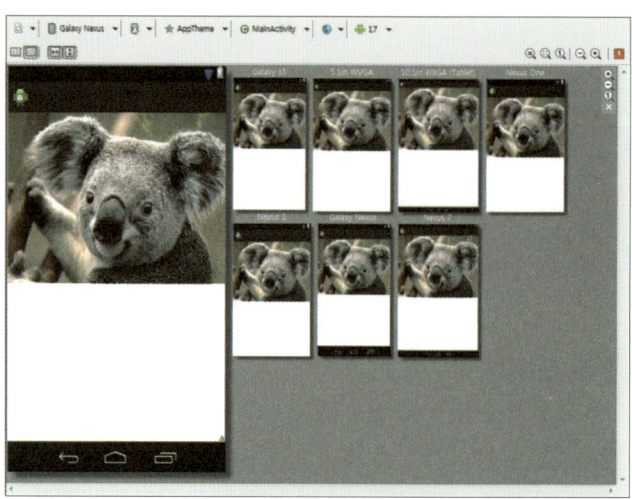

그림 5.36 FIT_START

FIT_CENTER

주어진 공간의 정가운데서부터 시작해 폭을 맞추는 방식으로 확대한다.

그림 5.37 FIT_CENTER

FIT_END

주어진 공간의 끝부분(우측하단)으로부터 시작해 폭을 채우도록 확대한다.

그림 5.38 FIT_END

CENTER

역시 주어진 공간의 중간으로부터 시작해 확대하지만 원본 픽셀의 해상도에 다다르면 확대를 멈춘다. 따라서 디스플레이가 작은 경우에는 이미지가 잘려 보이기도 하고, 디스플레이가 큰 경우 남는 공간이 생기기도 한다.

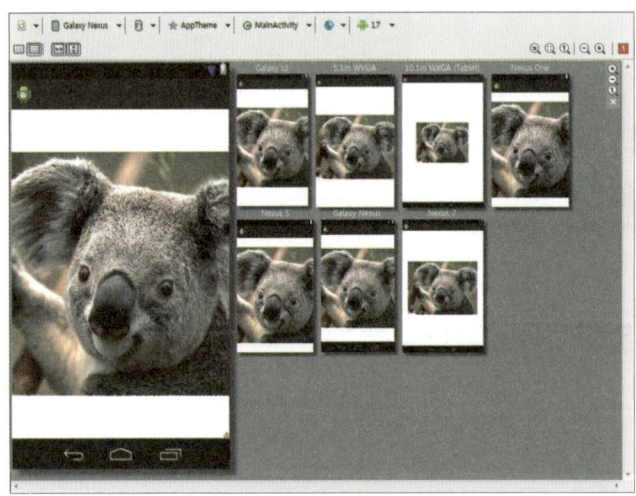

그림 5.39 CENTER

CENTER_CROP

가로폭이나 세로폭 어느 한쪽으로도 남는 공간이 생기지 않을 때까지 주어진 공간을 빈틈 없이 채우면서 확대한다. 비례도 상하지 않으면서, 남는 공간이 생기지 않기 때문에 가장 깔끔하게 이미지를 처리할 수 있다. 물론 다소 이미지가 잘려 보이는 경우들이 있다. 각종 sns 앱에서 프로필 사진 처리가 이런 방식이다.

그림 5.40 CENTER_CROP

CENTER_INSIDE

언뜻보면 CENTER와 유사하지만 조금 개념이 다르다. 이미지를 중앙으로부터 확대하는 것은 맞는데, 디스플레이가 충분히 클 경우 원본 해상도에 다다르면 확대를 멈추고, 또 디스플레이가 작다면 해상도에 이르지 못했더라도 폭이 닿는 곳에서 확대를 멈춘다. 즉, 어느 케이스에서도 화질 열화나 비례 훼손이 없다는 장점이 있다.

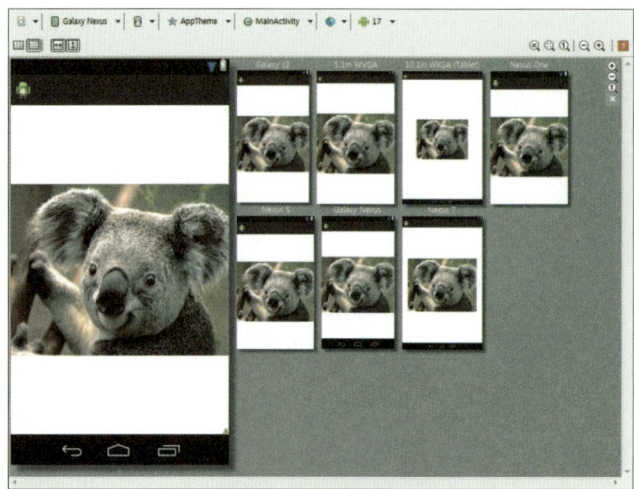

그림 5.41 CENTER_INSIDE

5.4 정리

안드로이드는 태생적으로 고정된 비례나 크기의 화면만을 대상으로 하지 않기 때문에 디자이너는 스케일러블 디자인(확장 가능한 디자인)에 대한 이해가 필요하다. 스케일러블하게 디자인하려면 레이아웃부터 시작해 개별 이미지 소스와 이미지가 들어가는 이미지뷰의 작동도 이해할 수 있어야 한다. 특히, 박스 모델과 나인패치에 대한 이해만으로도 안드로이드의 스케일러블 디자인은 어느 정도 마스터했다고 볼 수 있다.

6장
이미지 소스 제작

6장에서 다루는 내용
• 해상도별로 세세하게 이미지를 만들고 다루는 방법
• 버튼이나 앱 아이콘과 같은 이미지 소스를 만드는 세세한 방법
• 전체 화면에서 각 이미지 소스를 분리하는 방법

이 책을 읽는 독자라면, 그래픽 툴을 열어 간단한 이미지 만드는 정도는 누구나 할 수 있을 것이다. 하지만 안드로이드에 맞춘 이미지를 만드는 것은 생각보다 까다롭다. 앞서 우리가 살펴본 안드로이드 플랫폼의 특징 때문에 이미지 하나를 만드는 데도 이것저것 고민해야 할 것들이 많다. 6장에서는 실제 이미지 소스를 만드는 과정을 하나씩 살펴보면서 이런 제약 조건들을 확인하고 극복하는 요령을 살펴보자.

6.1 해상도별 작업

원칙적으로는 가급적 모든 해상도에 대응하는 것이 좋다. 해상도별로 최적의 이미지 소스를 갖고 있는 것이 시스템에 의해 리사이즈된 이미지를 보여주는 것보다 품질이 좋고, 성능 저하를 불러일으킬 위험이 적기 때문이다.

하지만 반대로 생각해보면, 하나의 패키지 안에 몇 벌의 이미지 소스가 중복돼 들어 있게 되므로 패키지 자체의 크기가 늘어난다는 부담이 있고, 그만큼 많은 인력과 시간이 투입돼야 하므로 프로젝트 관리의 측면에서도 비용이 발생한다. 따라서 최근에는 ldpi, mdpi, hdpi처럼 트렌드에서 뒤처진 해상도는 굳이 대응하지 않고, xhdpi, xxhdpi 정도에서도 정말 필요한 경우가 아니면 따로 이미지를 제작하지 않는 경우가 많다. 더 높은 해상도의 이미지를 한 단계 낮춰 보여주는 것이 그 반대보다는 품질 면에서 더 안전하기 때문이고, 이런 논리라면 사실상 최고 해상도로 한 벌만 맞춰놓으면 되기 때문이다.

나는 xxhdpi 이상의 이미지들을 가장 기초적으로 작업하고, 타 해상도의 기기에서 보여질 때 자동으로 리사이즈돼 문제될 만한 이미지 리소스(나인패치나 타일링 이미지)만을 따로 제작해 집어넣는 방식을 취하고 있다. 물론 프로젝트의 효율과 제품 품질을 어느 정도 맞바꾸는 것이다.

iOS에서는 레티나 해상도와 이전의 해상도가 딱 2배 차이가 나는 것 때문에 작은 해상도에서 작업을 시작해야 한다고 주장하는 디자이너들이 있었다. 레티나용 이미지를 먼저 만들고 났더니 절반 해상도로 줄일 수 없는 홀수 픽셀로 작업해버렸거나(예: 레티나용 120 × 57픽셀의 버튼을 만들었더니 가로는 60픽셀로 줄이면 되겠는데, 세로를 몇 픽셀로 줄여야 하나?) 벡터로 작업된 아트웍이 절반의 해상도로 줄면서 픽셀과 픽셀 사이에 애매하게 걸치게 되는 경우가 발생하기 때문이다(그림 6.1).

이미지 소스 제작 187

그림 6.1 절반으로 줄였더니 픽셀 사이에 애매하게 걸쳐버리는 벡터 이미지

하지만 안드로이드는 2배의 차이만 존재하는 것이 아니다. mdpi와 xhdpi의 차이는 2배가 나겠지만, 그 사이에 낀 hdpi는 1.5배 그리고 xxhdpi는 3배, xxxhdpi는 4배다. 어느 것부터 만들어야 하나?

사실 이 부분에 대해서는 정답이 없다. 하지만 가급적 가장 큰 해상도의 이미지부터 작업하길 추천한다. 그래야만 가장 최상의 해상도에서 디테일하고 정교한 이미지를 만들 수 있기 때문이다. 그 아래 해상도의 이미지들은 다운사이징을 하면서 어차피 보정을 해줘야 한다. 이런 수작업이 필요하다면, 굳이 디테일을 포기해가면서 가장 낮은 해상도의 버튼부터 시작할 필요는 없다.

> **저해상도 이미지가 필요한 이유**
>
> 사실 안드로이드에서는 이미지 소스 하나만 갖고도 모든 해상도에 대응할 수 있다. 해상도가 맞지 않는다고 해서 아예 이미지를 보여주지 않으면 앱 자체가 작동하기 어려우므로 시스템이 알아서 크기를 조정해 보여주는 것이다. 하지만 고해상도에서는 낮은 해상도의 이미지가 깔끔하게 보일리 없을 것이고, 낮은 해상도에서는 높은 해상도의 이미지 소스를 제 화면에 맞게 줄여 보여주다 보니 다소 일그러지는 현상이 발생한다.
>
> 하지만 저해상도 이미지는 단지 깨끗한 화면을 보여주는 데만 필요한 것이 아니다. 이미지 소스를 보여주지 않고, 크기를 조절해 보여주려면 CPU 계산이 필요하다. 하지만 일반적으로 저해상도 기기는 그리 성능이 좋은 편이 아니다. 따라서 성능도별로 좋지 않은 저해상도 기기에서 화면마다 CPU 계산을 시켜가며 이미지를 줄인다면 가뜩이나 답답한 성능이 더 시원찮게 느껴지는 것이다.

> 프로젝트 스케줄이 바쁘고, 디자인 작업에 투자할 여력이 부족해 모든 해상도의 이미지를 만들수 없다면 불가피하게 고해상도 작업만을 할 수도 있다. 저해상도 작업만 하는 것보다 그 편이 나을 것이다. 또한 점차 안드로이드 기기들의 성능이 눈에 띄게 좋아져 자연스럽게 저해상도 기기가 사라질 거라는 희망도 이런 자그마한 게으름을 어느 정도는 정당화해준다. 하지만 디테일을 챙기고 안 챙기고는 어디까지나 디자이너가 책임질 일이므로 뒤늦게 마켓에 달린 악플로 마음 상하지 않길 바란다.

6.2 실제 화면과 비교

포토샵을 열고 1080 × 1920픽셀의 빈 문서를 띄운 후 한참을 작업한다. 스케치로 그려놓았던 레이아웃을 구슬땀을 흘리면서 한참을 그리고, 또 그린다. 그렇게 하루 이틀이 지나고, **어디 한 번 볼까?**라는 마음으로 디자인된 화면을 안드로이드에 띄워보는 순간, 모니터에서 작업하던 느낌과 사뭇 다른 모양새에 흠칫 놀라는 경험을 해본 적은 없는가? 분명 모니터에선 제법 괜찮았는데 말이다.

  물론 앞서 말한 디자인 가이드를 모두 지켜 그리드를 잡고, 최소 dp를 지켜 디자인했다면 이런 불상사가 일어나지 않았겠지만, 그림 6.2에서 보는 것처럼 모니터와 모바일 기기의 해상도가 다른 탓에 눈대중으로 대충 맞춰 작업을 한다는 게 거의 불가능하다(레티나 디스플레이가 탑재되는 PC라면 좀 다르겠다!).

그림 6.2 Quad HD 모니터 옆에 갤럭시노트8을 가상으로 배치

따라서 이런 시행착오를 줄일 수 있도록 모니터상의 작업을 실시간으로 모바일폰에 미러링mirroring해 확인해보는 습관을 들이는 게 좋다. 매번 작업 화면을 파일로 저장해 폰으로 전송하고, 이미지 뷰어로 열어보는 것은 매우 귀찮은 일이므로 실시간 미러링 툴을 잘 활용해 작업 효율을 끌어올려보자.

6.2.1 구글 안드로이드 디자인 프리뷰

구글에서 공식적으로 배포하고 있는 디자인 프리뷰 툴이다. 마켓으로 유포되는 소프트웨어가 아니기 때문에 다음 주소에서 직접 다운로드해 설치해야 한다.

https://code.google.com/p/android-ui-utils/downloads/list

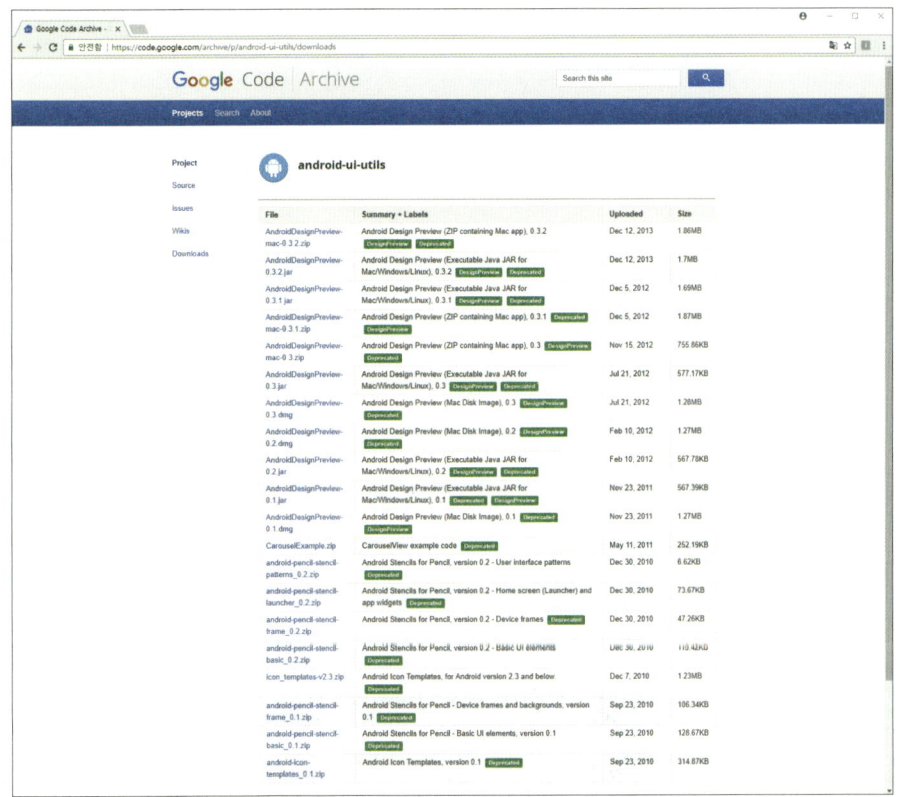

그림 6.3 디자인 프리뷰 다운로드 화면

자바 실행 파일(.jar)로 작성돼 있으며, PC에 JRE 6.0 이상이 설치돼 있어야 한다. 윈도우 환경에서는 javaw.exe를 연결 프로그램으로 지정해 파일을 실행하면 그림 6.4와 같은 실행 화면을 볼 수 있다.

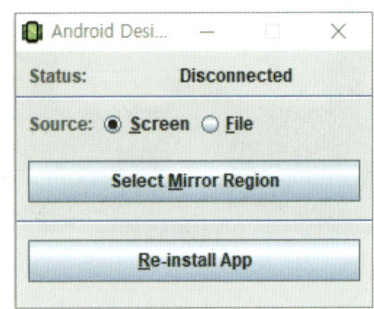

그림 6.4 안드로이드 디자인 프리뷰 실행 화면

프로그램을 실행하고, USB를 통해 안드로이드 기기를 연결하면(이때, 안드로이 드 기기는 USB 디버깅 모드가 활성화돼 있어야 한다), 기기에 자동으로 디자인 프리뷰 앱이 설치된다. 잠시 후면 Status가 Connected로 변경되고 PC 화면이 그대로 안드로이드 기기에 미러링되는 것을 확인할 수 있다. 픽셀을 1:1로 매칭하기 때문에 1080 × 1920 해상도의 디바이스라면 화면에서도 같은 1080 × 1920 크기의 영역을 보내주게 되는데, 경우에 따라서는 미러 영역을 확대 축소해 전달하는 것도 가능하다. 화질을 전혀 손상시키지 않고 미러링하기 때문에 다른 미러링 앱을 활용하는 것보다 시안 확인용으로 가장 적합하다.

또한 기기를 가로나 세로 방향으로 회전시키면 미러링 영역도 회전되므로 불가피하게 모니터의 세로 해상도가 모바일 기기의 세로 해상도를 따라오지 못할 때는 시안을 눕혀놓고 화면을 전달하는 것도 한 가지 방법이다(그림 6.5).

그림 6.5 안드로이드 디자인 프리뷰를 사용해 모니터 화면을 미러링하는 모습

6.2.2 화면 공유 소프트웨어

PC 화면을 모바일 기기와 공유하는 솔루션들은 여러 가지가 있는데, teamviewer나 join.me와 같은 유형들이다. PC에 서버 프로그램을 설치하고 화면을 공유하면, 모바일 기기에서 공유된 화면을 받아보는 식이다. 사용법이 쉽고, 마켓에서 앱을 구하기도 쉽기 때문에 앞의 방법이 좀 어렵게 느껴진다면, 이런 방법들을 활용해도 좋다. 하지만 1:1로 픽셀을 매칭하거나 화질을 온전히 전달하지 않는 경우들이 많아 화면의 디테일보다는 전체적인 레이아웃의 크기나 폰트를 확인하는 용도로 적당하다.

6.3 버튼

안드로이드 4.0 이후 앱 고유의 버튼을 디자인할 일이 많이 줄어들었다. 과거에는 액션바 위에 놓이는 액션 아이콘과 같은 것들을 대부분 고유의 버튼으로 제작해야 했지만, 지금은 액션바에서 눌렸을 때의 효과를 제공해주기 때문에 따로 여러 벌의 버튼 이미지를 제작할 필요가 없다.

그럼에도 때로는 애플리케이션의 고유한 버튼 디자인이 필요한 경우들이 많은데, 이런 버튼들을 어떻게 만들면 좋을지 고민해보자.

앞에서 48dp 리듬이 언급됐는데, 특히 버튼에서는 이 부분을 다시 한 번 환기할 필요가 있다. 그림 6.6처럼 48dp는 화면을 블럭짓는 적정 단위로 받아들일 수 있고, 버튼은 가급적 이 안에서 존재하게 된다.

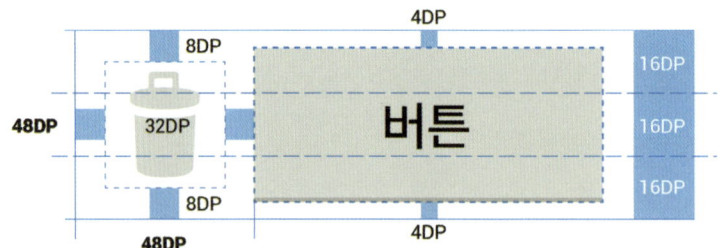

그림 6.6 버튼 영역에 대한 가이드라인(출처: developer.android.com)

가이드라인에 따르면 48dp 리듬이라고 해서 버튼 자체를 48dp까지 꽉 채울 필요는 없다. 위아래로 4dp씩의 여백을 빼고 나면 40dp 정도가 적절한 버튼의 크기라고 볼 수 있다. 40dp는 물리적으로 6~9mm 정도의 크기를 갖게 되는데, 최소한 이 정도의 크기를 확보해야 버튼으로 누르는 데 불편함이 없다.

40dp의 크기는 mdpi에서 40px, hdpi에서 60px, xhdpi에서는 80px, xxhdpi에서는 120px, xxxhdpi에서는 160px의 크기를 갖는다. 따라서 40dp 높이의 버튼을 만들고자 한다면, 160px 높이의 빈 버튼 이미지를 만들어놓고 시작하는 것이 좋다(가장 큰 해상도 기준으로 만들고 줄여나가는 것을 추천한다).

6.3.1 버튼의 상태

버튼은 다른 UI 요소들과 달리, 다양한 상태를 지니는데, 이를테면 보통 눌렸을 때, 포커스가 맞았을 때, 비활성일 때 등의 상태다. 특히 **눌렸을 때**의 버튼 이미지를 잘 표현해줘야 사용자에게 적절한 피드백이 전달되므로 버튼은 적어도 일반적인 모양과 눌렸을 때의 모양 두 가지의 상태는 반드시 포함해야 한다.

또한 안드로이드는 터치뿐만 아니라 키보드와 마우스 등의 다른 입력 장치도 지원하므로 포커스가 맞았을 때의 디자인도 필요하다. 방향 키로 포커스를 움직여서 원하는 목표로 찾아가는 TV 메뉴를 생각하면 된다. TV 메뉴에서도 현재 포커스가 맞아 있는 항목은 다른 항목과 다른 모양을 띠는 것처럼 안드로이드에서도 이와 비슷한 디자인이 필요한 것이다.

디자인을 하다 보면 모든 버튼을 40dp의 크기로 맞춘다는 것이 왠지 성에 차지 않을 때가 있다. 사용성에만 충실하다 보면 감성적으로 아쉬운 디자인이 나올 수도 있고, 감성적으로 어필할 수 있는 디자인을 하다 보면 또 사용성을 놓칠 수 있기 때문이다. 버튼의 경우가 특히 그런데, 앱 내의 모든 버튼이 너나 할 것 없이 40dp의 크기로 동일하다면 좀 재미가 없다.

이럴 때 사용할 수 있는 것이 버튼에 투명한 영역을 지정하는 것이다. 실제로 보여지는 것보다 터치할 때 눌리는 영역을 더 넓게 잡아 크기가 작은 버튼의 부족한 사용성을 보완하는 것이다. 이런 터치 영역의 확장은 코딩을 통해서도 가능하지만, 디자이너가 이미지 파일을 만들 때 고민하면 일을 두 번 하지 않아도 된다. 그림 6.6에서 가로세로 40dp의 빈 이미지에 버튼 이미지를 꽉 차지 않게 채우면, 사용자가 실제로 누를 때는 마치 버튼 밖으로 터치 영역이 확장된 것처럼 느껴지는 것이다. 물론 이론상으로는 이런 식의 접근을 통해서라면 얼마든지 작은 버튼을(그러나 충분히 누르기 좋은 버튼을) 만들 수 있겠지만, 작은 버튼에 손을 뻗는 사용자의 심리적 압박을 생각하면 과연 좋은 선택인지 늘 고민해봐야 한다.

그림 6.7 네이버 클라우드의 원형 체크박스의 경우, 주변 영역까지도 실제로는 눌린다.

6.4 [실전] 페이스북 로그인 버튼 제작

페이스북 싱글사인온single sign on 버튼을 포토샵에서 한번 만들어보자.

우선 임의의 문서를 하나 만들고, 그 위에 벡터로 된 사각형을 그린다. 이때 코너를 10픽셀 정도 둥글게 처리한 둥근모서리 사각형을 활용해 그렸다. 좌우폭은 얼마가 될지 모르므로 적당히 잡았고, 높이는 48dp 리듬에 맞춰 96픽셀 정도로 만든다(xhdpi 기준으로 작업하고 있다)(그림 6.8).

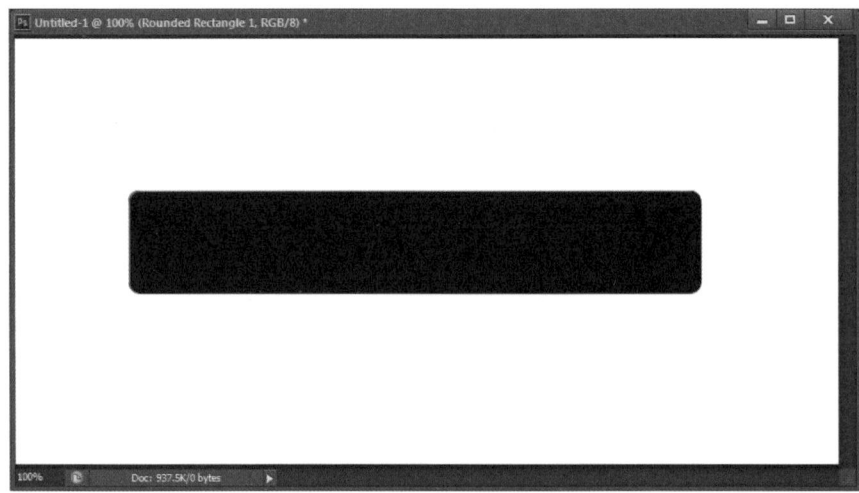

그림 6.8 벡터로 그린 사각형

이렇게 만들어진 사각형 벡터에 페이스북의 고유 컬러(#3b5998)를 입힌다(그림 6.9).

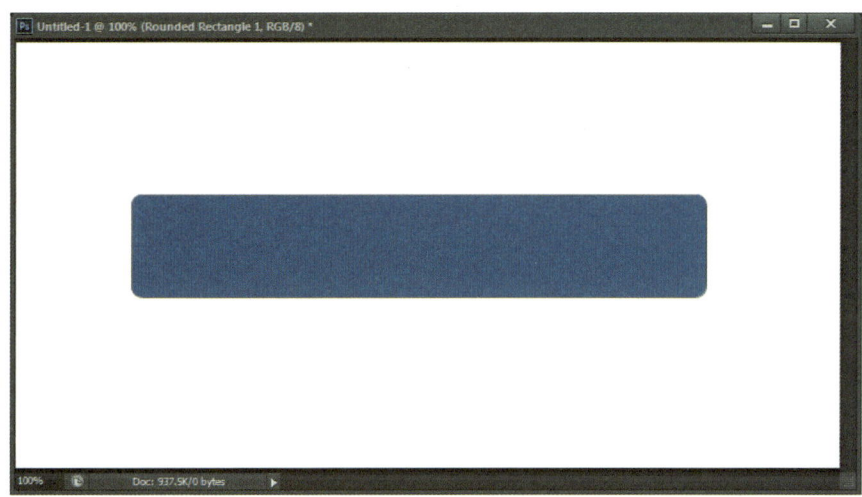

그림 6.9 컬러가 입혀진 사각형

Layer Style > Blending Options를 열어 Gradient Overlay(그레이디언트 오버레이)를 선택하고, Blend Mode(블렌드 모드)를 Overlay로 놓고, 20% 정도 적용하면 위 아래로 볼륨감이 있는 버튼을 얻을 수 있다(그림 6.10, 그림 6.11).

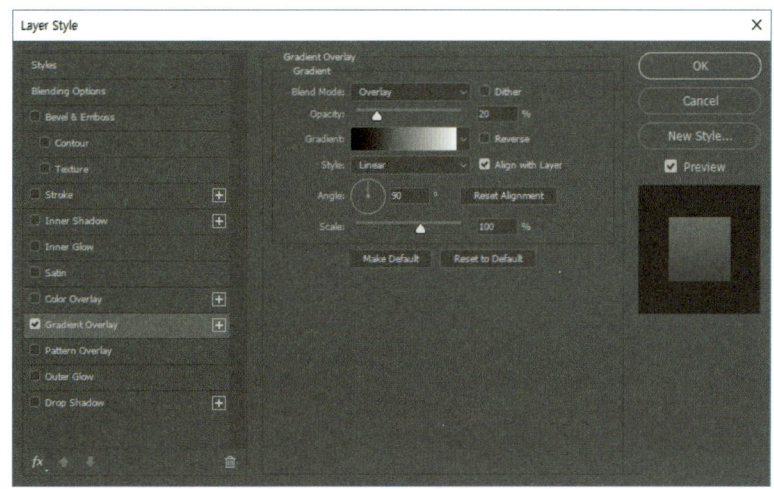

그림 6.10 그레이디언트 오버레이를 적용하는 블렌딩 옵션

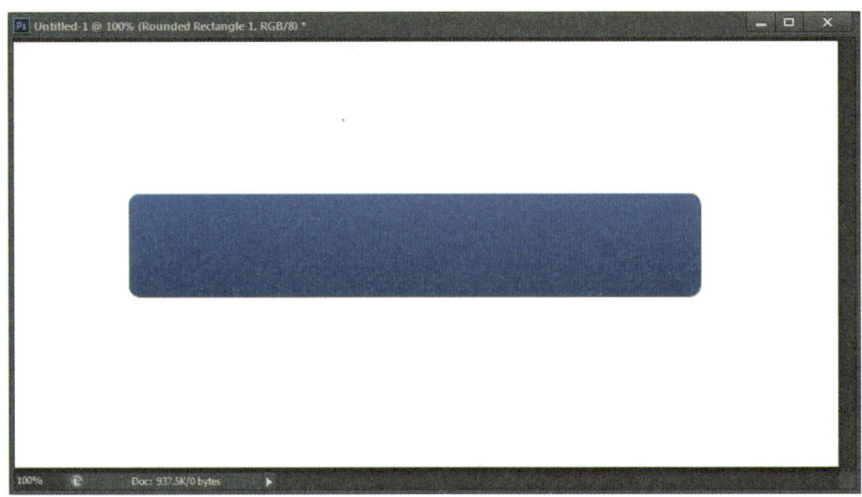

그림 6.11 그러데이션으로 볼륨감이 생긴 버튼

그 다음으로는 버튼 레이어에 사방으로 1픽셀짜리 외곽선을 둘러, 좀 더 또렷한 느낌으로 버튼을 만든다(그림 6.12, 그림 6.13). Blending Options에서 Stroke(스트로크)를 선택하고, Size를 1픽셀로, Position을 Outside로 설정한다.

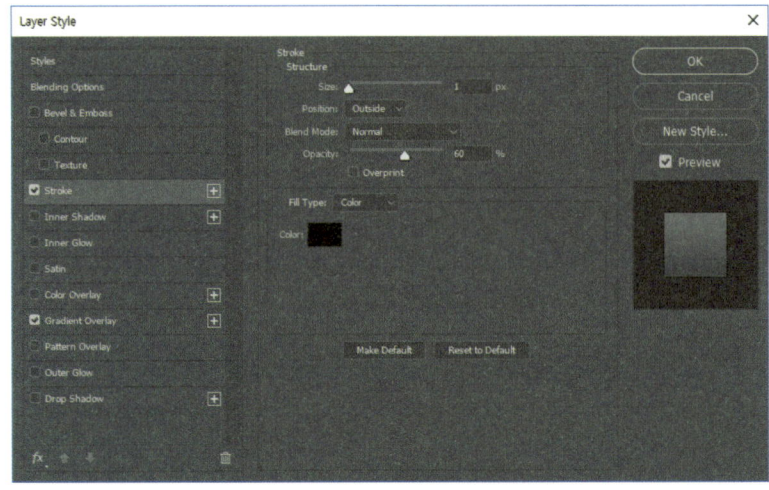

그림 6.12 스트로크를 적용하는 블렌딩 옵션

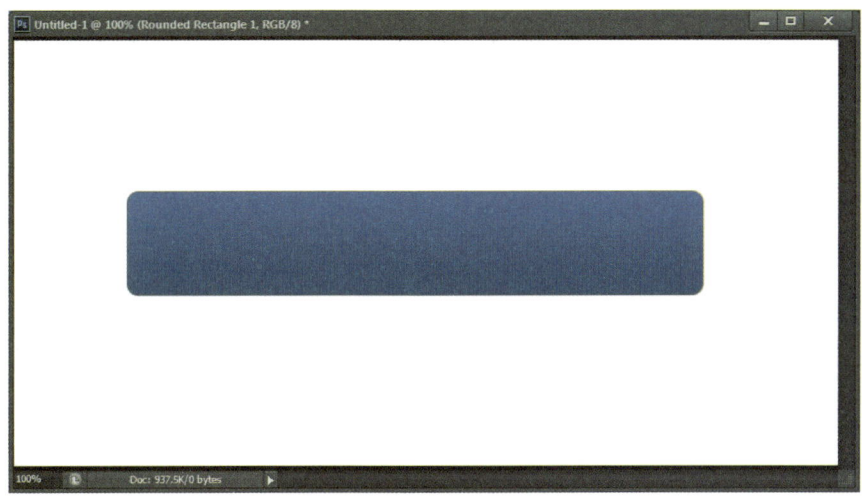

그림 6.13 외곽으로 1픽셀 선이 둘러진 버튼

그 다음으로는 버튼 레이어에 이너섀도$^{Inner Shadow}$를 적용하는데, 상단의 하이라이트 느낌을 주기 위한 것이므로 흰색 컬러를 Blend Mode를 Overlay로 적용해 70% 정도 줬다. 쨍한 버튼 느낌을 위해 Size(번짐 크기)는 0, Distance(거리)는 2픽셀 정도로 주면 다음 그림과 같은 하이라이트 효과를 얻을 수 있다(그림 6.14, 그림 6.15).

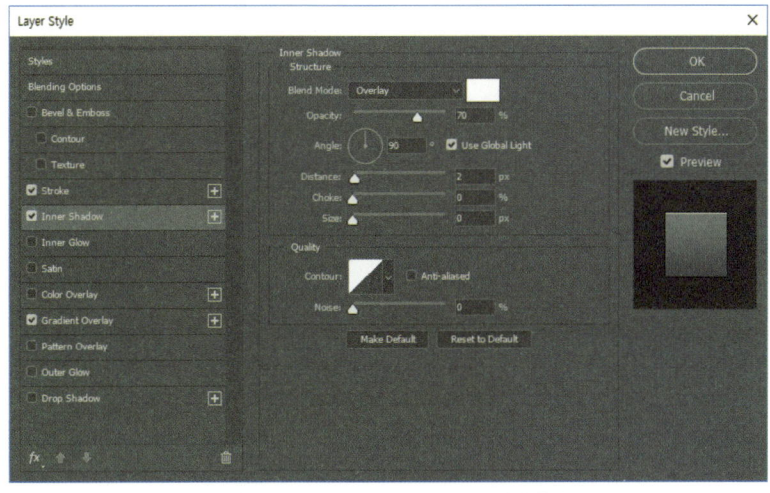

그림 6.14 이너섀도를 적용하는 블렌딩 옵션

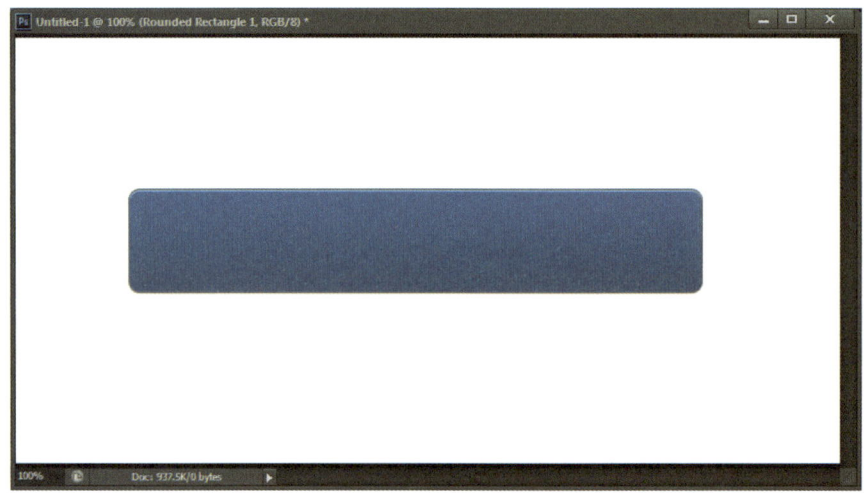

그림 6.15 상단에 이너섀도로 하이라이트가 적용된 버튼

다음으로는 버튼의 양감을 더욱 살리기 위해 아래쪽에 그림자를 살짝 넣는다. Drop Shadow(드롭섀도)의 Opacity를 30% 정도 적용하면서 Distance(거리)는 5픽셀, Size(번짐 크기) 역시 5픽셀 정도를 적용했다(그림 6.16, 그림 6.17).

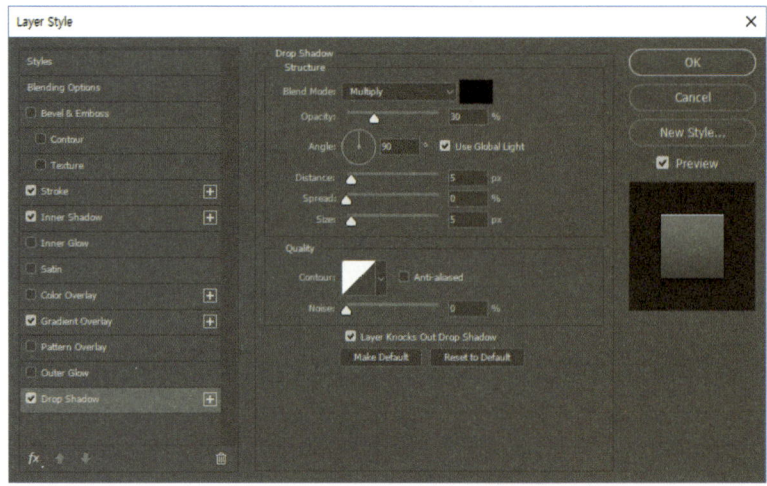

그림 6.16 드롭섀도를 적용하는 블렌딩 옵션

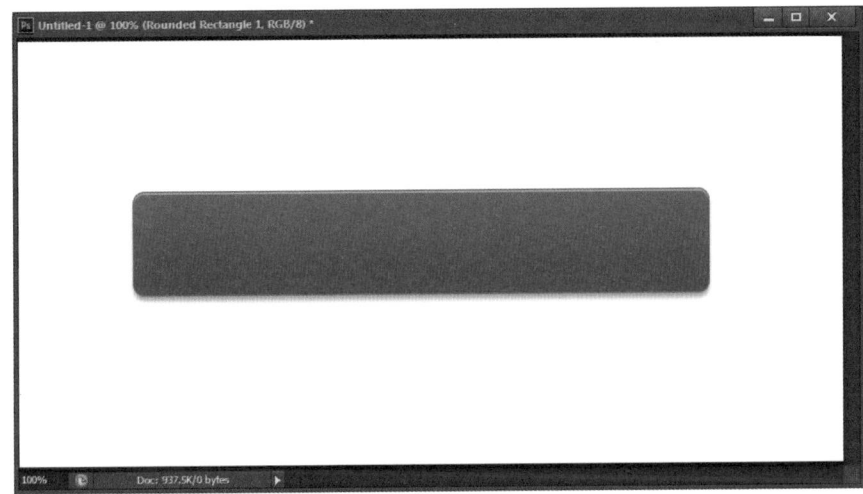

그림 6.17 하단에 그림자가 적용돼 양감이 생긴 버튼

이제 페이스북 아이덴티티를 살려주는 페이스북 로고 타입을 얹도록 하자. 일러스트에서 벡터 형태로 돼 있는 페이스북의 f 로고를 포토샵에서 Shape Layer 형태로 붙여 넣기했다(그림 6.18, 그림 6.19).

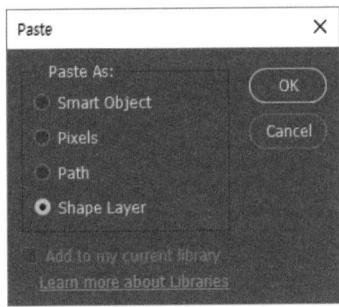

그림 6.18 붙여 넣기 옵션

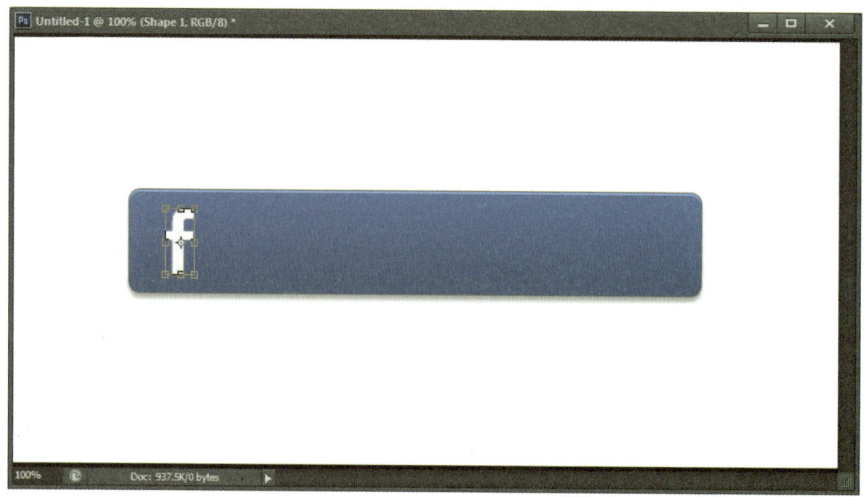

그림 6.19 벡터로 붙여 넣어진 페이스북 로고

다음은 이렇게 붙여 넣은 로고 옆으로 구분선을 하나 긋는 작업이다. 검은색 1픽셀짜리 벡터 사각형을 세로로 길게 붙여 그린다. 조명이 좌측 상단에서 비추고 있다고 생각하고, 버튼에 살짝 홈이 파여 있는 듯한 느낌을 주기 위함이다(그림 6.20).

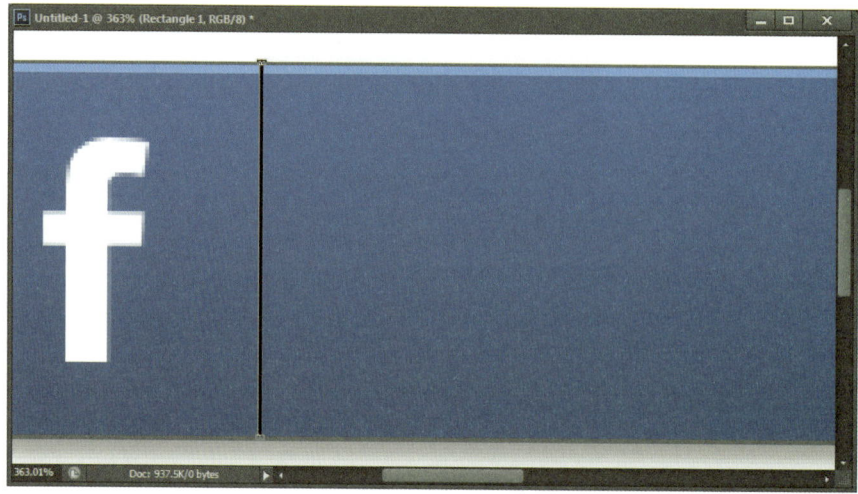

그림 6.20 가로 1픽셀짜리 구분선

이 1픽셀짜리 검은색 선은 대략 40% 정도로 투명 채우기를 선택해(Blending Options > Fill Opacity: 40) 배경과 적절히 어우러지게 만들고, 흰색의 드롭섀도를 우측으로 적용하면(Drop Shadow > Opacity: 60, Distance: 1px), 이것이 하이라이트 효과를 만들어 가느다랗게 홈이 파인 듯한 효과를 준다(그림 6.21, 그림 6.22).

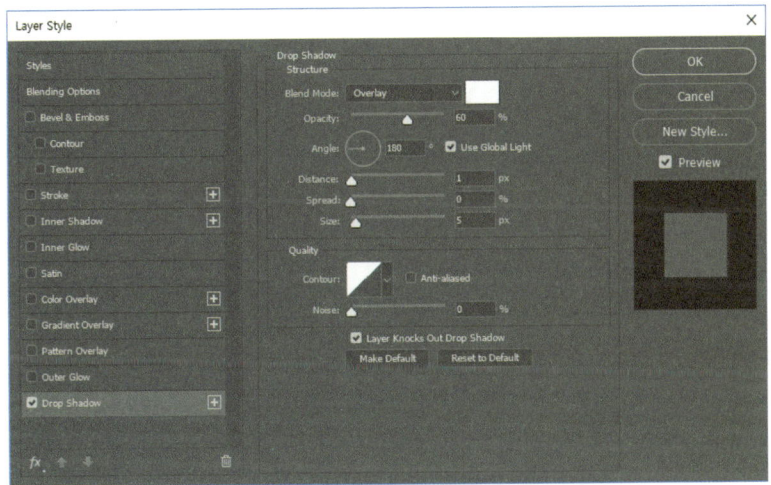

그림 6.21 구분선에 드롭섀도를 적용하는 블렌딩 옵션

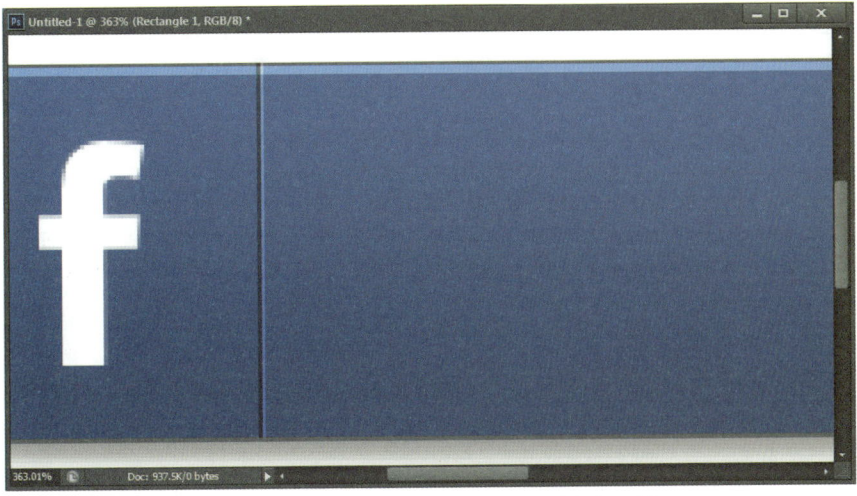

그림 6.22 드롭섀도를 흰색으로 지정해 하이라이트 적용

이미지 소스 제작 **203**

이제 버튼이 완성됐다(그림 6.23). 이제 이 버튼을 실제 안드로이드에서 활용할 수 있도록 나인패치로 바꿔보자.

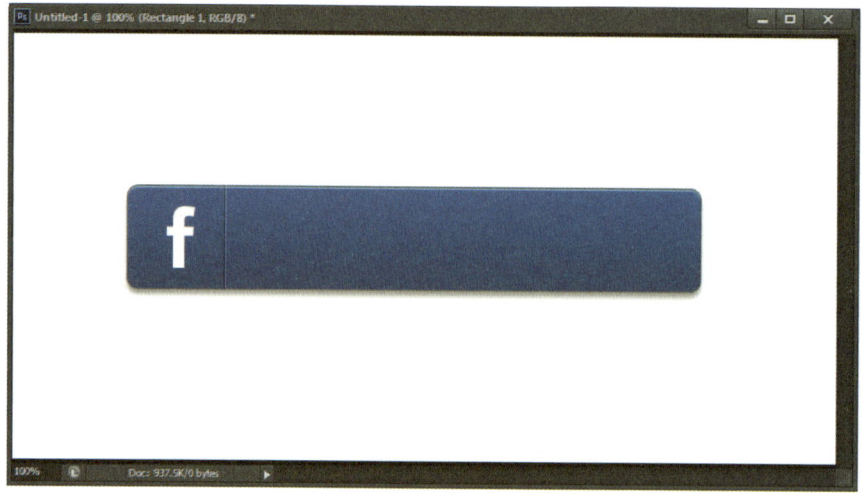

그림 6.23 완성된 버튼 이미지

굳이 버튼 이미지를 나인패치로 다듬는 이유는 앱 내에서 버튼의 좌우 길이를 언제라도 쉽게 변경할 수 있도록 하기 위함이다. 이 버튼 안에 들어갈 글자가 **페이스북으로 로그인하기**가 될 수도 있고, 때로는 Sign in with Facebook이라는 글자가 될 수 있는데, 앱이 완성되기 직전까지도 얼마든지 가변적일 수 있기 때문이다. 따라서 디자인 리소스는 최대한 이런 변동성을 맞춰줄 수 있도록 준비돼야 한다.

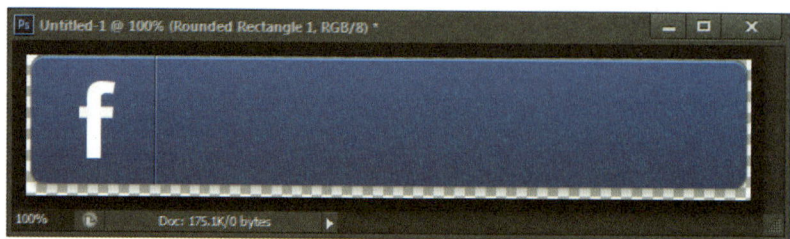

그림 6.24 트림된 버튼 이미지

앞서 만든 버튼 이미지에서 배경 레이어를 제거하고 트림시켰다(그림 6.24). 이때 투명한 영역을 제외하고 딱 버튼에 핏하도록 만들기 위해 투명 픽셀 기준으로 트림하는 것을 유념하자(Trim ▶ Transparent Pixels)(그림 6.25).

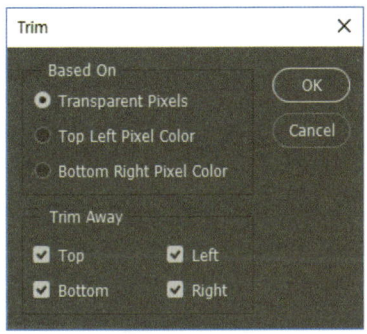

그림 6.25 트림 옵션

벡터로 만든 버튼이므로 다이렉트 셀렉션 툴을 활용해 우측 귀퉁이의 포인트들만을 선택하고 좌측으로 당겨준다. 이렇게 하면 모서리의 R 값을 해치지 않으면서 버튼의 좌우폭만을 깔끔하게 줄일 수 있다. 이때 늘어나는 영역 지정이 용이하도록 모서리의 굴림이 시작되는 부분과 직선으로 홈이 파진 영역 사이에 적당한 간격을 띄워놓고 버튼의 폭을 줄인다(그림 6.26, 그림 6.27).

그림 6.26 모서리 R 값을 유지하면서 버튼 축소

이미지 소스 제작

그림 6.27 충분히 축소된 버튼

다시금 투명 영역을 제외시키는 트리밍을 실시한다. 그리고 캔버스 크기를 조정해 상하좌우로 모두 한 픽셀씩 확장시킨다(그림 6.28).

그림 6.28 상하좌우 1픽셀씩 확장된 캔버스

최종적으로 나인패치로서의 역할을 할 수 있도록 확장 영역과 콘텐츠 영역을 검은색 도트로 표기한다. 특히 좌우로 늘어나는 영역은 페이스북 로고가 없는 반대편의 평평한 부분에서 4픽셀 정도만 선택하면 버튼이 언제라도 깔끔하게 확장된다(그림 6.29).

그림 6.29 나인패치용 영역 설정

6.5 아이콘

안드로이드에서 아이콘은 여러 가지 종류가 있는데, 우리가 흔히 생각하는 홈스크린의 아이콘은 런처 아이콘이다. 아이콘의 종류에는 런처 아이콘, 액션바 아이콘, 컨텍스트 아이콘, 알림 아이콘 등이 있다.

6.5.1 런처 아이콘

런처 아이콘의 크기는 48 × 48dp가 기본이다. 4.0 미만까지의 가이드라인에서는 여백을 약간 두고, 배경과 분리시킬 수 있는 적절한 그림자를 유도했는데, 4.0 이상부터는 꽉 채운 full asset 아이콘을 권장하고 있다.

또 안드로이드에서 권장하는 스타일은 그림 6.30처럼 플랫하고, 사선으로 떨어지는 그림자나 종이처럼 절단되고 접히는 듯한 디자인도 권장하는데, 모든 앱들이 저마다의 아이덴티티가 있어서 이 스타일을 적용하기가 상당히 어려울 듯하다.

과거 그림자를 사용하던 방식 대신 최근에는 적절한 실루엣을 줘서 배경과의 분리를 권장하고 있다. 하지만 구글에서 제작한 앱들의 런처 아이콘을 살펴보면 미세하게나마 그림자를 포함하고 있어서 입체감 외에도 배경과의 분리를 시도한 흔적을 엿볼 수 있다.

그림 6.30 런처 아이콘 스타일 가이드라인(출처: developer.android.com)

6.5.2 시스템 아이콘

시스템 아이콘의 기본 크기는 24 × 24dp지만, 바탕 화면의 고밀도 레이아웃의 경우, 아이콘을 20dp까지 축소할 수 있다는 것이 권장 사항이며, 아이콘을 만들 때 픽셀 정확도를 위해 100% 눈금으로 디자인하는 것이 중요하다.

시스템 아이콘은 별도의 스타일링 없이 최대한 평평한 느낌의 픽토그램을 권장하고 있다. 액션바에 들어갈 만한 것들 중 **공유하기**나, **새로고침**과 같은 보편적인 아이콘들은 구글에서 제공하는 기본 세트를 사용하는 것이 권장 사항이다.

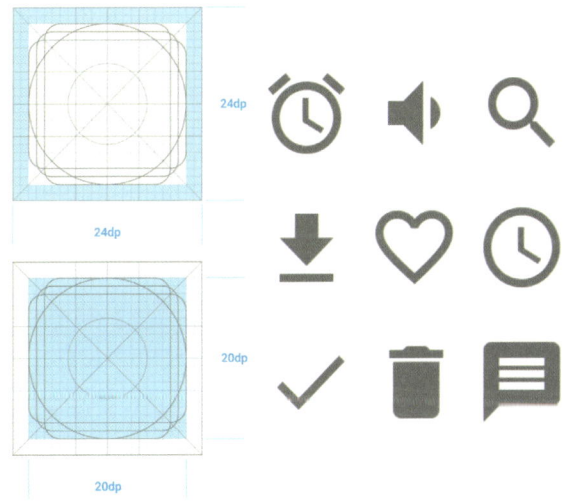

그림 6.31 액션바 아이콘의 가이드라인(출처: developer.android.com)

시스템 아이콘의 색상과 투명도에도 이미 모두 권장 사항이 있다.

그림 6.32 액션바 아이콘의 색상 가이드(출처: developer.android.com)

시스템 아이콘에 들어가는 각종 기본 아이콘들은 구글 개발자 사이트에서 일러스트 파일로 제공되고 있다(https://www.google.com/design/icons/).

6.5.3 어댑티브 아이콘

안드로이드의 아이콘 가이드라인은 시간이 지남에 따라 계속 진화했지만, 그동안 앱 아이콘은 자유롭고 독특한 외곽선을 권장해왔다. 그러나 자유롭고 창조적인 형태는 일관성의 결여를 초래했으며, 이런 문제에 대응하기 위해 커스텀 런처 Custom Launcher 서비스들이 생겼다.

그림 6.33 모든 게 유니크하다면, 어떤 것도 유니크하지 않다(출처: https://medium.com)

커스텀 런처는 기존 아이콘을 대체하는 아이콘 팩을 제공하거나 그것들의 크기를 어울리게 다듬었다. 제조사들은 각 플랫폼의 브랜드와 일관성을 지키기 위해 앱 아이콘의 배경 형태를 강제하는 런처를 설치해 기기를 출시했다. 안드로이드 8.0에서도 아이콘의 일관성을 유지하기 위한 방법을 내놓았는데, 이것이 어댑티브Adaptive 아이콘이다. 어댑티브 아이콘은 앱 아이콘이 어떤 디바이스에서 보이더라도 형태적 일관성을 유지하며, 하나의 아이콘으로 다른 기기에서도 다양한 모양을 표시할 수 있다.

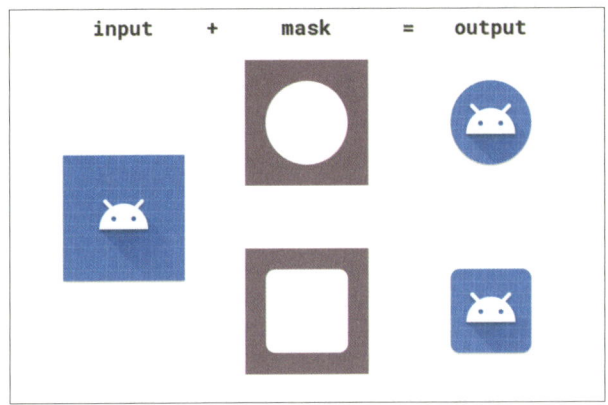

그림 6.34 어댑티브 아이콘의 구성(출처: https://medium.com)

그림 6.34에서 보이는 것처럼 어댑티브 아이콘은 배경^{Background}과 전경^{Foreground}으로 나뉘어 있다. 위 그림에서 파란색 격자무늬가 배경이고, 안드로이드의 머리만 있는 것이 전경이며, 이 2개의 조합이 바로 어댑티브 아이콘이다.

그리고 그 위를 덮는 반투명한 것이 각각의 런처들에서 쓰이는 마스크^{Mask}다. 가운데 원형 모양으로 뚫린 마스크인 경우에 아이콘 위에 이 마스크가 덮어진다면 아이콘이 원형으로 보일 것이고, 사각형 모양으로 뚫린 마스크인 경우에는 아이콘이 사격형으로 보일 것이다. 마스크가 어떠한 모양으로 돼 있느냐에 따라 배경이 다르게 보인다. 이 방법을 사용하면 앱 아이콘을 좀 더 유연하게 만들 수 있다.

그림 6.35 다양한 형태의 마스크가 적용되는 예(출처: https://medium.com)

이미지 소스 제작

6.6 [실전] 런처 아이콘 제작

런처 아이콘은 앱 디자인의 꽃이자 얼굴이라고 할 수 있다. 사실상 사용자가 가장 먼저 마주하는 앱의 이미지이므로 사람으로 치면 첫인상과 비슷한 것이다. 이 첫인상 하나만으로도 이 앱의 퀄리티가 짐작되고, 사용자는 이 앱을 설치할 것인지, 말 것인지에 대해 판단하기도 한다. 아무래도 높은 퀄리티의 런처 아이콘을 만나게 되면, 이 정도의 디자이너를 고용할 수 있는 개발사의 능력 (이것은 때로 실력과 동일) 또한 출중할 것이라 기대할 수 있고, 이는 앱 전체의 퀄리티를 보장하기 때문이다. 따라서 아무리 속에 들어 있는 앱의 퀄리티가 하늘을 찌를 듯해도, 런처 아이콘이 볼품 없으면 고객을 잃어버리는 아주 큰 실수를 하게 된다. 이는 때로 반대의 경우도 가능하므로 런처 아이콘에 만전을 기하는 것이 디자이너에게는 큰 책무 중의 하나다.

안드로이드의 런처 아이콘은 iOS에 비하면 비교적 자유로운 모양새를 취할 수 있다. iOS처럼 획일화된 둥근 모서리의 사각형을 꼭 적용하라는 것도 아니고, 투명한 영역을 쓰지 말라는 것도 아니다. 하지만 앞에서 살펴본 것처럼 엄연히 안드로이드의 런처 아이콘도 가이드가 주어지므로 45도로 떨어지는 날카로운 그림자나 종이로 접힌 듯한 레이어의 느낌 등을 모두 고려하면 안드로이드만의 런처 아이콘 스타일을 인지할 수 있다. 그림 6.36처럼 동일한 앱이라도 iOS와 안드로이드에서 서로 다른 런처 아이콘을 가져가는 것이 정석이다.

그림 6.36 Pocket의 iOS용 앱 아이콘(좌)과 안드로이드용 앱 아이콘(우)

가이드대로라면 런처 아이콘의 크기는 48dp에 해당하는데, xhdpi 기준으로는 96px에 해당하는 높이와 폭을 갖는다. 이제는 xxxhdpi 해상도까지 등장했으므로 이에 해당하는 크기는 144px 정도다. 그렇다면 144px에서부터 작업을 시작하면 될까?

48dp 크기로 정해진 런처 아이콘이 어느날 갑자기 커질 것을 염려할 필요는 없지만, 일반적으로 아이콘 디자인은 제법 큰 크기(1,000픽셀 이상)로부터 시작하는 것이 정석이다. 이후 이 원본을 필요에 따라 줄여 디테일을 손봐주면 큰 어려움 없이 여러 크기의 아이콘들을 만들어낼 수 있다. 특히, 구글플레이 스토어에서는 마켓에 사용할 큰 크기의 런처 아이콘을 요구하고 있는데, 이 크기가 512px 수준이므로 적어도 512px부터는 런처 아이콘 작업을 하는 게 최소한의 요구 사항일 것이다.

6.6.1 런처 아이콘 제작

런처 아이콘으로 사용할 가장 기본적인 밑그림을 그린다. MyMusicTaste의 런처 아이콘은 알파벳 m을 육각형의 모티브 안에 위치시키는 것인데, 일러스트에서 우선 벡터 드로잉을 만들었다. 이렇게 만든 벡터 드로잉을 포토샵으로 가져와서 레이어로 하나씩 나눈 후, 레이어 스타일을 통해 좀 더 사실적으로 표현하는 것이다.

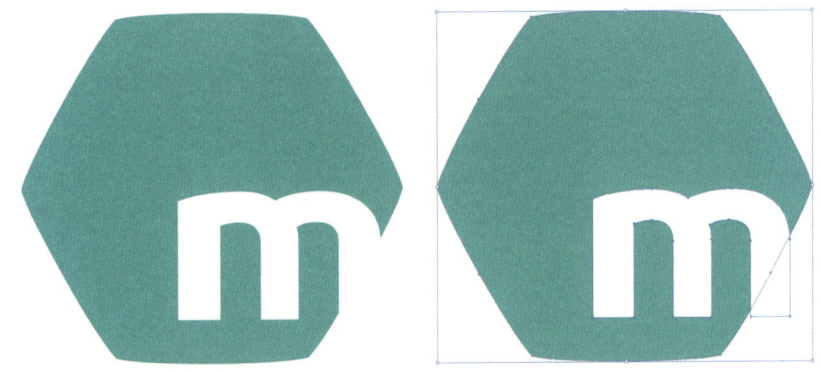

그림 6.37 일러스트에서 그린 런처 아이콘의 기본 드로잉

그림 6.37의 기본 드로잉을 가져올 새 그림판을 그림 6.38처럼 넉넉하게 가로 세로 1024픽셀(New > Width: 24px, Height: 24px)로 만든다. 구글에서 요구하는 512픽셀의 2배 크기다.

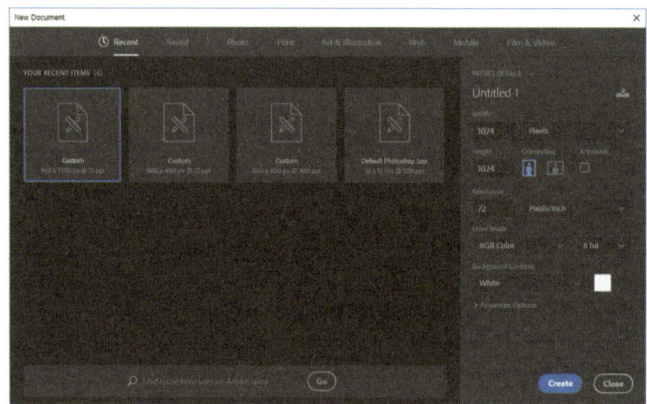

그림 6.38 포토샵에서 새 그림판 제작

일러스트에서 그린 벡터 드로잉은 포토샵으로 붙여 넣을 때 여러 가지 타입으로 변환할 수 있는데, 여기서는 일러스트에서 그린 각 도형을 하나씩 레이어로 만들어서 스타일링해야 하므로 Shape Layer 형태로 불러오도록 하겠다(그림 6.39).

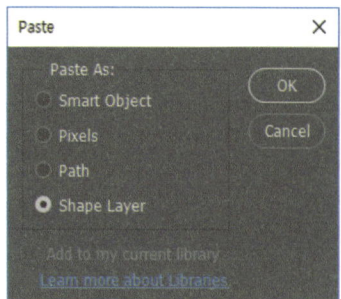

그림 6.39 붙여 넣기 옵션

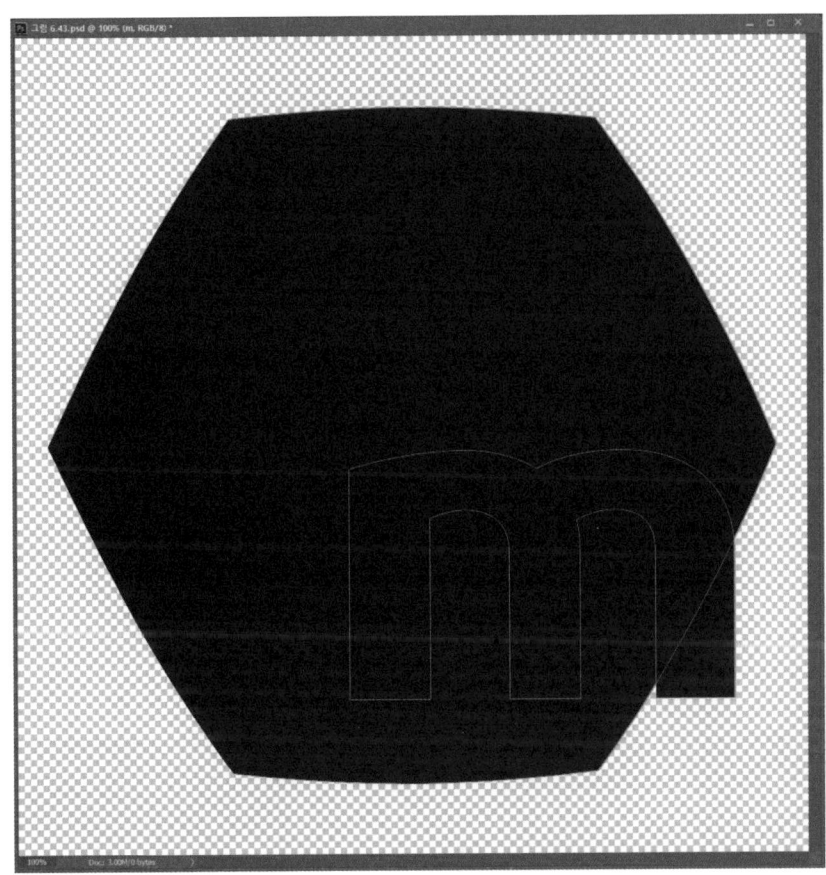

그림 6.40 벡터 형태로 붙여 넣기된 로고

    Shape Layer 형태로 포토샵에 붙여 넣으면, 일러스트에 가져온 벡터 드로잉 개체들이 한데 뭉쳐 색이 채워진 상태로 들러붙는다(그림 6.40). 여러 도형이 하나의 레이어 안에 모두 들어가버리기 때문에 따로 레이어로 분리하는 작업이 필요하다. 도형의 위치들을 모두 제자리에 두면서 레이어를 따로 만들기 위해, 동일한 레이어를 복사해 2개로 만들고 각 레이어에서 도형을 하나씩 지우는 방식으로 뒤의 육각형과 앞의 알파벳을 분리했다(그림 6.41).

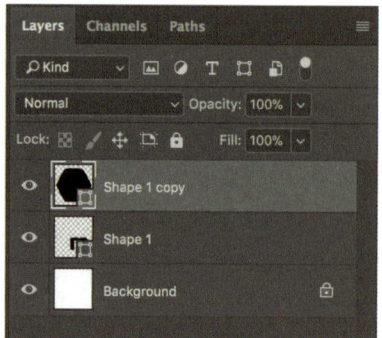

그림 6.41 오브젝트별로 레이어 분리

알파벳을 육각형보다 윗쪽 레이어로 올려놓은 후 흰색으로 채색했다. 또 육각형 밖으로 삐져나가지 않도록 육각형 레이어로 마스킹 처리를 해주고, 육각형에는 키 컬러인 에머랄드 컬러를 칠해주면 일러스트에서 보던 것과 유사한 모양새를 띠게 된다(그림 6.42).

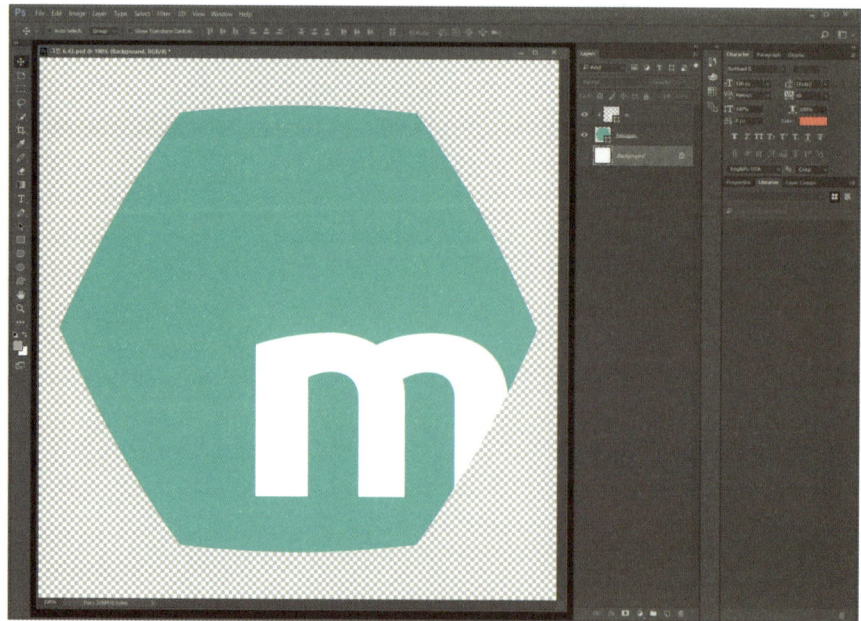

그림 6.42 컬러링된 로고

이후 앞쪽에 위치한 육각형에는 레이어 스타일을 통해 약간의 그러데이션을 입혀 더욱 입체감을 준다(Graident Overlay > Blend Mode: Normal, Opacity: 100%, Reverse)(그림 6.43).

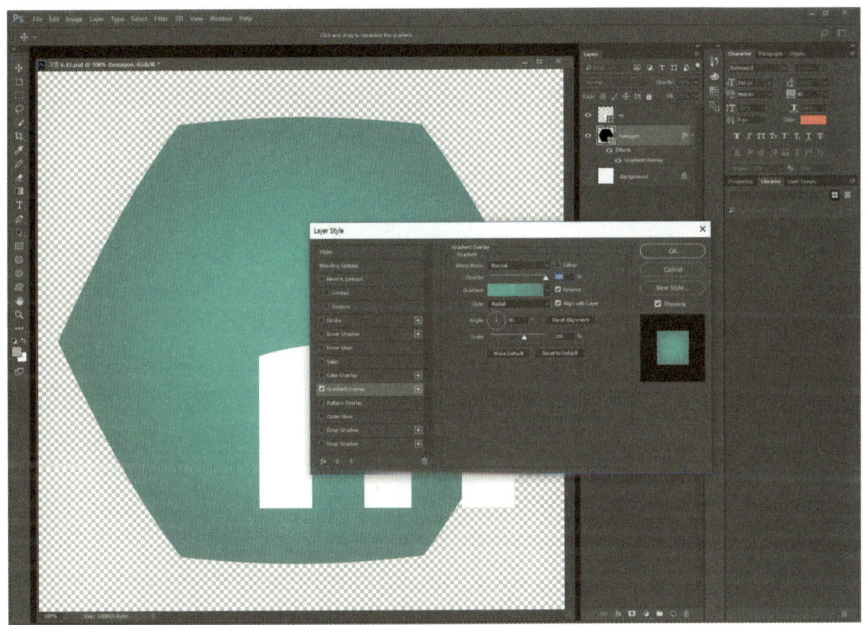

그림 6.43 그러데이션 적용

맨 상단에 위치한 알파벳 m 역시 레이어 스타일을 통해 약간의 그림자를 줘 마치 앞에서 음각으로 파낸 듯한 효과를 줬다(Drop Shadow > Blend Mode: Multiply, Opacity: 20%, Distance: 3px)(그림 6.44).

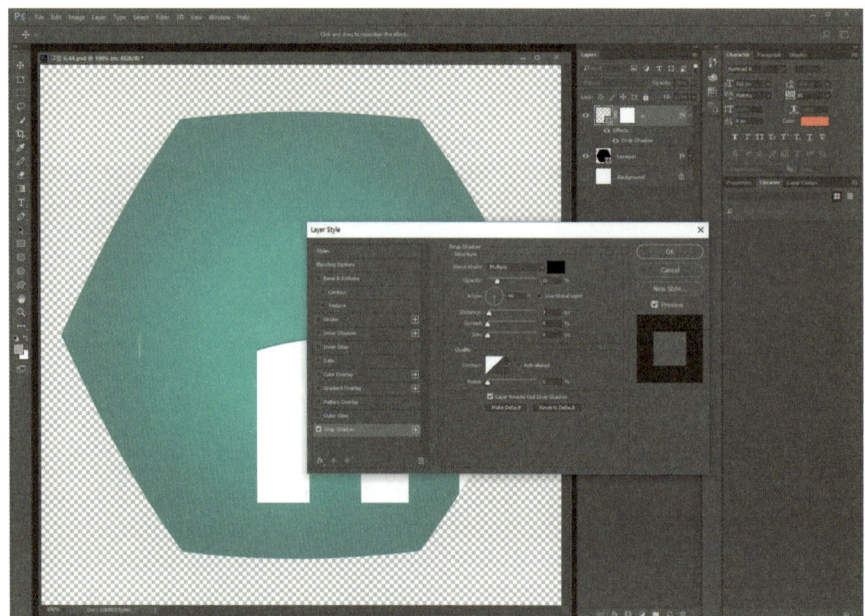

그림 6.44 음각 효과 적용

    마지막으로 벡터 레이어들을 하나의 그룹으로 통합한 후, 레이어 그룹 전체에 그림자 스타일을 집어넣어 아이콘 전체가 배경으로부터 어느 정도 분리돼 보일 수 있도록 만든다(그림 6.45).

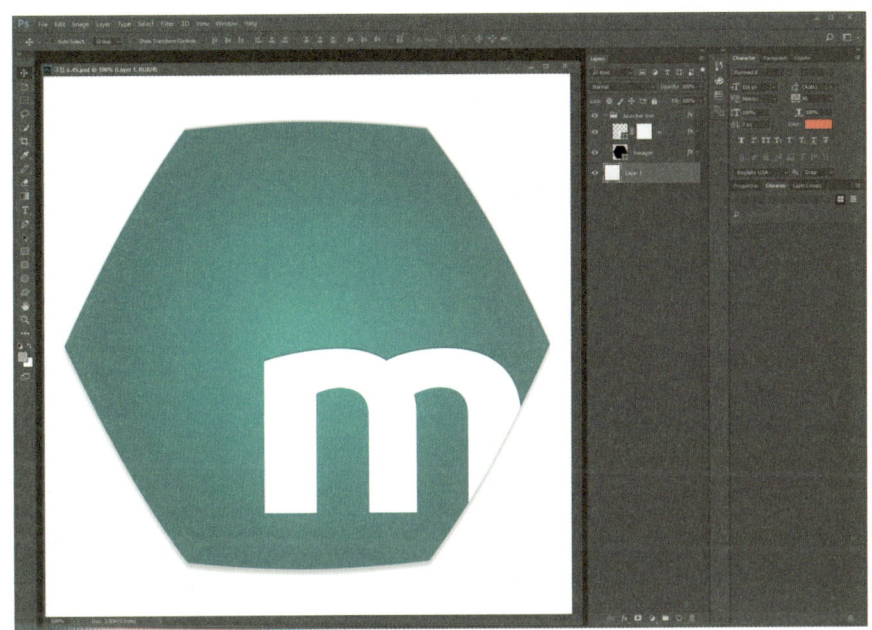

그림 6.45 드롭섀도 적용

다음은 각 해상도에 맞는 아이콘으로 변환할 수 있도록 리사이즈 작업에 들어간다. xhdpi의 경우, 가로세로 96픽셀의 크기이므로 현재 만들어놓은 레이어들을 모두 smart object로 통합하고(레이어 우측 클릭 › Convert to Smart Object), 이를 리사이즈하면 간단하게 만들 수 있다(그림 6.46).

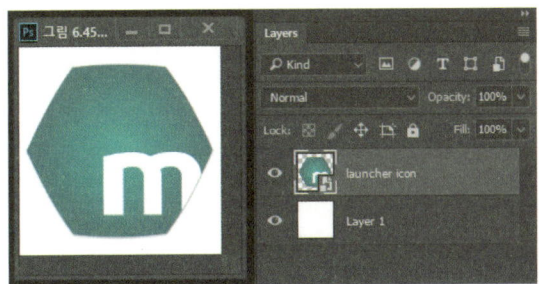

그림 6.46 해상도별 아이콘 크기로 축소

마지막으로 저장할 때는 뒷배경을 없애 투명한 png 형태로 저장하는 것을 잊지 않도록 한다(그림 6.47).

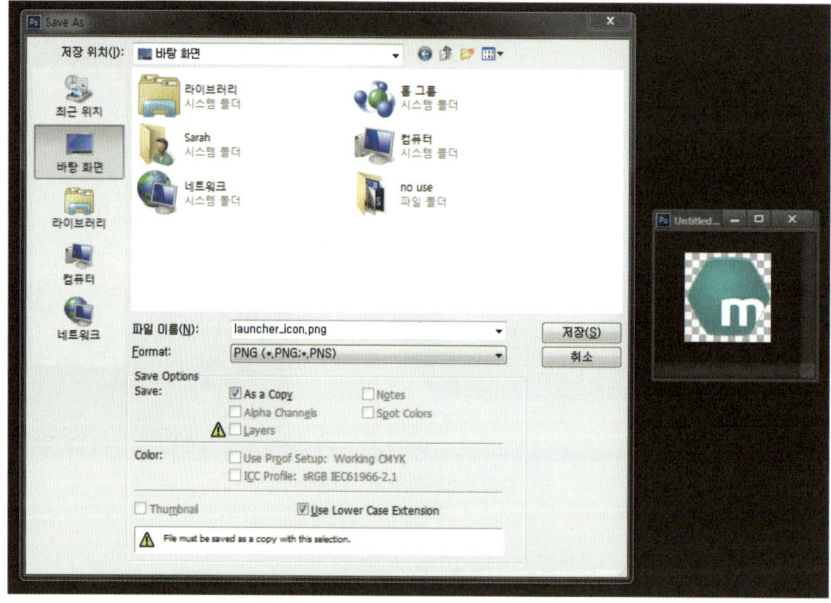

그림 6.47 투명한 배경의 png로 저장

여러 해상도에 해당하는 아이콘을 만들 때 포토샵의 smart object 기능을 활용하면 한결 편하다.

템플릿으로 여러 해상도에 해당하는 픽셀 값들로 조정해놓고, 스마트 오브젝트를 열어 이미지만 수정하면 즉시 여러 해상도로 나온다. 물론 디테일한 블렌딩 옵션들은 스마트 오브젝트 자체에 걸어 퀄리티를 높여주자.

6.7 이미지 클리핑

우리 모두가 알듯이, 보통의 이미지는 사각형으로 돼 있다. 정사각형이든, 직사각형이든 혹은 투명한 부분을 포함하는 이미지든, 아니든 말이다.

하지만 때에 따라서는 그림 6.48처럼 사진을 동그랗게 처리하고 싶을 때도 있고, 삼각형, 육각형, 혹은 더 다양한 모양으로 잘라내고 싶을 때가 있다. 이제 이렇게 이미지를 잘라내는 건 어떻게 디자인하는 것일까?

그림 6.48 사각형 이미지를 육각형으로 잘라낸 점선 안의 이미지

원하는 윤곽으로 이미지를 잘라내는 방법은 사실 아주 다양하지만, 여기서는 세 가지 정도의 방법을 소개하려고 한다.

우선, 디자이너들이 쉽게 생각할 수 있는 투명 png를 활용하는 방법이 가장 먼저 떠오른다. 내가 원하는 모양이 '원' 모양이라면 포토샵과 같은 그래픽 툴에서 사진을 도려내 투명 png로 만든 후 앱에 배치하는 것이다. 아주 쉽다! 하지만 이 정도로 쉬운 방법을 위해 지면을 할애하는 것은 아니고, 이렇게 해야 할 사진이 몇 백, 몇 천개가 될 때를 고민해보자는 것이다. 주로 사용자들의 프로필 사진을 처리하는 것이 좋은 예가 될 텐데, 일일이 디자이너들이 원 모양으로 사진을 잘라내 서버에 save as를 하고 있을 수는 없는 노릇이다.

첫 번째 방법은 바로 이런 잘라내기 작업을 서버 내에서 처리하는 방법이다. 잘라내는 모양은 디자이너가 마음대로 정하면 되지만, 해당 모양으로 이미지를 처리하는 것은 개발자의 몫이다. 원이나 사각형처럼 단순한 도형일수록 개발자와 큰 마찰 없이 이 일을 진행할 수 있다(n각형으로 잘라내고 싶을 때, n이 5 이상이면 재고해보자). 서버에서 처리된 이미지들은 별다른 손질 없이 앱 내로 바로 끌어다놓을 수 있다(그림 6.49).

서버에서 처리된 이미지
예. Penguin_round.png

처리 없음

그림 6.49 서버에서 처리한 이미지를 앱으로 바로 가져다 사용

서버에서 처리된 이미지는 앱 내에서 별도로 프로세싱을 거치지 않기 때문에 (CPU를 잡아먹지 않기 때문에) 성능 저하를 일으킬 일은 없다. 하지만 사용자가 이미지를 등록할 때마다, 수정할 때마다 서버 내에서 이런 작업을 거쳐야 하고, 서버 내에 이미지를 한 벌 더 갖고 있어야 하는 부담도 생긴다. 또 디자이너가 원으로 잘라냈던 사용자 이미지를 오각형으로 바꾸고 싶어지면 수천, 수만 개가 되는 사진들을 며칠 동안 처리해야 할 수도 있다.

두 번째 방법은 이런 프로세싱을 앱 내에서 처리하는 방식이다(그림 6.50).

서버 이미지   리사이즈 및 이미지 프로세싱

그림 6.50 서버에서 이미지를 불러와 앱 내에서 처리하는 방식

역시 사용자 프로필 사진으로 가정하고 이 방법을 적용해보면, 서버에는 딱히 건드리지 않은 사용자들의 이미지가 가득 쌓여 있고, 앱 내에서 이것을 불러 원하는 모양으로 잘라내는 작업을 거치는 것이다. 이때 적정한 크기로 크기를 조절하거나 원하는 모양으로 잘라내는 등의 작업은 순전히 사용자의 기기 성능에 의존해 작업하는 것이다. 따라서 성능 좋은 기기라면 순식간에 이미지가 만들어질 수도 있지만, 그렇지 못한 기기라면 뷰가 온전히 뜨기까지 제법 오랜 시간이 걸릴 수도 있다. 그만큼의 사용자 경험이 나빠지는 것이다.

세 번째 방법은 그림 6.51처럼 스텐실^{stencil} 이미지를 만들어 위에 덮는 방식이다.

서버 이미지   리사이즈 및 이미지 오버레이

그림 6.51 스텐실 이미지를 덮는 방식

이 방법은 앞서 말한 어댑티브 아이콘 방식과 같은데, 서버에서 별도로 이미지를 처리하지 않아도 되고, 앱 내에서도 두 장의 이미지를 겹치는 수준의 작업이기 때문에 여러모로 효율적인 방법이다. 또 디자이너가 원하는 모양을 직접 수시로 변경 가능하며, 스텐실 이미지 자체에 그림자와 같은 다양한 효과를 마음대로 줄 수 있어 자유롭다. 하지만 클리핑 이미지 뒤로 다른 이미지를 배경 삼아 넣는 것

이미지 소스 제작   **223**

이 불가능하다는 단점이 있다. 스텐실 이미지가 역시 사각형 모양으로 공간을 차지하고 있기 때문이다. 따라서 배경에 다른 이미지를 겹치려면 첫 번째와 두 번째 방법처럼 서버에서든, 앱에서든 별도의 프로세싱을 거치는 수밖에 없다.

그렇다면 맨 처음 소개한 그림 6.48은 어떤 방법을 사용한 것일까? 답은 그림 6.52처럼 앱 내에서의 클리핑 프로세싱과 스텐실 이미지 덮기를 활용해 만들어 낸 이미지다.

그림 6.52 앱 내에서 프로세싱을 통해 이미지를 잘라내고 또 다른 이미지를 덮음

위 그림에서는 육각형 모양으로 이미지를 잘라냈는데, 원이나 사각형처럼 단순한 모양새가 아니기 때문에 개발 작업에 상당한 시간을 투여했다. 그나마 위에 덮는 이미지가 적당한 두께로 직선을 곡선처럼 가려주고 있으니 망정이지, 이마저도 곡선으로 잘라내야 했다면 개발자와 영영 보지 못하는 상황을 초래할 수도 있었다.

6.8 이미지 소스 분리

화면 디자인까지 마치고 나면, 본격적으로 이미지 소스들을 분리할 차례다. 웹 개발의 경우, 디자이너와 퍼블리셔가 따로 있어서 이런 이미지 소스 분리 작업을 디자이너가 하지 않아도 되는 경우가 있다. 공들여 디자인한 psd 파일 하나만 전달하면 좋겠지만, 우리가 충분히 이해하고 작업할 수 있다면 굳이 왜 이걸 따로 하는 직업이 필요하겠는가?

화면 디자인은 어디까지나 예제 화면이라는 걸 기억하는 게 필요하다. 안드로이드에서는 화면 비율이나 해상도가 얼마든지 변할 수 있기 때문에 내가 그린 화면 그대로 보여지는 경우는 극히 일부분에 불과하다. 따라서 이 예제 화면이 다른 스크린으로 들어갈 때 어떻게 보여질지를 고민하면서 이미지 소스를 분리하기 시작하면 좀 더 쉽게 접근할 수 있다.

6.8.1 이미지 소스의 구분

화면 그래픽을 구성하는 요소는 크게 다음과 같다.

- 정적인 이미지(png, jpg 포맷)
- 동적인 이미지(나인패치 .9.png)
- 코드로 구현된 그래픽(drawable xml)

초보 디자이너에게는 화면에서 도대체 어떤 부분이 이 셋 중 하나에 해당하는지를 판단하는 게 쉽지 않다. 나인패치로 처리해야 할 부분은 어디고, 코드로 구현할 수 있는 곳은 어디인지 경험이 쌓이기 전까지는 빠르게 작업하기가 어렵다. 다음의 예제를 보면서 하나씩 알아보자.

그림 6.53 내비게이션 드로어가 펼쳐진 상태

그림 6.53은 펜타포트 락 페스티벌의 공식 앱 화면이다. 드로어 메뉴가 펼쳐진 상태를 720 × 1280픽셀의 화면에서 xhdpi 기준으로 그렸다(48dp를 96px로 처리했다는 뜻이다). 상단에는 타이틀 이미지와 카메라 아이콘, 드로어 메뉴에는 각 메뉴를 대표하는 아이콘들이 그려져 있다. 물론 그 옆에는 텍스트도 쓰여 있고, 각 리스트의 배경은 밝은 회색, 리스트 항목들은 가느다란 흰색 가로줄로 구분돼 있다. 도대체 무엇을 어디서부터 이미지로 분리해내는 것이 좋을까?

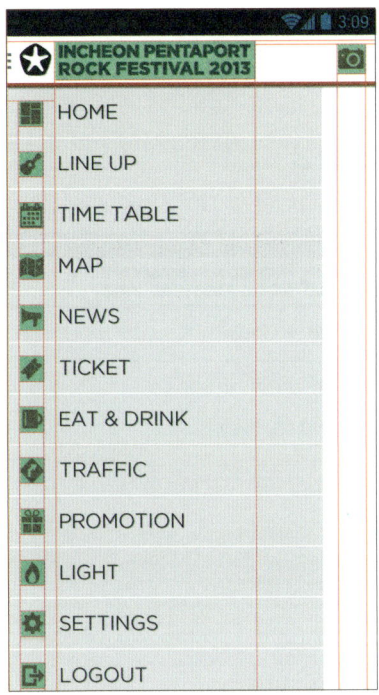

그림 6.54 이미지를 추출할 영역 설정

그림 6.54는 이 화면에서 뽑아낼 만한 정적 이미지들을 선별해 영역을 표시한 것이다.

1. 텍스트는 로보토 폰트를 사용하지 않았지만, 그렇다고 이미지로 처리할 것은 아니다. 커스텀 폰트를 앱 내에 적용하면 되기 때문에 이미지가 아닌 텍스트로 취급하는 것이 보통이다.

2. 상단의 액션바 배경과 드로어 메뉴의 배경은 좌우로 얼마든지 늘어날 수 있어야 하기 때문에 동적 이미지(나인패치)로 따로 작업한다. 그림이야 적당히 그려놓았지만, 저 드로어 메뉴가 얼마나 빠져나올지 아직 완전히 정해진 건 아니니까 말이다.

3. 이렇게 하고 나면 남는 요소는 드로어 메뉴 버튼(세 줄 햄버거 아이콘)과 옆에 있는 앱 아이콘 정도가 된다. 앱 아이콘이야 애초에 미리 그려놓았으므로

이미지 소스 제작 **227**

이 화면에서만 뽑아낼 것은 아니고, 드로어 메뉴 아이콘은 안드로이드의 기본 라이브러리에 포함돼 굳이 디자인해 넣을 필요가 없다.

따라서 이 화면에서는 그림 6.55처럼 표시한 이미지들만이 추출 대상이 된다.

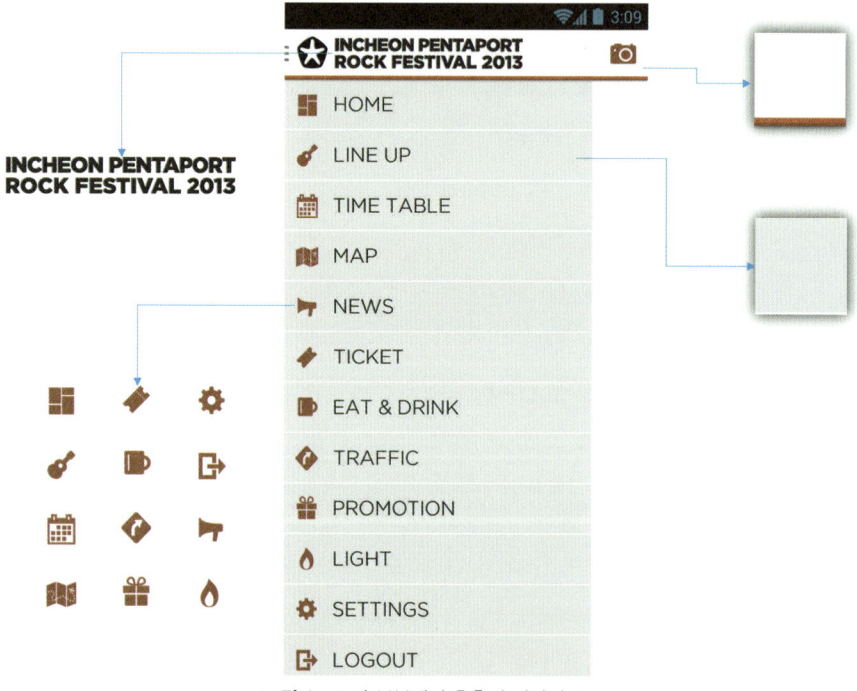

그림 6.55 각 부분에서 추출된 이미지 소스

리스트의 배경으로 사용된 나인패치는 심플한 회색 바탕에 흰색의 구분선만 존재한다. 이런 경우, 개발자와 논의해 굳이 나인패치가 아닌 코드로 구현하는 것도 가능하다. 배경색은 #aaaaaa, 구분선은 #ffffff라고 컬러 값만 알려주면 개발단에서 얼마든지 구현 가능한 그래픽이다. 하지만 나인패치와 코드 모두 장단점이 있기 때문에 개발 팀과의 논의가 필요하다.

코드를 사용해 그래픽을 구현하면 기기의 퍼포먼스에 영향을 덜 미치고 좀 더 빠른 화면 렌더링이 가능하다는 장점이 있다. 하지만 디자이너가 개발 과정에서 변화를 주고자 한다면 매번 개발자에게 컬러 코드 값을 변경 요청해야 하고, 개발 효율을 떨어뜨리게 된다. 반대로 나인패치를 사용하면, 코드로 구현할 때보다 기기 성능이 떨어질지 모르지만, 디자이너가 수시로 png 파일을 바꿔볼 수 있기 때문에 개발자의 도움 없이도 디자인의 변화를 줄 수 있다는 장점이 있다.

6.8.2 이미지 소스의 배경

특히 아이콘 이미지들은 배경색을 제외한 투명 png로 저장하는 것이 중요하다. 꼭 아이콘만이 아니라 앱 내에서 사용되는 다양한 이미지 소스들을 최대한 배경과 분리해 저장할 수 있어야 하는데, 이렇게 해야 나중에라도 배경색을 바꿀 일이 생기면 손쉽게 처리할 수 있다. 배경색 하나 바꾼다는 명목으로 만들어놓은 아이콘을 모두 다시 만드는 불상사가 있어서는 안 되겠다.

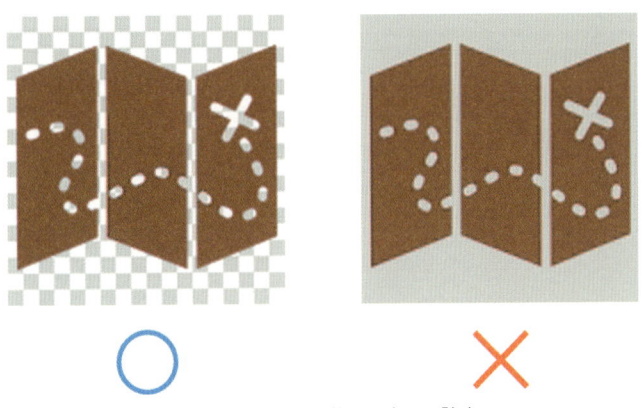

그림 6.56 배경 처리는 투명으로 한다.

6.8.3 이미지 소스 트리밍

이미지 소스의 여백은 어떻게 결정하는 것이 좋을까? 아이콘은 딱 아이콘 크기만큼으로 크기를 잡는 게 좋을까, 아니면 외곽을 어느 정도 포함하는 게 좋을까?

결론부터 말하면, 아이콘 자체가 버튼의 역할을 할 경우는 버튼만큼의 크기를 포함하도록 트리밍하는 것이 좋고, 아이콘이 어떤 버튼의 일부로 들어가는 경우라면 최대한 픽셀이 존재하는 부분까지로만 트림하는 게 좋다.

그림 6.57 액션바 아이콘은 최대치를 채우지 않아도 된다.

그림 6.57의 액션바에 올라간 카메라 아이콘은 어떤 크기로 잘라내는 것이 좋겠는가? 어차피 카메라 아이콘 하나가 버튼이니까 눌릴 만큼을 고려해 48dp × 48dp로 잘라내는 것이 좋을까, 아니면 딱 카메라만큼만 잘라내는 게 좋을까?

액션 아이템의 경우도 일반적으로는 아이콘 하나만이 버튼의 역할을 하지만 때로는 그림 6.58처럼 레이블이 같이 표기되는 경우가 있다. 이럴 경우, 앞서 정의한 대로 픽셀 주변으로 최대한 트림해 이미지 소스를 만드는 것이 좋다. 액션바 아이콘의 경우, 권장 사항은 가로세로 24dp 크기를 맞춰 트리밍하는 것이다.

그림 6.58 레이블이 같이 표기되기도 하는 액션 아이콘

그림 6.55의 드로어 메뉴에 들어간 아이콘들도 마찬가지다. 아이콘 하나가 아닌 리스트 항목 전체가 눌릴 수 있는 버튼의 역할을 하므로 아이콘 이미지 소스를 최대한 픽셀 주변으로 트림해주는 편이 좋다. 앱을 만들다 보면 리스트의 높이를 줄이거나 텍스트와의 간격을 조정하는 일이 얼마든지 있을 수 있는데, 이때 아이콘 주변으로 필요 이상의 여백이 들어 있으면 원하는 간격을 만들어내기가 어렵기 때문이다.

하지만 여백을 조정할 가능성이 별로 없는 단독 버튼으로서의 아이콘이라면 이미지 하나만으로 버튼 레이아웃을 잡을 수 있게 충분한 여백을 주고 트리밍하는 게 좋다. 적어도 가로폭이나 세로폭 중 하나를 48dp로 맞추면 누르는 데는 큰 문제가 없을 것이다. 이걸 굳이 픽셀 근처로만 트리밍해놓으면 개발자가 이 아이콘을 포함하는 48dp짜리 레이아웃을 또 만들어야 하므로 개발에 부담이 된다.

6.8.4 이미지 소스의 픽셀 값

트리밍까지 고려한 이미지 소스라면 이제 마지막으로 픽셀 값을 완벽하게 맞춰주자. 픽셀 근처로 최대한 트리밍해 31 × 31픽셀의 결과물이 나왔다. 그대로 써도 되는 걸까?

xhdpi에서 31픽셀은 dp값으로 환산하면 15.5dp가 된다. dp에서부터 소수점이 생기는 문제가 생기는데, 이걸 hdpi에서 사용할 크기로 환산해보면 23.25픽셀이라는 도저히 그릴 수 없는 크기가 나온다.

따라서 이런 일들을 방지하기 위해 이미지 소스의 픽셀 값은 최대한 4의 배수로 맞춰주는 것이 좋다. 일반적인 안드로이드 앱을 뜯어 이미지 소스의 크기를 확인해보면, 이미지의 픽셀 값이 16, 24, 32, 72와 같은 4의 배수들로 이뤄진 것을 볼 수 있다. 이렇게 해서 다른 해상도에서 이미지를 렌더링할 때 소수점이 생기는 일도 방지하고, 디자이너 스스로가 몇 가지의 크기들로 이미지 소스를 관리할 수 있어 좋다(그림 6.59).

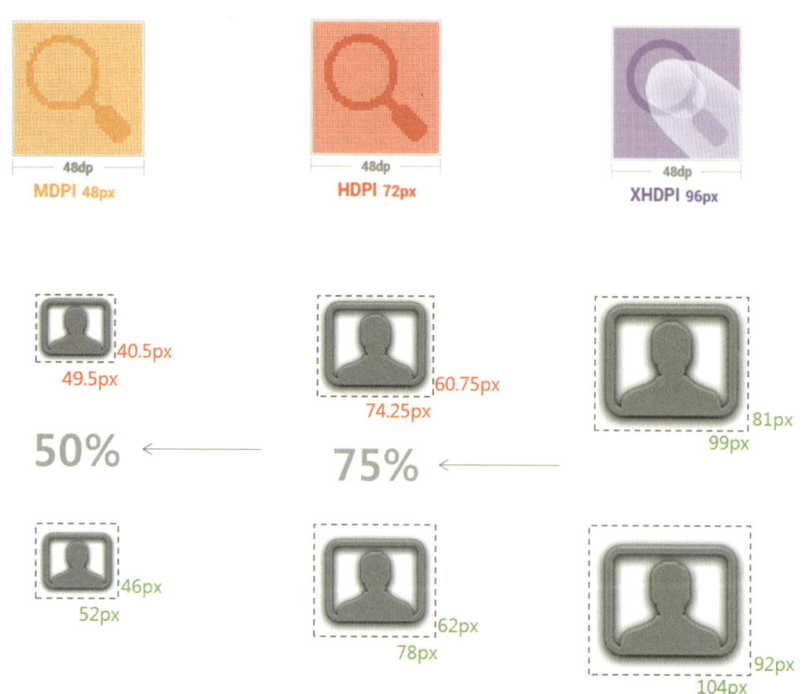

그림 6.59 해상도별 픽셀 값의 변화(출처: smashingmagazine.com)

iOS와 안드로이드를 동시에 작업하는 경우, 이미지 소스를 같이 사용하는 경우가 있다. iOS의 레티나 디스플레이와 안드로이드의 xhdpi 해상도가 서로 비슷하기 때문에 가능한 일이다. 이 경우에도 이미지 소스의 픽셀 값이 4의 배수 또는 적어도 2의 배수는 돼야 한다. iOS에서는 레티나 디스플레이용 이미지의 절반 크기로 일반 디스플레이에 표기하기 때문에 이미지 픽셀 값이 홀수로 떨어지면, 레티나가 아닌 디스플레이에서는 소수점 픽셀 문제가 발생한다.

6.9 정리

실제 이미지 소스를 만드는 과정을 하나씩 거치면서 디자인 가이드를 어떻게 적용하는지를 살펴봤다. 특히 대표적인 이미지 소스라고 할 수 있는 아이콘과 버튼을 만들면서 필요한 상태별, 해상도별 작업이 무엇인지 알아봤다. 픽셀 수준의 완성도를 위해서는 비록 손이 많이 가더라도 해상도별 작업을 따로 해줘야 한다. 특히 이미지 소스를 큰 디자인 안에서 어떻게 추출하고 이것을 소스화하는지를 살펴보면서 해상도 대응까지도 알아봤다. 또한 이미지를 원하는 외곽으로 잘라내는 클리핑 방법들도 개발자와의 협업을 통해 다양하게 적용해볼 수 있을 것이다.

7장
안드로이드 리디자인

7장에서 다루는 내용
- 안드로이드 디자인 가이드에 대한 이해
- 안드로이드 디자인 가이드를 벗어나는 디자인

안드로이드 기본 UI를 숙지하는 좋은 방법 중의 하나는 기존의 앱을 순수하게 기본 UI만으로 바꿔보는 것이다. 특히 안드로이드 디자인 가이드라인을 지키지 않는 앱들을 최대한 기본 가이드에 맞도록 바꿔보면, 안드로이드 UI가 갖는 사용 편의성이나 디자인 스타일이 결코 손쉽게 나온 것이 아님을 알게 된다. 액션바의 사용이나 48dp 리듬을 지키는 것만으로도 큰 변화를 가져올 수 있다.

7.1 기본 UI 및 레이아웃 리디자인[하이다이어트]

최근에 개인 운동 열풍에 따른 다이어트 관련 앱을 살펴보면서 하이다이어트[Hidiet]라는 앱이 눈에 들어왔다. 이 앱은 운동 관련 동영상들만 카테고리별로 모아놓은 것이다. 하지만 이 앱은 운동을 하고 싶어 하는 사용자들에게 어필하기 어렵게 구성돼 있고, 업데이트도 더 이상 되고 있지 않다.

이러한 앱도 안드로이드 가이드에 맞춰 UI 및 레이아웃을 디자인하면 사용자에게 어필할 수 있을 것이다. 따라서 하이다이어트를 리디자인[Re-design]해보면서 안드로이드의 기본 UI를 숙지하는 기회로 삼아보자.

그림 7.1 하이다이어트의 첫 화면

하이다이어트의 첫 화면은 유튜브의 상세 화면과 비슷하다. 최상단에는 iOS 구조와 비슷해 보이는 앱바 영역이 있고, 그 아래에는 오늘 해야 할 운동처럼 보이는 대표 동영상이 크게 자리 잡고 있다. 바로 아래는 각 카테고리별로 동영상이 섬네일 리스트뷰로 나와 있다.

자세히 보면 아이콘이 선명하지 않은 것이 많은데, 이는 hdpi용 이미지만 리소스로 탑재돼 있어서 xhdpi 이상의 해상도에서는 강제로 확대된 이미지를 보여주기 때문이다. 앱바, 텍스트의 마진 값이 어색하게 보이는 것은 앞에서 말한 것처럼 저해상도용 개발만 고려한 탓이다.

하단에는 광고 배너 영역이 보인다. 이는 해당 앱의 주요한 수입원인 듯하지만, 보기가 좋지 않은 것은 어쩔 수 없다.

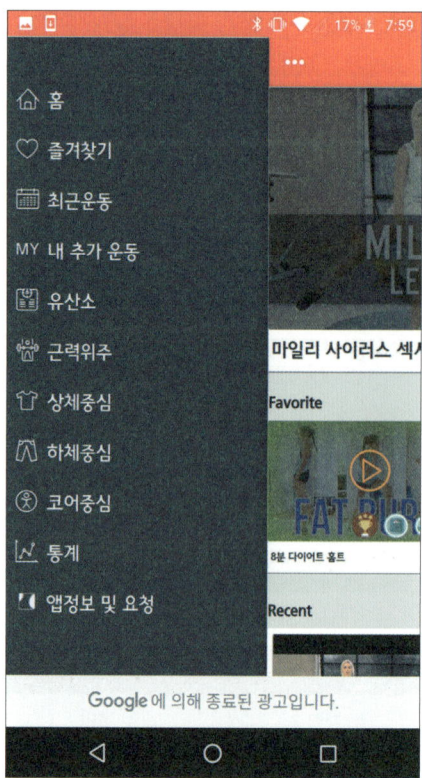

그림 7.2 하이다이어트의 드로어 화면

하이다이어트의 전체적인 구조는 거의 건드리지 않는다는 가정하에 사용되는 UI와 레이아웃 정도를 변경하는 선에서 리디자인에 착수해보자. 마진 값이 없는 콘텐츠 영역과 텍스트 영역 그리고 홈에서 정체를 파악하기 힘든 상단 영역, 제일 하단의 광고 배너 영역이다. 하이다이어트에서 최상단에 배치하고 있는 메뉴들은 다음과 같다.

- 홈
- 즐겨찾기
- 최근 운동
- 내 추가 운동
- 유산소
- 근력 위주
- 상체 중심
- 하체 중심
- 코어 중심
- 통계
- 앱 정보 및 요청

하이다이어트는 메뉴라고 지칭하고 있는 부분들이지만, 사실상 정보를 제공하는 카테고리 기능을 하는 메뉴일 뿐이다. 그래서 홈 화면에서 내리면 리스트가 각 카테고리별로 노출된다. 그런데 각 카테고리를 내리다 보면 해당하는 동영상들이 많은 경우, 그 동영상 리스트가 끝없이 보이는 현상을 볼 수 있다. 그래서 다음 카테고리를 보려면 한참을 내려야 찾을 수 있다는 단점을 갖고 있다. 아울러 상단의 액션바에 위치하고 있는 아이템들에는 내비게이션 드로어, 분석 두 가지가 있다.

동영상 앱에서 액션바에 분석 아이템 하나만 있는 것도 액션바의 역할을 충실히 하지 못하는 것 같아 보이고, 동영상을 보는 앱에서 검색 기능이 없는 것도 사용성 측면에서 불편하다. 검색은 사용자가 취하는 액션의 종류로 볼 수 있지만, 앱 전체를 검색하는 '검색'은 특성이 글로벌하기 때문에 가장 최상단의 액션바가 아니라면 매번 존재하기도 부담스럽다.

이를테면 '유산소' 메뉴 안에서 검색 액션은 과연 검색 범위가 어디까지인가? '유산소' 내부에 있는 비디오만 검색하겠다는 것인가, 서비스 전체에서 검색하겠다는 것인가? 바로 이런 상황 때문에 검색이나 설정이 본래의 뜻을 명확하게 전달하려면 최상단의 액션바에만 존재해야 한다는 어려움이 생긴다.

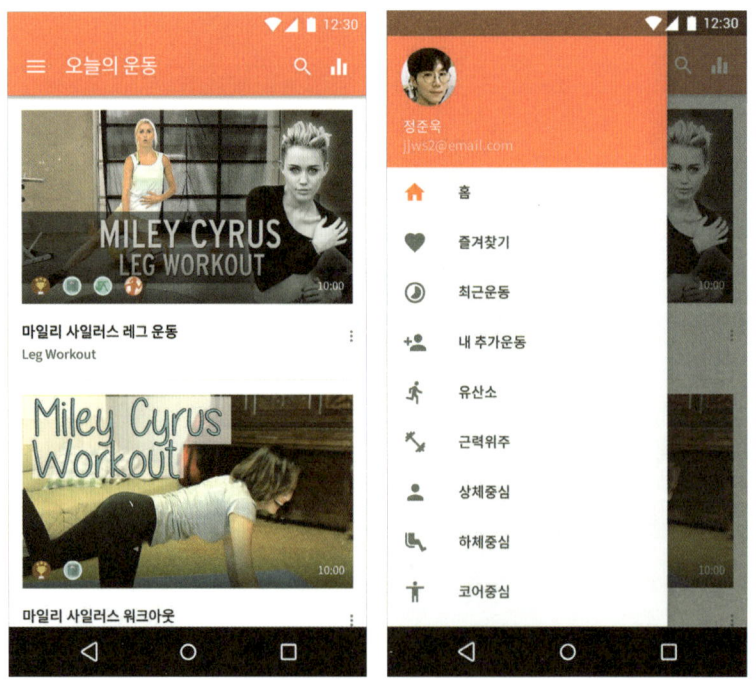

그림 7.3 안드로이드 8.0 드로어 방식을 적용한 홈 화면(좌)과 드로어(우)의 모습

따라서 이런 고충들을 해결하려면 그림 7.3과 같은 UI가 적절할 것이다.

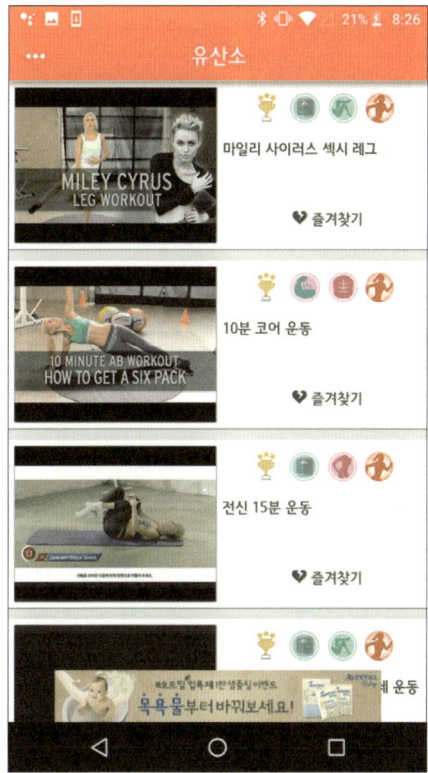

그림 7.4 기존의 2nd Depth 화면

다음으로 2nd depth로 넘어갔을 때를 살펴보자. 그림 7.4는 기존의 2nd depth 화면인 '유산소' 카테고리 화면이다. 이 화면은 리스트로 구성돼 있는데, 각 리스트마다 들어간 요소들이 정렬돼 있지 않아 눈에 거슬린다. 그림 7.5는 액션바를 활용한 안드로이드 가이드라인에 맞춰 리디자인한 것이다.

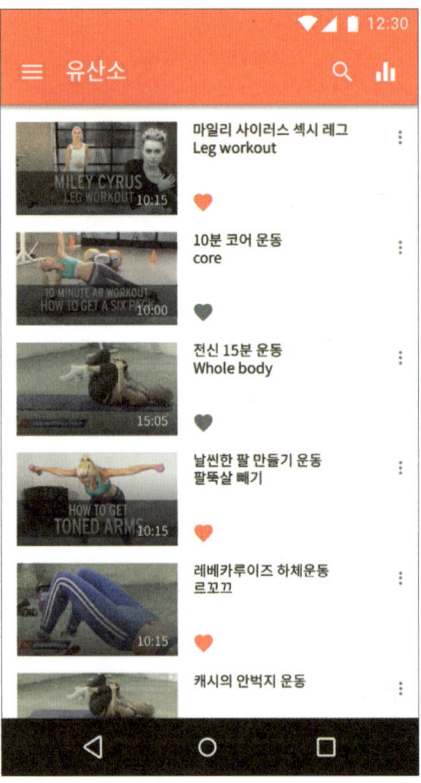

그림 7.5 하이다이어트의 2nd Depth 화면 리디자인

보통은 드로어 메뉴에 검색을 넣어 글로벌하게 사용하는 편이지만, 이 앱에서는 각 카테고리마다 검색을 배치해도 부담스럽지 않으므로 각 메뉴의 동영상을 검색할 수 있도록 각 카테고리마다 검색을 넣었다. 이렇게 하면 훨씬 사용하기가 편리할 것이다. 그리고 각 동영상마다 해당 동영상이 어떤 운동인지 아이콘으로 표시해뒀는데, 이것을 더 보기 아이콘을 이용해 복잡해 보이지 않도록 정리했다. 그리고 항목의 제목과 부제목은 가이드에서 제공하는 텍스트 크기에 맞췄고, 섬네일로부터도 적당한 거리로 떨어져 시각적인 부담을 덜었다.

그림 7.6 기존의 상세 화면

자, 그러면 이제 한 단계 더 들어가 상세 화면에 접근해보자. 그림 7.6은 기존의 상세 화면이다. 이 화면에서 사용자가 취할 수 있는 액션은 다음과 같다.

- 출처로 갈수 있는 링크
- 공유하기
- 재생
- 전체 화면
- 볼륨

이와 같은 액션과 정보들을 모아 안드로이드의 기본 가이드라인에 맞춰 그림 7.7과 같이 리디자인해봤다.

상세 화면에서 수많은 버튼을 액션오버플로로 축소했고, 과도한 그래픽 요소들로 인해 복잡해 보이는 화면 설명을 화살표 열림, 닫힘 버튼으로 축소했다. 더불어 해당 운동에 대한 설명을 간략히 보여줌으로써 사용성을 높이고 좀 더 보기 편하도록 그림 7.7과 같이 수정했다.

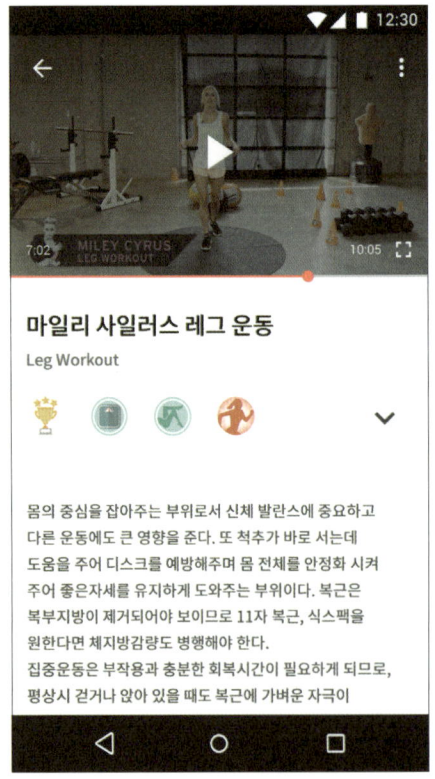

그림 7.7 새로 디자인한 하이다이어트의 상세 화면

이와 같은 UI 구성은 같은 안드로이드 가이드라인 내에서도 얼마든지 다른 형태로도 이뤄질 수 있다. 다만 사용자가 취할 수 있는 많은 액션들과 또 가져갈 수 있는 다양한 정보 중에 우위를 구분해 제공하는 것이 필요하다. 모든 것이 동등하다고 판단하고 다양한 선택지를 사용자에게 들이밀면 선택의 개수가 과할수록 사용자는 더 큰 어려움을 느낀다.

7.2 앱 어댑티브 아이콘 리디자인[안전신문고]

그림 7.8 구글플레이에 등록돼 있는 안전신문고의 앱 아이콘

안드로이드 8.0 버전으로 바뀌면서 런처 아이콘의 가이드라인도 바뀌었다. 앞서 설명한 어댑티브 아이콘Adaptive-Icon이 바로 그것이다. 그동안의 통일되지 않은 아이콘 모양이 자유분방해서 좋아하는 사람도 있겠지만, 순전히 미적인 관점에서 본다면 통일된 모양을 가진 아이콘을 사용하는 것이 좋다.

정부가 제공하는 다양한 서비스의 앱 중 하나인 안전신문고는 아이콘을 어댑티브 아이콘으로 적용하기엔 무리가 있다. 어댑티브 아이콘은 108 × 108dp 크기의 이미지를 사용하지만, 각각의 디바이스나 런처 UI에 따라 다른 형태로 잘리므로 최대 중앙의 72 × 72dp 영역까지만 표현되기 때문이다. 그리고 안쪽의 66 × 66dp 영역은 잘리지 않는 안전 영역이라고 할 수 있다. 그렇기 때문에 이 아이콘을 가이드에 맞춰 그대로 적용하면 그림 7.9처럼 아이콘 안의 안전신문고 텍스트가 잘려 보일 수 있다.

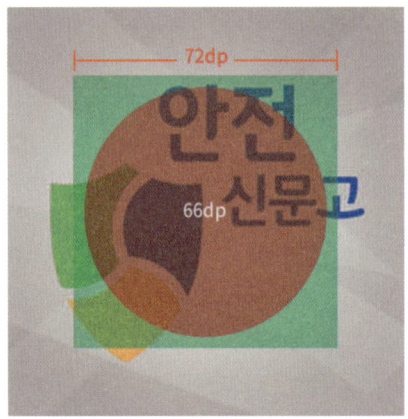

그림 7.9 현재의 안전신문고 아이콘에 새로운 가이드를 그대로 적용한 모습

우선 우리가 많이 사용하고, 안드로이드 가이드라인도 충실하게 지켰을 것 같은 페이스북 아이콘을 살펴보자. 역시 가이드라인대로 66dp 안에 위치시켜 크롭 Crop되더라도 잘리지 않았고, 페이스북 로고의 크기 및 새도도 가이드라인 대로 잘 따라준 것 같이 보인다.

그림 7.10 어댑티브 아이콘의 가이드를 적용한 페이스북 아이콘

그렇다면 어댑티브 아이콘의 가이드라인을 적용해 안전신문고 앱의 아이콘을 리디자인해보자. 기존 아이콘에서 사용했던 방패 모양의 컬러는 아이콘의 대표 컬러이므로 그대로 두고, 아이콘 안의 지저분히 보이는 '안전신문고' 텍스트는 삭

제했다. 이 텍스트가 메인 로고에 포함된 것도 아니고, 그냥 텍스트로만 올려진 것 같은 느낌이며, 사실상 사용자의 디바이스에 앱 아이콘이 설치됐을 때는 앱 하단에 이름이 노출될 것이기 때문이다.

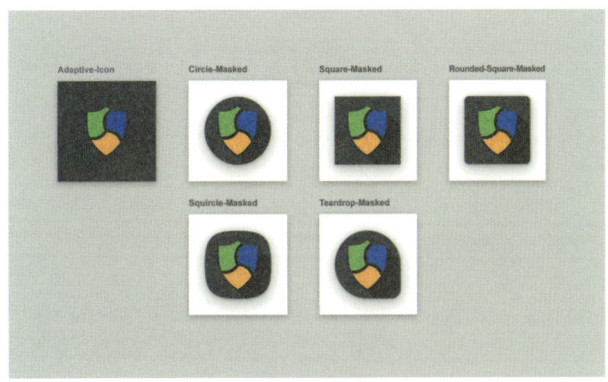

그림 7.11 안드로이드 가이드라인을 따른 안전신문고 앱 아이콘

7.3 기본 UI 및 레이아웃 리디자인[기차표 예매]

국내에서 출시되고 있는 안드로이드 앱의 품질도 초기에는 너나 할 것 없이 엉망이었다면, 지금은 비교적 짧은 시간 안에 상당수가 수준급으로 올라온 것 같다. 하지만 여전히 많은 사람이 자주 사용하는 앱 중에서도 가장 아쉬운 디자인은 기차표 예매 앱이다.

여기서는 간단히 메인 화면과 예매 화면 정도를 짚어보고, 안드로이드 기본 가이드를 따랐을 때의 놀라운 가능성을 점쳐보는 정도로 갈무리하자.

그림 7.12 기차표 예매 앱의 첫 화면

그림 7.12는 기차표 예매 앱의 첫 화면이다. 상단의 타이틀 영역의 좌우 양끝에는 아이콘이 존재하는데, 아이콘 아래에는 친절하게도 레이블이 달려 있다.

가운데에 자리 잡고 있는 커다란 서클 메뉴가 시선을 끌고, 그 밑에는 내비게이션인지, 메뉴인지 알아보기 힘든 영역이 존재한다. 그리고 가운데의 큰 서클 옆에는 그 다음 메뉴로 넘어가는 화살표 트리거가 앙증맞게 위치하고 있다. 또 뒤쪽의 배경으로는 심심함을 덜어줄 수묵화와 같은 일러스트도 있어서 감성적인 부분도 고려돼 있다.

머티리얼 디자인과 감성 디자인 영역 중간쯤에 있는 이 앱은 안타깝지만 안드로이드 가이드라인의 관점에서는 낮은 점수를 받을 수밖에 없다.

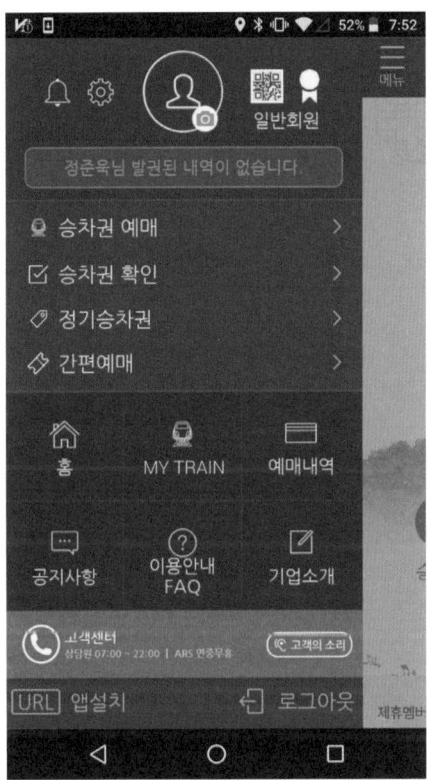

그림 7.13 기차표 예매 앱의 드로어 화면

    그림 7.14는 기존 앱의 드로어 화면이다. 한눈에 알 수 있듯이 너무 복잡하게 생겨 무엇부터 눌러야 할지 모르겠다. 과도한 아이콘 사용, 드로어에서의 스프링 보드 구조, 버튼인지 아닌지의 혼란스러운 버튼, 이 복잡한 구조를 안드로이드 가이드라인에 따라 바꿔봤다(그림 7.14).

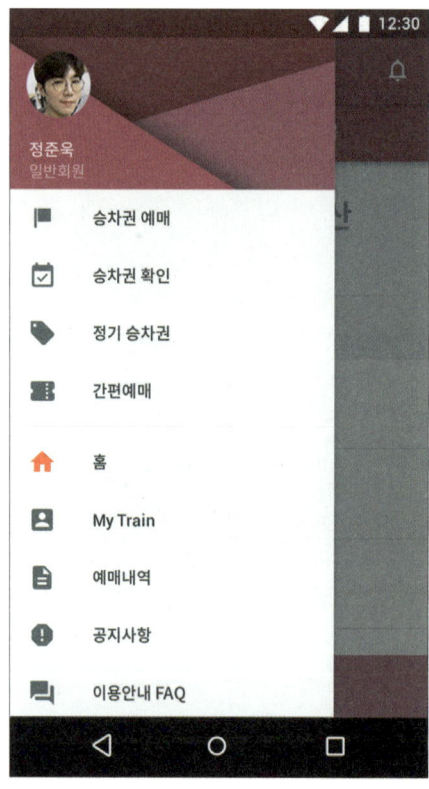

그림 7.14 내비게이션 드로어로 리디자인한 기차표 예매 앱

    기존 앱에서도 승차권 예매, 승차권 확인, 정기 승차권, 간편 예매를 가장 높은 중요도와 빈도로 배치한 것을 고려해 내비게이션 드로어에서도 최상단에 따로 배치했다. 사실 구조적으로 합치거나 나눠야 할 메뉴들도 보이지만, 기존의 스프링보드 방식을 내비게이션 드로어로 옮겨오는 것을 우선해서 리디자인했다. 48dp 리듬을 고려해서 모든 항목들의 높이를 지정해뒀고, 비례가 다르거나 화면이 커져도 화면이 일그러지거나 항목들이 보이지 않는 경우는 생기지 않는다.

    다음은 사용자들이 가장 많이 마주하게 될 **승차권 예매** 부분을 살펴보자. 기존의 승차권 예매 화면은 그림 7.15와 같다.

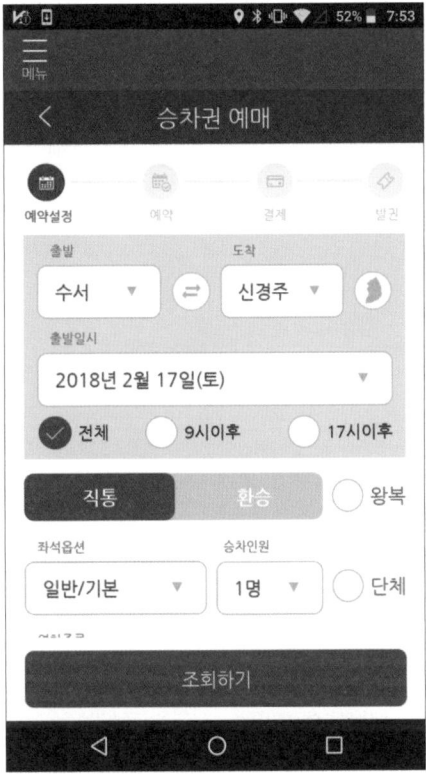

그림 7.15 승차권 예매 화면

    자신의 출발지와 목적지, 좌석의 종류 등을 선택해 기차표가 있는지를 살펴보는 것이다. 두 번째 항목인 **열차종류**를 선택해보면 그림 7.16과 같은 화면으로 전환돼 넘어간다.

그림 7.16 열차종류를 선택하는 화면

  전환돼 뭐가 더 있을 것 같았는데 그냥 열차를 선택하는 것으로 끝이다. 이런 화면은 차라리 단순한 팝업 화면으로 만드는 것이 낫다.

  이렇게 단순한 두 화면에서도 가이드라인을 벗어난 것들이 제법 여럿 보인다. 리디자인된 화면 그림 7.17을 보면서 하나씩 찾아보자.

그림 7.17 가이드라인에 맞게 리디자인한 기차표 예매 화면

    우선 리스트의 아이템 모양이 다르다. 기차표 예매 앱의 기존 디자인에서는 리스트라고도 부르기 애매한 것들이 있는데, 이 항목들을 안드로이드 리스트 형식에 맞게 바꿨다. 물론, 항목의 상세 정보는 좀 더 작은 폰트와 옅은 컬러로 처리해 항목의 이름과는 차이를 뒀다.

    다음으로는 액션바 아래의 타이틀바가 다르다. 기존의 앱에서는 이전 가기 버튼이 있는데, 이 앱 자체가 내비게이션 드로어만 펼쳐도 어디든지 갈 수 있는 단순한 구조기 때문에 타이틀바에 있는 뒤로가기를 과감하게 삭제하고 그 자리에 탭을 배치해 공간을 좀 더 효율적으로 쓸 수 있도록 했다.

마지막으로는 출발지와 목적지 선택 영역이다. 승차권 예매에서 가장 중요한 것은 출발지와 목적지, 그 다음이 날짜, 시간인데 무엇이 제일 중요한지 우선순위가 없다. 그래서 중요도를 기준으로 해 눈에 띌 수 있게 만들었다. 시간 선택은 기존 앱에서도 날짜를 선택한 후 시간을 선택할 수 있기 때문에 이와 똑같은 구조를 적용했다.

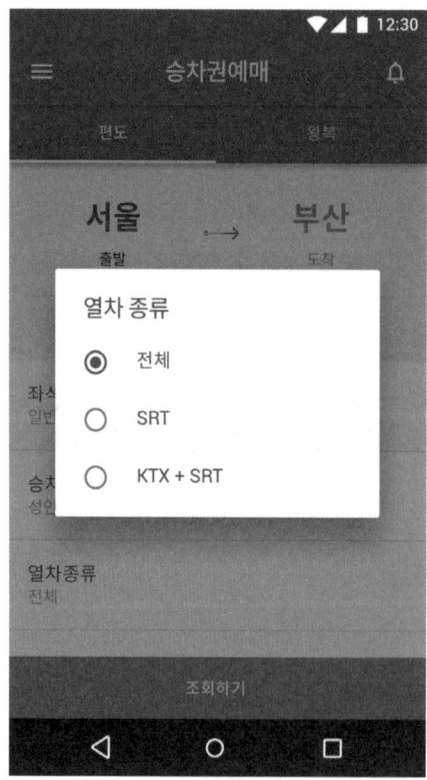

그림 7.18 가이드라인에 맞게 리디자인한 팝업 화면

그림 7.18은 열차 종류를 선택하면 전환되는 화면을 안드로이드 가이드라인에 맞게 팝업으로 바꾼 화면이다. 앞서 말했듯이 이런 화면은 차라리 단순한 팝업 화면으로 만드는 것이 낫다. 이 화면에서는 열차 종류가 한 번에 모두 보이지만 아래, 위로 좁은 화면이라면 열차 리스트가 자동으로 스크롤된다.

간단한 리스트 화면과 팝업일 뿐인데도, 안드로이드 기본 가이드를 지키려면 손대야 할 부분들이 많았다. 아마도 제작사는 한 벌 디자인으로 모든 플랫폼을 커버해보려 한 것 같다. 하지만 누누히 말했듯이 각 OS에 맞는 디자인이 사용자에게는 가장 편한 디자인이다. 기차표 예매 앱을 iOS와 안드로이드에서 동시에 쓰면서, 하나의 경험을 제공했다고 감탄할 사용자는 거의 없다는 뜻이다.

7.4 정리

복잡한 가이드라인은 결국 실제로 적용해보기 전까지는 온전히 몸으로 익혀지기 어렵다. 7장에서는 안드로이드 디자인 가이드를 벗어난 앱들을 리디자인해보면서 안드로이드 디자인가이드를 적용해봤다. 앱 아이콘과 레이아웃을 중점적으로 리디자인하면서 48dp 가이드라인, 드로어 내비게이션, 액션바의 적절한 디자인 등을 살펴봤다.

3부
개발 환경에서의 디자인

8장
개발자와 협업

8장에서 다루는 내용
- 개발자가 작업할 수 있도록 디자인을 전달하는 방법
- 개발 환경 안에서 디자이너의 역할과 작업 방식
- 코드 수준에서 디자이너가 협력할 수 있는 방법들
- 개발자의 성향 및 커뮤니케이션 팁

디자이너가 생각하는 '개발자'의 모습은 무엇일까? 혹시 추리닝 바람에 슬리퍼를 신고, 여러 대의 모니터 앞에 떡진 머리를 모자로 대충 덮어둔 괴짜(Nerd)의 모습 같은 것인가? 영화 〈매트릭스〉처럼 알 수 없는 글자들로 뒤덮인 화면을 응시하며, 라면이라도 먹을 것 같은가?

일반적으로 개발자의 영문 표기는 'Developer'다. 한자어로도 '개발'이라는 말이 이와 크게 다르지 않다. 굳이 우리말로 쉽게 쓰자면 '만드는 사람' 정도가 적당할 것이다. 누군가는 코드로, 누군가는 픽셀로 도구와 형태만 다를 뿐, 만들어간다는 점에서 왜 디자이너는 '개발자'가 아니란 말인가?

하나의 앱은 큰 개발 환경 안에서 만들어진다. 디자이너 역시도 개발하는 입장에서 이 환경을 이해하지 못하면, 품질과 속도 모두 놓칠 수밖에 없다. 자신이 일하는 방식만을 고수하며, 개발자에게 '이 화면에서 한 픽셀도 양보할 수 없으니 당신이 맞춰라'라고 요구하는 것은 '만드는 사람'으로서의 책임을 회피하는 것이다. 서로가 커뮤니케이션의 낭비를 막고, 품을 줄이는 방법을 연구하는 것은 디자인 스킬을 쌓는 것 이상으로 좋은 앱을 만들어가는 데 큰 도움이 된다.

8.1 레이아웃 상세 기술서

디자이너는 포토샵으로 작업한 화면만 개발자에게 전달하면 충분한 걸까? 아니면 화면 레이아웃을 하나씩 모두 분해해 각 치수가 얼마고 여백이 얼마인지를 일일이 적어 전달해야 하는 걸까? 사실 이 문제는 개발 환경에 따라, 디자이너에 따라 가능하기도 하고, 가능하지 않기도 한 문제이므로 어느 하나의 방법만을 옳다고 하기는 어렵다.

웹의 경우, 종종 웹디자이너와 개발자 사이에 **웹 퍼블리셔**라는 직업이 있는데, 디자이너가 만든 화면을 웹 개발자가 작업할 수 있도록 psd 파일을 열어 일일이 쪼개 png나 jpg 파일로 나눠주고, 디자이너가 의도한 애니메이션도 자바스크립트로 처리해주는 등의 일을 맡는다. 어떻게 보면 디자이너는 온전히 화면 디자인에만 집중할 수 있도록 만들어준다는 점에서 일견 매력적이다. 하지만 모바일 디자인에서의 퍼블리셔라는 직군은 어떨까? 물론, 웹과 같이 퍼블리셔와 디자이너가 구분돼 일을 하기도 하지만, 점점 그 영역을 디자이너 혹은 제플린 등의 툴이 대체해주기도 한다. 이러한 관점에서 화면 디자인과 이것이 실제로 구현되는 코드상의 간극은 디자이너가 메워야 할까, 개발자가 메워야 할까?

엄밀하게 따지자면, 디자이너는 자신의 디자인이 **의도한 대로** 나올 수 있도록 충분한 커뮤니케이션을 해줄 의무가 있다. 여기서 '의도한 대로'가 강조되는 이유는 안드로이드 환경이 워낙에 예측 불가능한 요소가 많아 한 장의 화면 디자인만으로 디자이너의 의도가 충분히 전달되기 어렵기 때문이다. 디자이너가 작업한 화면 크기가 안드로이드의 모든 화면 크기를 커버하는 것도 아니고, 화면 해상도 역시 작업한 해상도만 있는 게 아니다 보니, 심혈을 기울인 화면 디자인 한 장만으로는 많은 사용자 경험을 모두 책임지지 못하는 것이다.

따라서 이런 문제들을 미연에 방지하고, 자신의 디자인을 끝까지 지켜낸다는 관점에서 개발자가 이해할 수 있는 레이아웃 상세 기술서를 작성하는 것이 안드로이드 앱을 디자인하는 모든 디자이너들에게 권장할 만한 일이라고 생각한다.

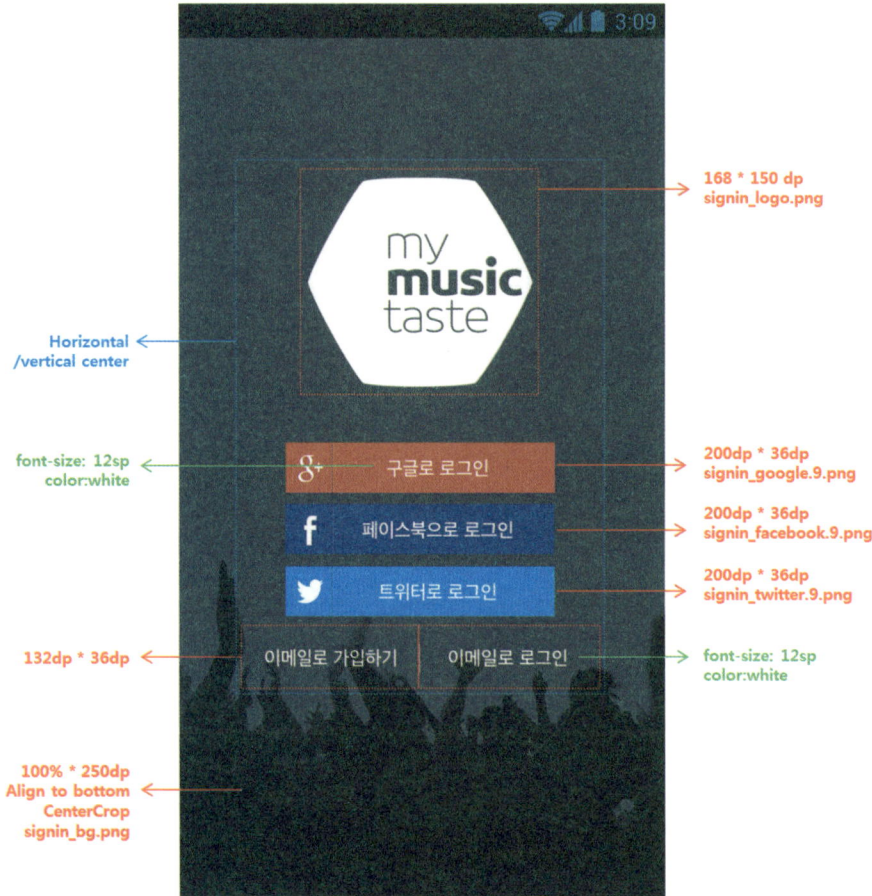

그림 8.1 레이아웃 상세 기술의 예

그림 8.1은 레이아웃 상세 기술서의 예다. 화면상에 배치되는 각 요소들이 어떠한 크기를 지니고, 어떤 위치에 자리하며, 각 요소 간의 관계가 어떻게 되는지를 간단하게 설명해놓은 것이다. 붉은색 표기는 주로 이미지 요소에 대한 설명, 푸른 색은 레이아웃만을 간단하게 설명할 때, 녹색은 각종 글꼴에 대한 설명을 기술할 때 사용하는 식으로 사용했다. 상세 기술서를 작성하는 방법은 정해진 규칙이 있는 것이 아니므로 그래픽 툴에서 직접 표기하는 방법부터 파워포인트나 온라인

편집 툴 등 다양한 방식으로 표기 가능하다. 가급적 한 프로젝트의 상세 기술 화면들은 한곳에 모아 언제라도 이전 화면을 열람 가능하도록 하는 것이 좋다.

레이아웃에 대한 상세 기술서가 없다면 개발자가 디자이너의 의도를 명확하게 해석하기 어렵고, 예시로 만든 화면 외의 다른 해상도나 비례에서는 전혀 생각치 못한 화면이 나타날 수도 있다. 따라서 이런 상세 기술서 작성에는 항상 다양한 비례와 해상도를 고려한 상대적 레이아웃을 고민해줄 필요가 있다. 이를테면 그림 8.1에서 푸른색으로 표기된 레이아웃 설명은 이런 이미지 요소들을 한곳에 묶어 화면의 정중앙에 배치할 것을 요청하고 있으므로 어떤 크기나 비례의 화면에서도 로고와 버튼들이 뿔뿔이 흩어지는 것을 막아준다. 상세 기술서대로 코딩한 화면은 그림 8.2처럼 태블릿 화면이나 스마트폰 화면에서 의도한 대로 잘 나와주고 있다.

그림 8.2 동일한 레이아웃 기술서로 만들어진 서로 다른 화면

8.1.1 각종 치수 표기

앞서 배운 안드로이드 레이아웃과 박스 모델을 응용하면 사실 복잡하게 쓰지 않아도 충분히 상세 기술서를 작성할 수 있다.

기본은 각 요소의 **크기**를 지정하는 것이다. 이미지는 당연히 고유의 크기가 존재하기 때문에 해당 크기를 dp로 변환한 수치만 적어주면 간단하다. 하지만 때로는 나인패치처럼 정해진 크기가 없는 이미지들도 있고, 예시의 맨 아래 박스처럼 아예 이미지가 아닌 drawable xml을 사용하는 경우도 있으므로 요소들이 차지하는 크기를 dp 단위로 표기해주는 것이 필요하다.

그 다음은 요소들의 **위치**를 정해주는 것이다. 화면상의 요소들은 그래픽 툴에서 늘 하는 것처럼 어딘가에 위치해야 한다. 그렇다면 그것이 가운데인지, 왼쪽부터인지, 상단부터인지와 같은 기본적인 개념을 잡아주는 게 필요한데, 예시 화면의 경우 육각형의 아티스트 이미지와 아래 버튼을 포함한 레이아웃 전체를 화면의 중앙에 위치시켰다. 그리고 아랫단에 위치하는 박스와 글자들은 항상 화면의 하단부에 붙어 나와야 하므로 당연히 아랫쪽으로 위치시킨 것이다(이 정도 수준은 굳이 아랫쪽에 붙어 있다고 설명을 쓸 필요도 없다).

그림 8.3처럼 육각형과 버튼을 최상단 부분과 최하단 부분으로부터 각 거리를 지정해놓는다면, 아마 스마트폰이 아닌 태블릿으로 갔을 경우, 오른쪽 그림처럼 전혀 의도하지 않은 모양새가 나올 것이다.

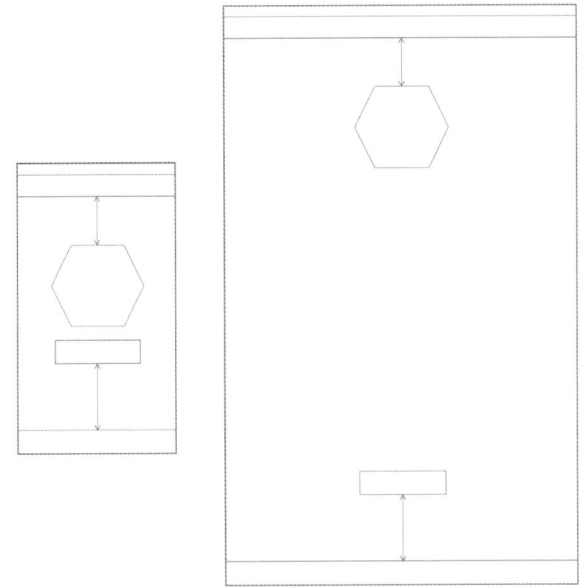

그림 8.3 화면 요소의 배치 1

그림 8.4 화면 요소의 배치 2

개발자와 협업

하지만 그림 8.4처럼 육각형과 버튼을 감싸는 투명한 박스를 하나 두고, 이 박스가 항상 화면 중앙에 위치하도록 만들면 어느 디스플레이에서도 육각형 이미지와 버튼이 엉성하게 벌어지거나 겹칠 일은 없어진다.

그 다음으로는 육각형과 버튼 사이의 간격인데, 이것이 마진인지 패딩인지, 또 육각형의 패딩인지 마진인지 혹은 버튼의 것인지 따위는 크게 신경 쓰지 않아도 된다. 다만, 사이의 간격이 얼마인지를 정확하게 기술하느냐가 더욱 중요한 문제다. 이 둘을 띄워놓는 최상의 방법은 개발자의 몫이다.

디자이너라면 누구라도 첫 번째와 같은 비이성적인 레이아웃을 기술할 리 없겠지만, 이런 기술서가 없는 상태로 화면을 받아든 개발자는 어쩌면 매우 진지하게(그러나 우리가 보기에는 말도 안 되는) 첫 번째와 같은 레이아웃을 코딩하고 있을지도 모른다. 그러니 이런 사태는 막아보자는 게 레이아웃 기술서를 만드는 취지다.

8.1.2 이미지 소스 이름 표기

그 다음으로는 화면상에서 사용되고 있는 이미지 소스의 이름을 표기하는 게 필요하다. 혹은 이미지를 아예 사용하지 않는다면 해당하는 drawable xml이 어떤 속성을 갖는지(50% 반투명 검정 같은)를 표기해준다. 특히 버튼의 경우는 노멀[normal], 프레스드[pressed]와 같은 여러 상태의 이미지가 필요하기 때문에 하나의 버튼에 해당하는 다양한 이미지의 이름을 모두 적어줘야 한다.

8.2 개발 환경과 파일 전달

디자이너가 애지중지 만든 이미지 소스는 결국 개발자에게 전달돼야 앱에 패키징될 수 있다. 그렇다면 개발자에게 이미지 소스는 어떻게 전달할까? 이메일로?

usb 메모리에 담아서? 정해진 방법은 없겠지만, 개발자와의 분쟁을 최소화하고 디자이너도 스트레스를 덜 받는 선에서 추천할 만한 방법들을 소개하겠다.

8.2.1 개발 환경 설치

svn 또는 깃^{git}과 같은 툴들은 개발자의 협업을 위해 만들어진 툴이다. 적게는 두세 명, 많게는 수십 명이 함께 작업하려면 이메일로 소스 코드를 주고받는 데 한계가 생긴다. 여기에 디자이너도 한 명 추가하는 것이다. 그 대신 우리는 소스 코드가 아닌 이미지를 주고받는다.

개발 환경은 개발자가 선호하는 툴들이 있기 때문에 디자이너가 굳이 특정한 툴을 쓰자고 할 필요는 없다(이미지 소스를 USB로 세 번만 갖다주면 아마 답답해서 개발자가 먼저 찾아와 설치해줄 것이다).

이런 개발 환경의 가장 큰 특징은 모든 파일의 신규 생성, 덮어씀, 지움 등의 기록을 백업하고 있어서 언제라도 복구가 가능하고 이런 기록들을 버전의 형태로 관리하고 있다는 것이다. 내가 지금 이미지 파일을 열 개 덮어쓰면, 당장 버전이 123에서 124로 하나 올라가는 식이다. 그리고 이 중에 하나라도 잘못했다면 다시 버전 123으로 복구해버리면 된다. 안전하다.

다만 한 가지 불편한 점이 있다면 내가 새로 작성한 버전을 커밋^{commit}해야 하고, 개발자가 업데이트^{update}해서 덮어씌워야 한다는 것이다. 사무실에서 훈훈하게 "커밋했어" "업데이트했어"라는 식의 대화가 오고갈 것이다.

8.2.2 클라우드를 통한 폴더 공유

드롭박스나 슈가싱크, 구글 드라이브와 같은 각종 싱크 프로그램들을 사용하는 방법도 있다. 물론 잘 알다시피 한 번 덮어쓰면 되돌릴 방법은 없으므로 이것을 **개발 환경**이라 부르기보다는 **파일 전송 방법** 정도로 생각해볼 수 있다. 안드로이드의 특성상 이미지들이 여러 폴더 구조로 돼 있으니, 이메일을 하나씩 보내는 것보다는 편할 테고, 개발자는 아마도 이 폴더에서 다시 자신의 개발 폴더로 이미지들을 옮기는 작업을 해야 할 것이다.

8.2.3 이메일 전송

고전적인 방법이긴 하지만, 개발 환경을 디자이너까지 설치하기에 무리가 있다면 어쩔 수 없다. 다만 앞에서 공부했듯이, 하나의 이미지 소스가 여러 가지의 해상도로 존재하기 때문에 이를 잘 구분해서 전달하는 것이 필요하다. xhdpi 폴더에서 btn_play.png 파일을 하나 꺼내서 메일에 첨부하고, hdpi 폴더에서 btn_play.png 파일을 또 꺼내서 메일에 첨부한다면 같은 메일에 동일한 파일명으로 2개의 파일이 첨부될 것이다. 불가능한 것도 아니고, 아마 자동으로 btn_play(1).png 따위로 이름이 바뀌어서 다운로드될 것이다. 하지만 개발자는 두 파일을 비교해야 할 것이고, 어느 것이 더 높은 해상도인지, hdpi와 xhdpi 중 어떤 파일인지, mdpi와 hdpi에 해당하는 파일인지 일일이 확인해야 한다. 개발자와의 원만한 관계를 유지하고 싶다면 친절히 구분해주자.

가장 쉬운 방법은 폴더를 따로 만들고 폴더별로 이미지를 넣어서 하나로 압축해서 전송하는 것이다. 실제로 리소스 폴더에 들어가는 방식 그대로 폴더를 xhdpi와 hdpi 등으로 만들고, 각 폴더에 btn_play.png를 집어넣는다. 그리고 이 두 폴더를 하나의 압축 파일로 만들어서 전송한다.

이외의 방법은 개발자와 협의를 통해 파일명에 첨자를 포함시켜 전송하는 방법이다. btn_play_xhdpi.png 파일과 btn_play_hdpi.png 파일처럼 접미사만 달리 붙여주면 동일한 리소스의 서로 다른 해상도임을 표기할 수 있다. 물론 이렇게 적힌 파일은 다시 이름을 바꿔 원래의 리소스 폴더로 넣는 수고를 해야 하니 귀찮기는 마찬가지다. 어떤 개발자는 디자이너가 이렇게 보내준 소스를 자동으로 처리해서 리소스 폴더에 집어넣는 프로그램을 짜기도(아주 특수한 경우이니 개발자에게 함부로 요구했다가는 안 좋은 이야기를 들을 수도 있다) 한다니, 디자이너 혹은 개발자 둘 중 하나는 고생을 해야 한다.

> **패키징**
>
> 하나의 애플리케이션은 수많은 코드들과 이미지 소스로 이뤄져 있을 것이다. 이 모든 리소스를 하나로 묶는 것을 패키징이라고 하는데, 앱스토어나 마켓에서 다운로드하는 모든 앱들은 이런 '패키징' 상태로 다운로드하는 것이다. .apk 확장자 자체가 Android Package라는 뜻이다.
>
> 보통 하나의 패키지 안에 모든 해상도를 지원하는 이미지 소스들이 들어간다. mdpi부터 xxxhdpi까지 모든 이미지 소스가 한 패키지에 들어가는 것이다(최근에는 구글에서 멀티 apk를 지원하고 있어서, 해상도마다 다른 패키징이 가능하기도 하다). 따라서 다운로드한 앱 안에는 쓰지도 않는 다른 해상도의 이미지 소스까지 모두 들어 있다는 걸 기억하면 된다. 그렇다면 디자이너가 패키지 용량을 줄이는 것도 고민할 필요가 있다. 넓은 면적을 차지하거나 엣지가 불분명한 이미지 소스 등은 xxxhdpi용으로 하나만 만들어서 모든 해상도에서 공유하는 것이 패키지를 줄이는 방법이다.

8.3 xml 직접 수정

안드로이드 레이아웃을 디자이너가 처음부터 작업하는 것도 얼마든지 가능한 일이다. 요즘 안드로이드 개발 툴이 그래픽 기반의 레이아웃 저작을 지원하고 있고, xml 코드도 조금 검색해보면 어느 정도 만들어낼 수 있기 때문이다. 하지만 기능이 복잡하고 동적으로 레이아웃을 생성하는 앱이라면 디자이너가 할 수 있는 일은 그리 많지 않다. 어차피 레이아웃을 다 짜도, 개발자가 그걸 일일이 뜯어보면서 동적으로 만들어야 하는 데 이게 웹 개발처럼 쉽지가 않다.

따라서 이러한 개발 환경에서 디자이너가 처음부터 개발 도구로 레이아웃을 잡기보다는 개발자가 이미 한 번 만들어놓은 레이아웃을 최대한 디자이너가 수치 조절을 하면서 디테일을 잡아가는 방법을 권장한다. 특히 개발 과정에서 많은 시간을 소비하게 되는 것이 이 디테일에 대한 부분이다.

> 디자이너: "텍스트에 그림자 1dp만 좀 넣어주면 안 되나요?"
> 개발자: "그림자 넣었습니다."
> 디자이너: "아, 그림자의 번짐 정도는 그냥 0.5로 해주면 좋겠는데…."
> 개발자: "네 적용했어요."
> 디자이너: "아, 그런데 그림자 색깔을 #333 정도로 맞춰주세요."

이런 자잘한 디테일을 매번 말로 하려니 개발자와 핑퐁을 해야 하는 일들이 벌어지고, 그렇다고 개발자에게 디테일한 문서 만들어서 전달하자니 문서 작업이 길어져서 효율이 떨어진다. 따라서 가이드라인은 최대한 만들되 너무 많은 시간을 쏟지 않는 선에서 작업하고, 이미지를 기반으로 개발자가 xml 레이아웃을 작성하면, 이 xml을 열어 디자이너가 세부 수치를 조절하는 정도의 작업으로 효율과 디테일의 두 마리 토끼를 잡을 수 있다.

8.3.1 로그인 화면 제작

간단한 로그인 화면 정도는 디자이너가 직접 레이아웃을 만들어볼 수도 있다. 아무래도 직접 레이아웃을 만들어보면 여러 화면에서 어떻게 보여질지 직접 확인할 수도 있고, 미세한 값들의 조정을 즉각적으로 테스트해볼 수 있어서 좋다.

화면 중앙에 로고가 박히고, 아래에 페이스북으로 로그인하는 버튼 정도를 올리는 것으로 간단하게 로그인 화면을 만들어보자. 사용될 이미지 리소스는 로고 파일과 로그인 버튼 나인패치 이미지 2개다. 두 이미지 파일은 프로젝트 폴더 하위에 있는 res/drawable-xhdpi 폴더에 넣어뒀다(그림 8.5).

logo.png   btn_facebook.9.png

그림 8.5 이미지 리소스

우선 그림 8.6처럼 빈 레이아웃을 하나 만든다(ADT 또는 Android Studio를 설치하고, 이 화면까지 생성하는 것이 어렵다면 개발자의 간단한 도움을 받도록 하자). Android Development Tool에서는 그림 8.6처럼 그래피컬 레이아웃을 지원하기 때문에 직접 여러 가지 요소들을 얹어보고 눈으로 확인할 수 있다.

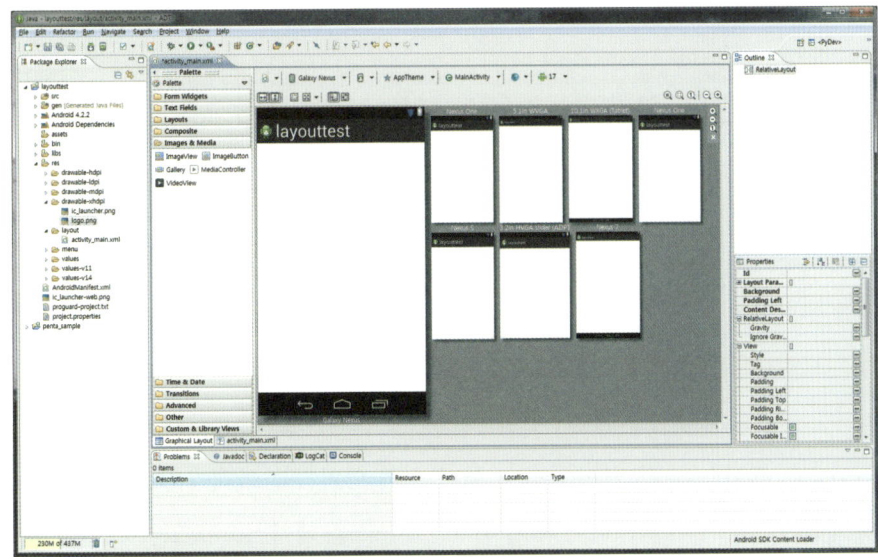

그림 8.6 ADT 실행 화면

첫 번째로, 그림 8.7처럼 로고 파일을 화면 중앙에 올려놓았다. 좌측 파레트에서 이미지뷰image view를 끌어다가 빈 레이아웃에 넣으면, 알아서 리소스 폴더에 있는 이미지들의 목록을 보여주고, 이 중에서 원하는 이미지를 고를 수 있게 해준다. logo.png를 골라 마우스로 화면 중앙에 가져다놓는다. 마우스로 로고 파일을 잘 이동해보면 자동으로 중앙에 스냅되는 걸 알 수 있다.

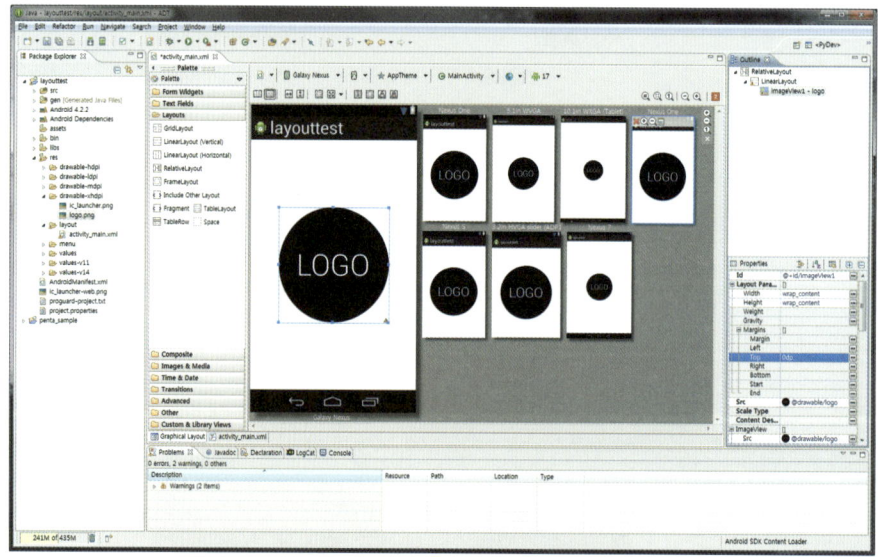

그림 8.7 로고를 중앙에 올린 화면

이때 **로그인** 버튼과 함께 화면 중앙에 위치해야 하므로 로고 이미지와 로그인 버튼 이미지를 모두 아우르는 레이아웃을 하나 만들어둔다. 역시 좌측 파레트에서 리니어 레이아웃linear layout을 끌어다놓고, 로고 이미지는 앞서 만든 리니어 레이아웃 하위로 종속시켜버리면 된다.

다음은 페이스북 **로그인** 버튼을 만들기 위해 이미지뷰 아래에 또 하나의 리니어 레이아웃을 배치한다. 배치 후에 배경background을 페이스북 **로그인** 버튼 이미지로 채워넣으면 원했던 **로그인** 버튼이 만들어진다(그림 8.8).

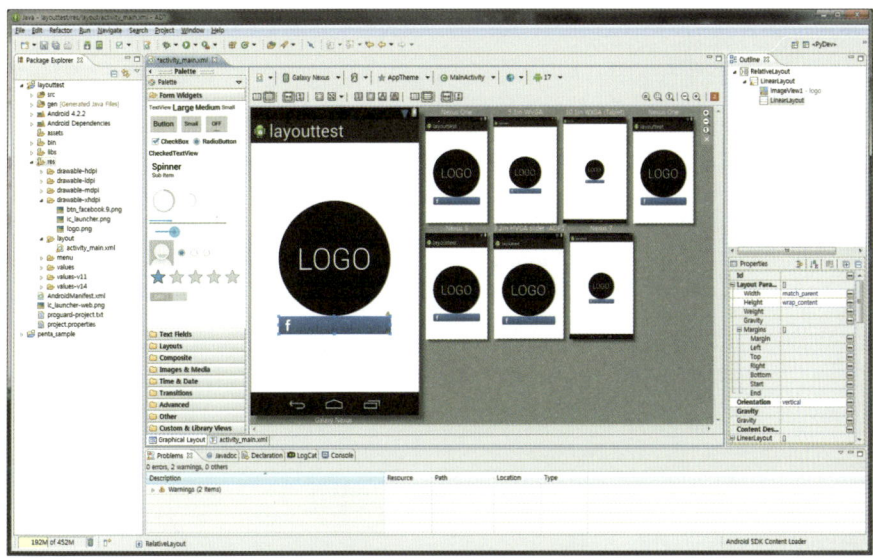

그림 8.8 로그인 버튼을 배치한 화면

어차피 배경으로 지정하는 **로그인** 버튼 이미지는 나인패치로 이뤄져 있기 때문에 레이아웃의 크기에 맞춰 자동으로 늘어나게 돼 있다. 로고 파일과 **로그인** 버튼 둘을 감싸는 레이아웃이 존재하기 때문에 **로그인** 버튼의 최대 폭은 이 레이아웃의 폭까지로 제한되게 된다. 높이는 랩콘텐츠 wrap contents 로 돼 있어서, 나인패치 이미지의 높이까지 자동으로 늘어났다.

다음은 이 페이스북 버튼에 텍스트를 입력해보자. 역시 좌측 파레트에서 텍스트뷰 TextView 를 끌어다가 페이스북 **로그인** 버튼 안으로 배치시킨다. 이후 우측 패널에서 Text 필드에 Facebook으로 로그인하기라고 텍스트를 입력하면 그림 8.9와 같이 텍스트가 입력된다. 이때 텍스트가 들러붙는 위치를 자세히보면 페이스북의 로고 부분을 피해서 로고 우측에서부터 텍스트가 입력되는데, 이것은 나인패치에 미리 설정한 콘텐츠 영역이 반영된 결과다. 나인패치에 의한 여백 설정이 싫다면, 해당 레이아웃의 **패딩** padding 값을 강제로 0으로 맞추면 나인패치의 콘텐츠 영역 설정을 무력화할 수도 있다.

개발자와 협업 273

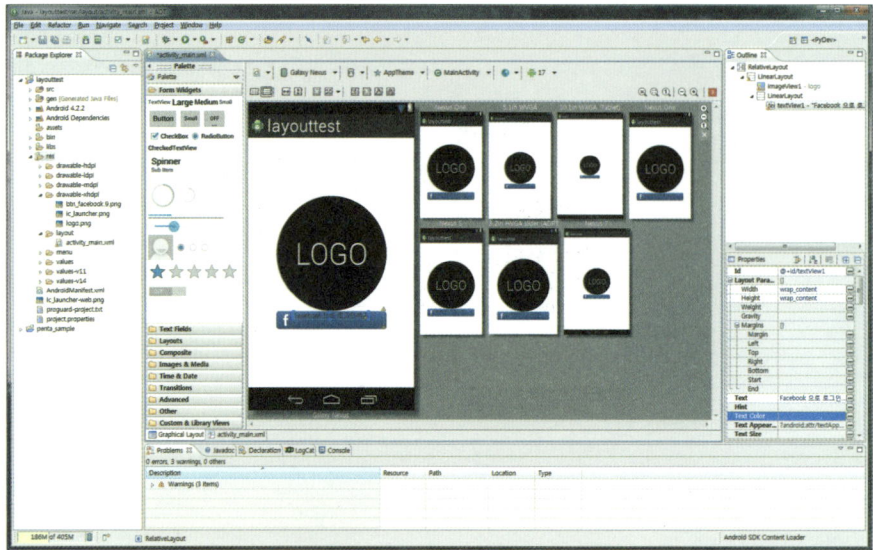

그림 8.9 로그인 버튼에 텍스트를 배치

하지만 텍스트의 컬러도 검은색이고, 위치 조정도 돼 있지 않다. 이를 조정하기 위해 우측 패널에 Text Color(텍스트 컬러)와 Gravity(그래비티)에 값을 입력한다. 텍스트 컬러는 흰색을 만들기 위해 #fff를 입력했고, 그래비티는 버튼의 중앙에 올 수 있도록 Center_horizontal을 체크했다. 또 버튼의 세로 정렬에서도 중앙에 위치시킬 수 있도록 Top(윗쪽 여백)을 8dp 정도 줬다. 이렇게 하니 그림 8.10처럼 버튼 중앙에 흰색 글씨로 텍스트가 입력된다.

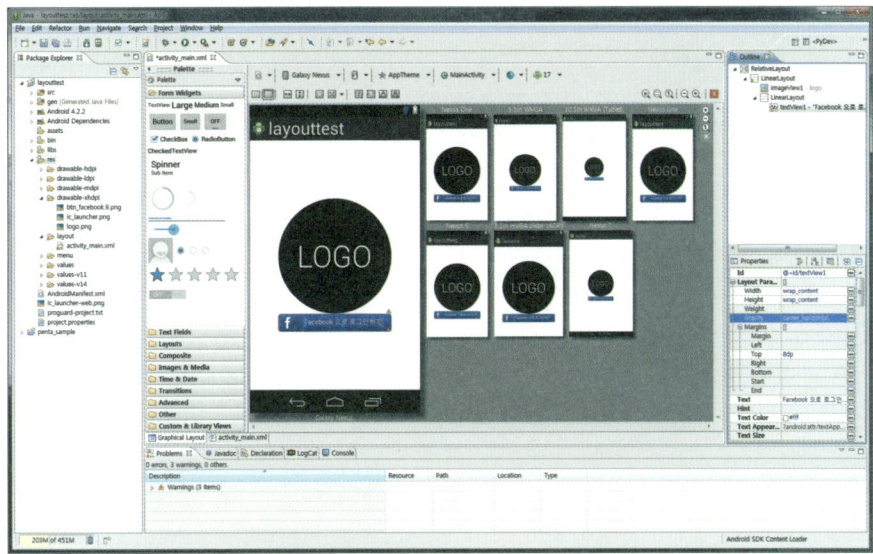

그림 8.10 버튼 중앙에 흰색으로 배치된 글자

마지막으로 로고 이미지와 버튼 간에 적당한 간격을 둬 사이를 벌어지게 만들자. **로그인** 버튼을 담당하는 레이아웃을 클릭해 윗쪽 여백(margins › top)을 20dp 정도 입력했다. 그림 8.11을 보면 사이가 벌어진 로고 파일과 **로그인** 버튼이 여러 기기들의 화면 중앙에 배치된 것을 바로 확인할 수 있다.

개발자와 협업 275

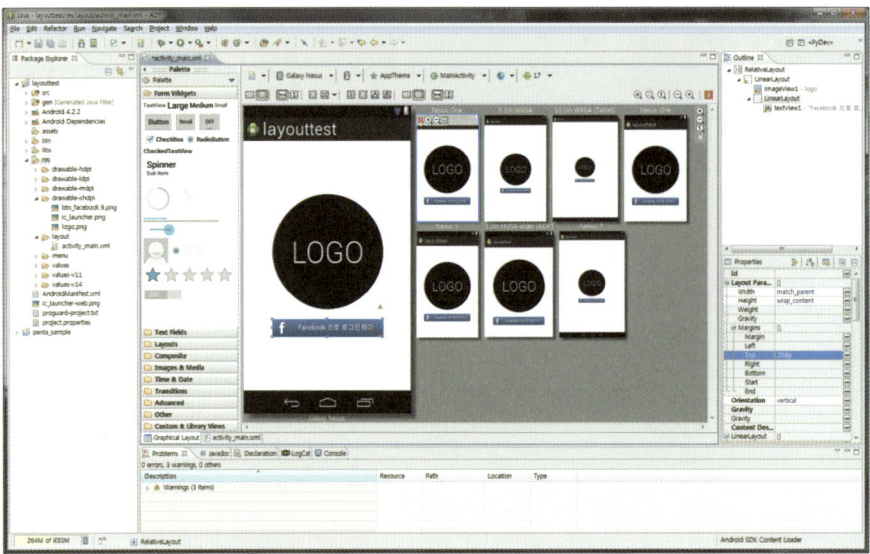

그림 8.11 로고와 로그인 버튼 사이에 간격을 부여

마치 그래픽 툴을 다루듯이 마우스로 개체들을 옮겨놓고, 적당한 값을 입력해서 만든 레이아웃은 텍스트 입력으로도 동일하게 재현 가능하다. 그래피컬 레이아웃 옆에 있는 .xml 탭을 클릭하면 이 모든 작업의 마크업이 어떻게 이뤄져 있는지를 리스트 8.1처럼 텍스트 수준으로 확인할 수 있다.

리스트 8.1 로그인 화면에 대한 xml 코드

```xml
<RelativeLayout xmlns:android="http://schemas.android.com/apk/res/android"
    xmlns:tools="http://schemas.android.com/tools"
    android:layout_width="match_parent"
    android:layout_height="match_parent"
    tools:context=".MainActivity" >

    <LinearLayout
        android:layout_width="wrap_content"
        android:layout_height="wrap_content"
        android:layout_centerHorizontal="true"
        android:layout_centerVertical="true"
```

```xml
        android:orientation="vertical" >

        <ImageView
            android:id="@+id/imageView1"
            android:layout_width="wrap_content"
            android:layout_height="wrap_content"
            android:layout_marginTop="0dp"
            android:src="@drawable/logo" />

        <LinearLayout
            android:layout_width="match_parent"
            android:layout_height="wrap_content"
            android:background="@drawable/btn_facebook"
            android:orientation="vertical" >

            <TextView
                android:id="@+id/textView1"
                android:layout_width="wrap_content"
                android:layout_height="wrap_content"
                android:layout_gravity="center_vertical|center_
        ↪ horizontal"
                android:layout_marginTop="8dp"
                android:text="Facebook으로 로그인하기"
                android:textColor="#fff" />

        </LinearLayout>

    </LinearLayout>

</RelativeLayout>
```

8.4 스타일 xml 작성

스타일 xml을 만들어놓는 것은 그래픽 툴에서 스타일을 저장해놓고 이곳 저곳에서 불러 쓰는 것과 똑같다. 앱 하나에 들어가는 화면이 많아지면, 어느새 나도 모르게 사용하는 색상이나 텍스트 크기 등이 미묘하게 달라진다. 디자이너 스스로를 단속하기 위해서라도 스타일 xml을 정해놓고 이 안에서만 선택적으로 사용하는 것이 일관성 있는 결과물을 만드는 데 도움이 된다.

8.4.1 텍스트 스타일 작성

앱 하나에 들어가는 텍스트의 스타일도 사실 한두 가지가 아니다. 액션바에 들어가는 글자, 메뉴에 등장하는 글자, 본문의 글자, 사용자 이름 등 때마다, 종류마다 들어가는 글꼴의 크기나 색상, 그림자까지 몇 가지의 스타일 안에서 재활용되기 마련이다. 이렇다 보니, 디자이너도 개발자도 몇 가지의 텍스트 스타일을 정해놓고 이 안에서 활용하면, 매번 스크린마다 텍스트 스타일을 자세하게 얘기하느라 시간을 낭비할 필요가 없다.

물론 스크린샷만 던져놓고, 개발자가 일일이 픽셀을 찍어가면서 폰트 크기가 얼마인지 컬러 값이 얼마인지를 확인할 수도 있다. 하지만 늘 그렇듯이 디자이너의 의도가 온전하게 전달될 가능성은 희박하고, 또 결국에는 디자이너가 일일이 다시 확인해야 하는 불편함이 있으니 차라리 디자이너가 스타일 xml을 직접 기술하는 편이 나은 것이다.

xml 파일에서 스타일의 지정은 CSS 파일과도 비슷한데, 대부분의 속성값들이 같은 개념하에서 이름만 다른 수준이다(표 8.1).

표 8.1 안드로이드 xml과 CSS에서의 텍스트 속성 표기법 비교

안드로이드 xml 표기	CSS 표기
textSize	font-size
textColor	Color
shadowDx	Text-shadow에서 x 방향으로 그림자 이동 거리
shadowDy	Text-shadow에서 y 방향으로 그림자 이동 거리
shadowRadius	Text-shadow에서 그림자 번짐 정도

이를테면 그림 8.12에서 액션바 위치에 들어갈 텍스트의 속성을 기술해보면 리스트 8.2와 같다.

Title text

그림 8.12 액션바상의 텍스트 스타일

리스트 8.2 텍스트 속성을 정의한 xml 코드

```
[style.xml]
    <style name="topbar_title">
        <item name="android:textSize">19sp</item>
        <item name="android:textColor">#ffffff</item>
        <item name="android:shadowColor">#000000</item>
        <item name="android:shadowDx">0</item>
        <item name="android:shadowDy">1</item>
        <item name="android:shadowRadius">0</item>
    </style>
```

이런 종류의 텍스트 스타일을 몇 세트를 정해놓으면, 미묘하게 달라 큰 의미가 없는 중복적인 스타일의 난립을 막을 수 있고, 개발자와 커뮤니케이션하기에도 한결 수월하다. 아마도 웹에서 스타일시트를 작성해본 디자이너라면 아주 익숙한 개념일 것이다.

8.4.2 컬러 지정

텍스트 스타일과 비슷한 개념으로, 컬러 값도 몇 가지로 지정해놓을 수 있는데, 일반적으로 앱 하나에서 사용되는 키 컬러는 여러 곳에서 반복적으로 사용되기 때문이다. 페이지마다 반복되는 배경의 컬러, 주요한 포인트로 활용하는 컬러, 강조 컬러, 액션에 사용되는 컬러, 비활성에 사용하는 컬러 등 컬러 값도 몇 가지 스타일로 압축해볼 수 있다. 이 역시 xml 문법으로 기술할 수 있는데, 리스트 8.3과 같이 작성하면 된다.

리스트 8.3 컬러 속성을 정의한 xml 코드

```
[color.xml]
<resources>
    <color name="active_color">#0ab5bb</color>
    <color name="inactive_color">#acacac</color>
</resources>
```

안드로이드 시스템에서 주로 사용되는 컬러 값은 16진수로 작성돼 있기 때문에 디자이너가 매번 포토샵에서 컬러 픽커로 찍어가며 16진수값을 확인하는 것보다는 '개똥이색', '말똥이색' 정도로 지정해놓고 개발자와 커뮤니케이션하는 편이 아마도 수월할 것이다.

또 이러한 색 지정에는 알파 값(투명도)을 지정할 수 있는데, 6자리의 16진수 앞에 두 자리의 알파 값을 지정할 수 있다. 값의 범위는 00~ff까지 256단계다. 이를테면 50%의 black 값의 경우 #80000000으로 적어주면 된다. 앞의 80을 십진수로 환산하면 128이고, 이것은 256의 절반이므로 50% 알파를 의미한다. 그리고 000000은 검은색을 뜻한다.

8.5 개발자와 커뮤니케이션하는 팁

디자이너 혼자서 콘셉트만 만들 게 아니라면 개발자와 소통하는 일은 피할 수 없을 것이다. 디자이너와 개발자가 만나면 싸운다는 얘기가 많은데, 서로를 이해하려고 노력하면 꼭 그럴 일 만도 아니다.

8.5.1 예측 가능한 상황들

버그가 없는 앱을 만든다는 것은 사실 얼마나 많은 상황을 예측해봤는지에 대한 싸움이다. 이 점에 있어서는 디자이너나 기획자가 개발자의 생리를 따라가지 못하는 경우가 많은데, 훈련이 필요한 부분이다. 어줍잖은 UI나 사용 신^{scene}을 들고 갔다가 개발자가 이런 상황에선 어떡하지요?라고 한마디만 해도 말문이 막힐 수 있다. 이런 질문을 받지 않도록 네트워크가 붙었을 때, 떨어졌을 때 혹은 불안정할 때 등 미리 몇 수 앞까지도 다 예측해보고 UI를 디자인하는 수고가 필요하다. 사용자가 뭔가 액션을 취했다가 취소해버렸을 때, 사용자가 전체 흐름에서 갑자기 이탈해버렸을 때 등도 고려해본다. 미리 예측해보고 만들어야 할 부분은 항상 어느 곳에나 존재한다. 개발자들에게는 이 모든 상황들이 예외^{exception}처리를 해주어야 하는 것들인데, 디자이너나 기획자는 매우 합리적이고 이성적인 사용자가 쓸법한 사용 시나리오 하나만을 생각하는 경우가 많다. 따라서 최대한으로 이런저런 상황들을 미리 예측해서 필요한 디자인은 없는지 꼼꼼하게 살펴보고 개발자와 얘기하는 습관을 들이자.

8.5.2 이미 작동하고 있는 다른 앱을 들이대라

긴 말이 필요 없다. 원하는 디자인, 원하는 기능이 구현되고 있는 다른 앱을 보여줘라. 개발자의 불가능하다라는 말은 본 적이 없어서 가능할지 모르겠다. 그러니 우선 안 된다고 말해줄게라는 뜻일 가능성이 높다. 따라서 디자이너도 개발자도 모두 행복하려면 이미 동일한 UI를 구현하고 있는 다른 앱을 찾아서 들이밀면 된다. 그게 모두를 위한 길이다. 또한 현존하는 UI들은 라이브러리가 존재할 가능성도 크기 때문에(라이브러리를 발견한다면) 개발자가 해당 UI를 구현하려고 처음부터 모든 것을 만들지 않아도 된다. 역시 서로 행복한 일이다.

8.5.3 시각적 비동기 커뮤니케이션

제목이 어렵지만 **시각적**이라는 말은 뭔가를 같이 볼 수 있다는 뜻이고, **비동기**란 말은 실시간이 아닌 턴 방식으로 대화를 주고받는다는 뜻이다.

디자이너와 개발자가 이런 방식의 커뮤니케이션을 하는 첫 번째 이유는 상호 간에 작업을 방해하지 않기 위해서다. 디자이너가 뭔가를 물으려 개발자를 찾아가거나 대화를 거는 즉시, 개발자는 하던 일을 멈춰야 하고, 여기서 대화를 마치고 다시 일로 돌아가기까지 한참의 시간이 걸린다. 일의 흐름이 끊기는 것은 디자이너 역시 마찬가지다. 한참 열을 내어 수십 장의 레이어로 아이콘을 그리다가 누가 말이라도 걸면, 이름도 붙여놓지 않은 레이어들 속에서 내가 마지막으로 하던 작업이 뭔지 도통 알 수 없다. **비동기**적 대화가 필요한 것은 바로 이런 이유에서다. 하지만 오해는 하지 말자. 개발자와 디자이너가 가까이서 작업하는 것이 주는 장점은 수없이 많다. 다만 서로의 집중을 흐트러뜨리지 않고 작업하기 위해서 최소한의 장치가 필요할 뿐이다.

또한 필요한 것이 **시각적** 커뮤니케이션인데, 디자이너와 개발자는 결국 이미지를 놓고 이야기해야 하기 때문이다. 그러려면 뭔가 함께 볼 수 있는 방법이 필요한데, 프린트된 종이나 모니터 하나를 놓고 보는 게 아니라면 뭔가 같은 것을 함께 바라볼 도구가 있어야 한다. 그래야 점 하나를 놓고라도 갑논을박을 할 수 있을 테니 말이다.

이러한 **시각적 비동기** 커뮤니케이션을 하는 도구로, 나는 구글 닥스에 제공하는 구글 프레젠테이션을 활용하고 있다. 크게 세 가지 장점이 있다.

1. 디자인된 화면을 놓고 각 부분에 대해서 코멘트를 남길 수 있다.
2. 코멘트를 남기면서 봐야 할 사람에게 푸시를 날릴 수 있다.
3. 댓글을 통해 특정 항목에 대해 이어지는 문답이 가능하다.

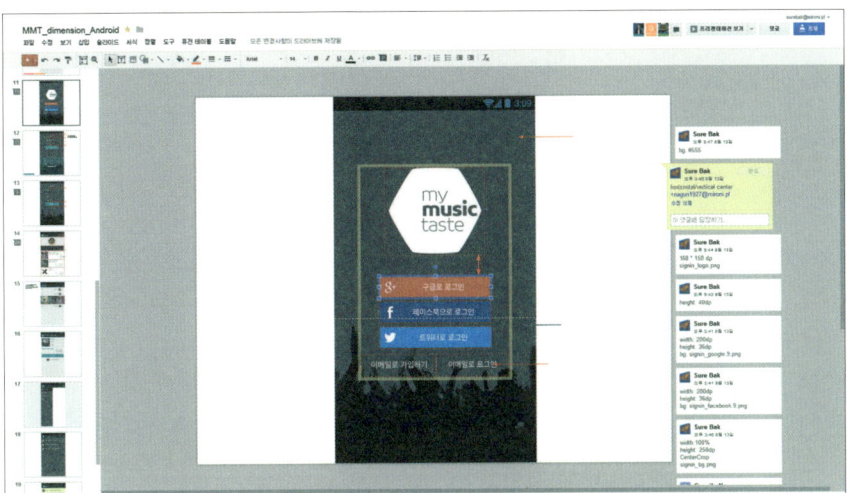

그림 8.13 구글 프레젠테이션을 통해 개발자와 커뮤니케이션하는 모습

그림 8.13을 보면 화면상의 특정 구역을 설정하고, 해당 구역에 대해 코멘트를 남긴 것을 볼 수 있다. 개발자는 프레젠테이션에서 자신이 궁금한 영역을 클릭하면, 해당 영역의 크기나 컬러 값 등을 코멘트로 확인할 수 있다. 또한 자신이 필요한 이미지 리소스가 없으면 역으로 디자이너에게 코멘트를 남겨 요청할 수 있고, 이는 이메일로 푸시되기 때문에 굳이 자리까지 찾아가서 맥락을 설명하고 요지를 짚어내는 수고를 들이지 않아도 된다(그림 8.14).

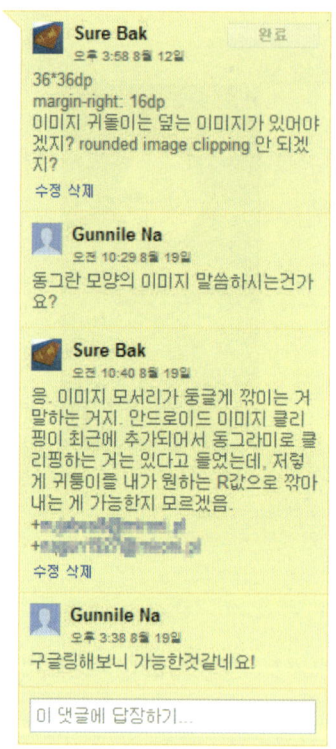

그림 8.14 디자이너와 개발자가 주고받은 대화

디자이너 역시 상세 기술을 담은 무거운 PPT를 매번 수정해 보내지 않아도 되고, 원하는 타이밍에 푸시를 날릴 수 있으므로 번거롭게 다른 메일이나 메시지를 보낼 필요도 없고, 비좁은 프레젠테이션에 수치값을 적느라 공간을 찾을 필요도 없다.

구글 프레젠테이션에 이미지를 업로드하는 방법도 무척 간단하다. 포토샵에서 전체 화면을 복사한 후, 구글 프레젠테이션에 붙여 넣기만 하면 화질이 손실되지 않고 png 타입으로 들어간다. 개발자가 원본 스크린샷이 필요할 때에는 PPTX 파일로 저장한 후, 원하는 스크린샷 이미지를 다운로드할 수 있다.

8.6 정리

디자인 작업은 이것을 구현할 수 있도록 개발자에게 전달돼야 하며, 이를 전달하는 환경과 방법들에 대해 살펴봤다. 일반적으로 레이아웃 상세 기술서를 만들어서 적절한 방법으로 개발자에게 전달하는 것으로 끝나지만, 더러는 디자이너가 직접 코드를 만져서 원하는 디자인을 구현해내기도 한다. 그러나 함께 일한다라는 말 속에는 이런 기술적인 부분만 아니라 목표의 공유, 상호 존중, 감정이 상하지 않는 커뮤니케이션 등도 포함돼 있다.

9장
효율적인 디자인 작업

9장에서 다루는 내용
- 디자이너가 시간을 아낄 수 있는 방법들
- 이미지 리소스를 찾기 쉽게 정리하는 방법
- 디자이너가 쓸 만한 도구들

앱 하나를 세상에 내놓기까지(그리고 그 안에 멋진 디자인을 넣는 것도) 결코 쉽지 않은 일임을 모두가 알고 있다. 특히 화면 하나를 그렸다고 디자인이 끝나는 것이 아니라는 걸 알거나, 이면에 숨어 있는 지겨운 반복 노동이 사실은 디자이너의 작업 시간이라는 걸 알고 나면 때론 한숨이 나오는 것도 사실이다. 따라서 이런 반복 노동과 작업 시간을 최대한 줄여가면서 일하는 것이 중요하다. 9장에서는 작업 시간을 단축하고, 나중에 일을 다시 하는 일이 없도록 하고, 다른 팀원과 일할 때 일이 줄어들도록 하는 방법들을 중점적으로 살펴보자.

9.1 작명 규약

이미지 소스의 파일명은 작업 효율을 극대화하는 중요한 부분이다. 전달을 위해서도 적절한 이름을 정해놓는 것이 필요하지만 사실은 디자이너 스스로가 이미지 소스를 가장 많이 찾는 사람이므로 본인이 이해할 수 있는 체계를 갖추는 것이 중요하다.

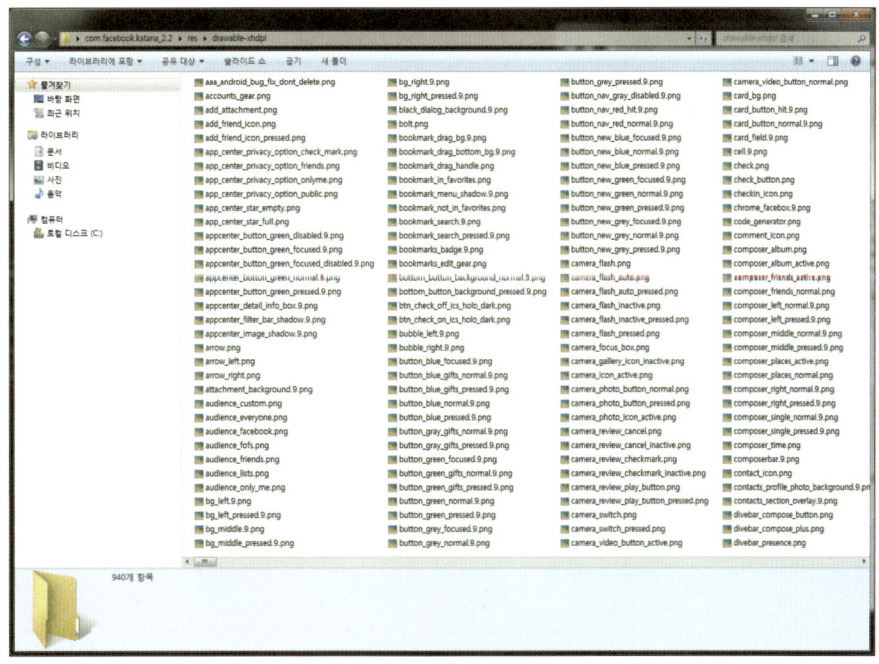

그림 9.1 페이스북의 이미지 리소스

이미지 소스의 성격을 본따 접두어, 접미어 등을 활용하면 검색하기도 쉽고, 비슷한 성격의 파일들이 한곳에 모이게 되므로 파일을 찾는 수고도 많이 덜 수 있다. 접두어, 접미어 사이에도 다양한 단어를 집어넣는데, 결국에는 파일명을 빌어 태깅을 한다고 생각하면 쉽다. 자신이 탐색기에서 찾아낼 키워드가 무엇인지 생각해보고, 해당 키워드를 파일명에 포함시키는 식이다.

그림 9.2 일반적인 이미지 작명 방식

안드로이드 시스템 내에서는 일반적으로 이미지 소스의 이름을 그림 9.2처럼 **위치, 종류, 내용, 상태**를 포함해서 짓는다. **위치**라고 하는 것은 해당 이미지가 사용되는 장소를 말하는 것으로, 어떤 액티비티 내에서 사용되는지를 일컫는 것이다. 페이스북이라면 피드feed, 내 주변nearby, 메시지message와 같은 액티비티들이 '위치'에 해당한다고 볼 수 있다. 다음으로 **종류**는 이미지의 성향을 뜻하는 것으로, 이것이 아이콘icon인지, 배경bg인지, 버튼btn인지 등을 정하는 것이다. 그 다음에 위치하는 **내용**의 경우, 해당 이미지의 가장 구체적인 수준의 의미를 담는 것이므로 특정한 카테고리가 존재하지 않고, 마지막으로 오는 **상태**는 해당 이미지가 보통인지normal, 눌렸는지pressed, 켜졌는지on, 꺼졌는지off 등을 나타내는 데 사용하고 있다.

때에 따라서는 그림 9.3처럼 특정한 액티비티에 종속되지 않고 이곳저곳에서 널리 사용돼 따로 위치를 표기하지 않는 경우도 있다.

그림 9.3 앱 내에서 글로벌하게 사용되는 이미지의 경우

9.1.1 이미지의 종류

이미지의 종류 구분은 필요에 따라 다양하게 할 수 있지만, 일반적으로는 아이콘, 배경, 버튼, 상태 표시줄 이미지, 이외의 나머지 정도로 분류하고 있다(표 9.1).

표 9.1 이미지 종류와 해당 접두사

접두사	이미지 성격	예
ic_	아이콘	ic_menu_search.png
btn_	버튼	btn_main_open.png
bg_	배경 이미지	bg_player.png
stat_	상태 표시줄 이미지	stat_alarm.png

그림 9.4 이미지의 종류를 구분하는 접두사들

9.1.2 이미지의 상태

이미지의 상태는 접미사 형태로 가장 많이 사용되고 있으며, 그림 9.5에서 보는 것과 같이 버튼이나 체크박스처럼 상태 변화가 두 가지 이상 존재하는 이미지의 이름에 활용되고 있다. 버튼의 경우, 일반적으로는 보통과 눌린 상태 정도가 존재하지만, 필요에 따라 포커스가 맞았을 때(_focused), 비활성일 때(_disabled)와 같은 버튼 이미지도 만든다.

표 9.2 이미지 상태와 해당 접미사

접미사	이미지 성격	예
_normal	눌리기 전의 버튼 이미지	User_action_btn_normal.png
_pressed	눌렀을 때의 버튼 이미지	User_action_btn_pressed.png
_checked	체크 표시가 된 체크박스	Email_subscribe_checked.png
_on	토글 버튼의 on 상태	Sharing_facebook_on.png

그림 9.5 이미지의 상태를 나타내는 접미사들

9.1.3 파일명과 해상도 정보

파일 이름에는 해상도와 관련된 정보는 적지 않는데, 일반적인 안드로이드 개발 환경에서는 해상도별로 다른 폴더를 나눠 이미지 소스를 관리하며, 이 소스들의 이름은 모두 동일하다.

```
..drawable-hdpi /
    ic_main_normal.png
..drawable-xhdpi /
    ic_main_normal.png
```

따라서 해상도와 관련된 정보는 굳이 파일명에 첨부할 필요는 없다.

그런데 특정 해상도의 이미지 소스를 빼먹으면 어떻게 되는 걸까? xhdpi 해상도의 이미지만 만들어 넣으면, hdpi 해상도에서는 아예 이미지가 나오지 않게 될까?

다행히도 안드로이드는 현재 해상도에 해당하는 이미지가 없을 경우, 다른 해상도 폴더에서 이미지 소스를 가져다가 현재 화면에 맞게 임의로 크기를 조정한다. 다만, 이것이 시스템에서 그때마다 강제적으로 하다 보니, 디자이너가 원했던 모습대로 정확하게 표현되지 않는 것이다. 배경화면처럼 큰 이미지는 이런 시스템의 강제 크기 조절로도 그렇게 못 봐줄 정도는 아니지만, 버튼 이미지나 아이콘처럼 각 픽셀이 좌우하는 작은 크기의 이미지들은 안드로이드 시스템의 크기 조정에 힘 없이 일그러질 수 있다. 우리가 해상도별로 표기하는 수고를 마다하지 않는 이유가 여기에 있다.

그림 9.6 hdpi 전용 이미지 소스를 사용한 경우(상/원내 좌측)와 xhdpi 이미지 소스를 시스템이 강제로 리사이즈한 경우(하/원내 우측)

9.2 스타일 관리

앱 하나에 들어가는 화면이 적게는 20~30개에서 많게는 100개 가까이 되기도 한다. 디자이너도 사람이기 때문에 수많은 화면들을 만들다 보면 나도 모르게 일관성을 놓치기 쉽다. 이때 필요한 것이 스타일에 대한 관리다.

9.2.1 포토샵에서 스타일 관리

포토샵 작업은 대부분의 드로잉을 벡터 위주로 사용하고, 이 벡터에 다양한 레이어 스타일을 적용해 완성된다. 처음부터 비트맵 이미지를 그려 앱에 적용하는 케이스는 거의 없다고 보면 된다.

따라서 이것이 글자든, 도형이든 혹은 일러스트에서 가져온 픽토그램이든 레이어 스타일만 가져다 얹으면 비슷한 느낌의 옷을 입는 효과가 난다. 이때 포토샵에서는 그림 9.7처럼 레이어 스타일을 한 가지로 만들어놓고, 이것을 다른 개체에 Paste Layer Style(레이어 스타일 붙이기)로 덧입힌다.

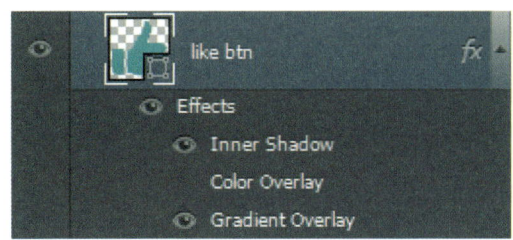

그림 9.7 레이어 스타일의 예

컬러의 경우, 레이어 스타일로 구현하느냐 레이어 자체의 속성으로 남겨놓느냐에 대해서는 이견이 있지만, 모바일 앱 디자인에서는 Color Overlay(컬러 오버레이)를 통해 레이어 스타일로 처리하는 것을 권장한다. 어차피 하나의 스타일 안에 컬러까지 포함돼야 한꺼번에 여러 가지 개체들을 수정하는 데 편리하기 때문이다. 따라서 이런 스타일들을 모아놓은 하나의 파일을 만들어놓고, 여기에서 레이어 스타일을 하나씩 가져다가 쓰는 것도 방법이다.

9.2.2 픽토그램 관리

안드로이드 디자인 가이드에 보면 가급적 벡터^{vector} 형태로 이미지 소스들을 관리하라는 조언이 있다. 모든 이미지를 벡터로 관리하기가 쉽지는 않겠지만, 요즘은 포토샵에서도 벡터 데이터를 갖고 있을 수 있고 벡터 레이어에서 블렌딩 옵션^{blending option}만으로도 웬만한 이미지 구현이 가능하니 아주 불가능한 얘기는 아니다. 지금은 해상도별로 이미지 소스를 매번 만들어야 하는 작업이 안드로이드 디자이너를 가장 피곤하게 하는 원인이지만, 아마 언젠가는 svg와 같은 표준화된 벡터 포맷으로 이미지 소스를 사용할 날이 오지 않을까 기대해본다.

물론 다양한 해상도에 대응해야 하는 안드로이드의 숙명 때문에도 벡터 기반의 이미지 관리는 필요한 일이지만, 꼭 하나의 이미지를 여러 버전으로 만들어내는 데만 필요한 조언은 아니다.

벡터 기반으로 갖고 있는 이미지의 대부분은 사실상 픽토그램의 성격이 강하기 때문에 이것들은 앱 안에서 여러모로 재사용성이 높은 이미지들이다. 픽토그램은 일종의 언어적 의미를 담고 있는 것이기 때문에 마치 코딩에서 특정한 문자열을 한꺼번에 바꾸듯이, 픽토그램도 한 번 바뀌면 모든 곳에서 한꺼번에 바뀔 것을 각오해야 한다. 따라서 동일한 의미 전달을 목적으로 서로 다른 픽토그램을 쓰는 사고를 막으려면, 이러한 픽토그램들을 모두 한곳에서 관리하는 것이 유용하다.

그림 9.8 프로젝트에서 다룬 픽토그램 모음

그림 9.8처럼 한곳에 모아놓고 보면, 앱 안에서 통일감 있는 픽토그램을 유지하기가 굉장히 어려운 일임을 느끼게 된다. 선으로 보여지는 부분과 면으로 보여지는 부분의 양감이 혹시 다르지는 않은지, 기본적으로 느껴지는 모서리의 둥근 정도들이 어느 정도 비슷하게 느껴지고 있는지, 이런 세세한 면들을 잘 관리하는 것이 앱의 품질을 향상시키는 데 매우 주효하다.

> 나는 이런 픽토그램들을 emf나 wmf 포맷으로도 출력해놓아, 앱과 관련된 파워포인트 작업 등에서도 유용하게 쓴다. 파워포인트에서 emf, wmf 파일들은 그룹 해제하면 일반적인 파워포인트 도형들처럼 색을 입히거나 외곽선을 넣을 수 있다.

9.3 기기 테스트

모니터에서 완벽한 작업을 하더라도, 결국 이 모든 것이 모바일에서 살아 움직이기 전까지는 누구도 디자인의 완벽성을 장담할 수 없다. 게다가 사용할 OS가 안드로이드라면 자신감은 더욱 떨어진다.

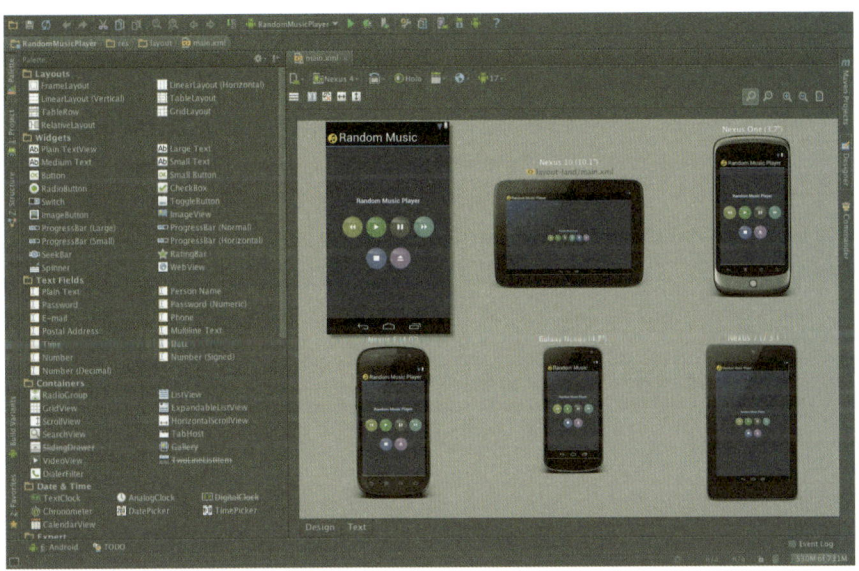

그림 9.9 안드로이드 스튜디오에서 기기별 레이아웃 확인

그림 9.9처럼 안드로이드 개발 툴에서 그래피컬 레이아웃을 지원하는 화면의 경우, 수많은 기기를 직접 가동하지 않아도 이 화면 디자인이 어떻게 나타날지 어느 정도 예상해볼 수 있다. 하지만 많은 경우, 동적으로 생성되는 화면이라면 이런 방법으로 확인할 수 없는 화면이 태반이고, 결국은 실제로 기기상에서 움직여봐야 형태를 확인할 수 있다.

9.3.1 가급적 많은 비례의 화면

테스트용 기기를 구입할 때면 가장 중요하게 생각하는 변수가 바로 비례다. 요즘 가장 많은 비례의 기기는 아마 9:16의 화면일 테지만, 수년 전만 해도 안드로이드 기기의 비례는 3:5가 가장 보편적이었다. 그렇지만 지금은 3:4도 있고, 5:8도 있고 어느 하나의 비례가 압도적이라고 보기 어렵기 때문에 가급적 다양한 비례의 화면에서 테스트해보는 것이 필요하다. 해상도보다 비례를 먼저 꼽는 이유는 보통의 디자이너들이 그래픽 작업을 할 때 가장 보편적인 하나의 비례를 기준으로 작업하기 때문이다. 오히려 해상도는 시스템에서 알아서 xhdpi 이미지 소스를 hdpi로 줄여 표시하기 때문에 큰 문제가 되지 못한다. 한곳이 잘리거나 엉성하게 여백이 남는 이유는 대부분의 경우 비례의 차이에서 생기는 문제다.

9.3.2 가급적 다양한 해상도의 화면

오히려 해상도에 대한 고민은 시간이 지나면서 점차 해소되고 있다. xhdpi를 사용하는 기기조차도 이제는 (국내에서) 점유율이 떨어지고 있고, 이제는 xxxhdpi가 나오는 것이 고민이라면 고민인 정도다. 국민 앱 정도가 아닌 이상, hdpi 기기도 거의 고려하지 않는 것이 실정이다. 더군다나 hdpi 기기들은 이미 수명이 오래되어 최신 버전으로 OS가 업그레이드되지 않았을 확률이 높아 더욱 지원하기 어렵다. 따라서 최근에는 xxhdpi 기준으로 화면을 만들어서 xhdpi 정도에서만 한 번 더 확인하는 것이 보통이다. xxxhdpi가 보편화되기 전까지는 말이다.

9.3.3 다양한 종류의 디스플레이

디스플레이도 가급적 여러 가지에서 확인해보는 게 좋다. 특히 AMOLED를 사용하는 디스플레이의 경우 녹색 계열 색상이 과하게 나타나는데, 이것은 디스플레이 제조 원리상 어쩔 수 없는 현상이다. 따라서 본인의 앱이 IPS 화면이나

AMOLED 모두에서 어느 정도 정상 범위 내에 컬러가 구현되고 있는지를 한 번쯤 확인해볼 필요가 있다. 특히 저채도의 청색 계열은 디스플레이들마다 표현하는 색감이 큰 차이가 나기 때문에 섬세한 확인이 필요하다.

9.3.4 가급적 다른 제조사

제조사까지도 다르게 가져가야 하는 이유는 제조사들마다 고유의 기본 UI가 다를 수 있기 때문이다. 텍스트를 블록 설정했을때 나타나는 복사, 붙이기 같은 UI도 제조사마다 다를 수 있고, 입력폼에 포커스가 맞았을 때 하이라이트 효과도 제조사들마다 다를 수 있다. 따라서 특정 제조사만 갖고 테스트하다가 사용자들이 전혀 다른 스크린을 보게 된다는 사실을 뒤늦게 발견하는 경우가 있다. 이 정도의 세세한 커스터마이징은 사실 쉽지도 않고, 최근에 출시되는 스마트폰의 UI는 안드로이드의 가이드에 따라 어느 정도 통일돼가고 있기 때문에 필요하지 않을 수 있지만, 꼼꼼한 디자이너라면 이런 차이가 있다는 사실 정도는 미리 알아두는 것이 좋다.

9.4 마켓 관리

앱을 기획하고 디자인해서 모두 만들었다면 이제 시장으로 가야할 시간이다. 안드로이드 앱의 대표적인 시장은 구글에서 직접 운영하는 구글플레이google play다. 대부분의 안드로이드 기기에 구글플레이 앱이 탑재돼 있으니, 구글플레이에만 앱을 올려도 사실상 큰 무리는 없다고 봐도 된다.

애플이 앱스토어를 독단적으로만 운영하는 것에 비해 안드로이드 앱은 유통에 있어서는 큰 제약이 없는데, 티스토어나 올레마켓과 같은 통신사들의 앱 마켓이 존재하고, 삼성앱스나 엘지스마트월드처럼 제조사에서 직접 운영하는 앱 마켓이 있다. 또한 네이버 앱스토어처럼 인터넷 포털의 지위를 십분 활용한 앱 마켓도 존재하고, 돌핀브라우저나 고런처와 같이 사용자 숫자가 헤아릴 수 없이 많은 앱들은 자신들을 플랫폼으로 삼아 저마다 마켓을 장착하기도 한다. 결국 안드로이드에서 마켓을 여는 것은 얼마나 많은 사용자를 확보하고 있느냐의 싸움이기도 하다.

이처럼 군소 시장들이 난립하는 상황이어서 필요하다면 자신의 앱이 좀 더 유리하게 드러날 수 있는 곳으로 앱을 올려보는 것도 해볼 만한 일이다. 이미 구글플레이는 포화될 대로 포화된 시장이다 보니, 이 많은 앱들 가운데서 자신의 앱을 드러내기가 하늘의 별따기다. 하지만 군소 시장은 사용자가 적은 대신, 자신의 경쟁자가 될 만한 앱들도 적고, '금주의 신규 앱'과 같은 영역을 통해서 제한된 숫자라도 노출이 가능하기 때문에 나름 괜찮은 다운로드 수를 기록하기도 한다. 또 생각보다 많은 사용자가 구글플레이보다 티스토어나 올레마켓과 같은 앱 마켓을 많이 사용하는데, 통신사들이 전략적으로 자신들의 마켓을 홈스크린에 배치하고, 구글플레이 등은 앱 서랍 안에 숨겨놓는 식으로 출고하기 때문이다.

또 전 세계를 대상으로 하는 글로벌 앱을 기획하고 있다면 통신사 마켓보다는 제조사의 마켓을 노려보는 것도 좋다. 삼성앱스나 엘지스마트월드 등은 제조사의 눈부신 영업력과 더불어 거의 모든 대륙의 사용자들에게 이용되는 마켓이다. 내 앱도 아프리카 대륙이나 남아메리카 등지에서 사용자들의 문의가 들어오기도 한다.

문제는 이 많은 마켓에 모두 내다팔기에는 여력이 안 되기에 전략적으로 필요한 시장만을 공략하는 것이 좋다. 특히 디자이너는 마켓마다 필요한 스크린샷, 아이콘 이미지, 더러는 이벤트에 사용되는 이벤트용 이미지 등도 만들어야 하는데, 마켓마다 포맷이 제각각이어서 일일이 작업을 하다 보면 이것도 제법 시간을 많이 빼앗긴다.

9.4.1 스크린샷

언어^{locale}를 여러 가지로 제공하는 앱이라면 목표로 하는 국가에 맞춰 스크린샷을 제작할 필요가 있다. 물론 영어가 보편화된 세상에서 영어 스크린샷 하나면 된다고 생각할 수 있겠지만, 마켓 자체가 언어별로 다르게 보여지는 걸 생각하면, 최대한 현지화된 스크린샷을 탑재하는 것이 좋다. 최근 기기들은 상태바에 통신사 이름이 적히기도 하는데, 일본은 Softbank 미국은 AT&T나 Verizon 정도로 바꿔 적는 세심함도 필요하다(표 9.3).

표 9.3 각국의 대표 통신사들

국가	통신사
중국	China mobile, China unicom
일본	NTT Docomo, KDDI, Softbank
러시아	Rostelecom, MegaFon, Beeline
미국	Verizon, AT&T, T-mobile, Sprint
영국	3, O2, Vodafone, EE
프랑스	Orange, F SFR, Bouygues
인도	Vodafone, IND airtel, CellOne
태국	TH, TOT

페이스북 등의 글로벌 서비스 같은 경우에는 나라별 언어로 돼 있는 스크린샷을 제공하고 있으며, 언어뿐만 아니라 사진의 인물을 현지인으로 하는 등 세심하게 배려돼 있다. 각자의 앱에도 이를 고려할 필요가 있으며, 화면 속의 언어에 오타는 없는지 구글 번역기로 확인한 후에 마켓에 올리는 것이 좋다.

두 번째로 디테일을 놓치지 말아야 할 부분이 **상태바**다. 상태바는 스크린샷에 포함되지만, 엄밀히 말하면 자신의 앱과는 전혀 상관없는 부분이라 간과하기 쉽운데, 이 작은 영역에서 디테일을 놓치면 다 된밥에 코 빠뜨리는 것과 다름없다. 그림 9.10처럼 쓸데없는 캡처 아이콘이 놓여 있다거나 각종 백그라운드 실행 아이콘이 그대로 얹혀진 채 마켓에 올라간다면 이런 성의 없는 스크린샷만으로도 앱의 신뢰가 크게 떨어져 보인다.

그림 9.10 정리되지 않은 상태바

더러는 실제 기기가 아닌 에뮬레이터 화면을 캡처해서 올리기도 하는데, 이 역시 피해야 할 것 중의 하나다. 에뮬레이터 화면에서 가져온 상태바 속의 배터리나 신호 표시기는 이동 통신용 시그널이 없다거나 배터리가 항상 충전 상태이므로 딱 에뮬레이터에서 가져온 티가 난다(그림 9.11). 이런 스크린샷을 마주할 때면 '아, 이 개발자는 실제 모바일 폰에서 충분한 테스트를 거치지 않았군'이란 느낌이 들고, 이는 앱에 대한 신뢰도로 이어지게 돼 있다.

그림 9.11 에뮬레이터에서 캡처한 상태바

또 배터리나 와이파이 표시 아이콘은 최대치로 캡처해서 놓는 것이 좋고, 시계의 숫자도 누구나 봐서 크게 이상하지 않을 자연스러운 숫자를 택하는 게 좋다. 이를테면 11:11과 같이 너무 튀는 시간보다는 10:21 같은 숫자 말이다(그림 9.12).

그림 9.12 각종 시그널을 깔끔하게 정리한 상태바

9.5 유용한 툴들

반복 노동으로 점철된 디자인 작업에 유용한 툴들이 많다. 목수는 연장 탓을 하지 않는다지만, 무딘 연장으로 굳이 더 많은 시간을 들일 필요가 있을까? 틈나는 대로 효율적인 연장을 찾아보자. 더 많은 나무를 벨 수 있을 것이다.

9.5.1 스케치 프로그램

기존 작업 방법이 와이어 프레임을 그리고 픽셀 작업으로 마무리를 하는 구조였다면, 그러한 와이어 프레임 작업과 픽셀 작업 간의 경계를 없애고, 반응형 디자인에 최적화돼 있으며, 각종 플러그인을 통해 디자이너에게 엄청난 편리성을 안겨주는 프로그램이 있다. 바로 스케치^{Sketch}다.

iOS만 지원하는 한계가 있지만 스케치를 메인으로 사용하고 포토샵을 보조 도구로 사용하는 디자이너가 점차 늘어나고 있는 추세가 이를 반영한다.

스케치에서는 디자인뿐만 아니라 제플린^{Zeplin}, 인비전^{InVision} 등의 프로토타입 툴을 통해 개발자와의 협업도 가능하다.

그림 9.13 스케치(출처: www.sketchapp.com)

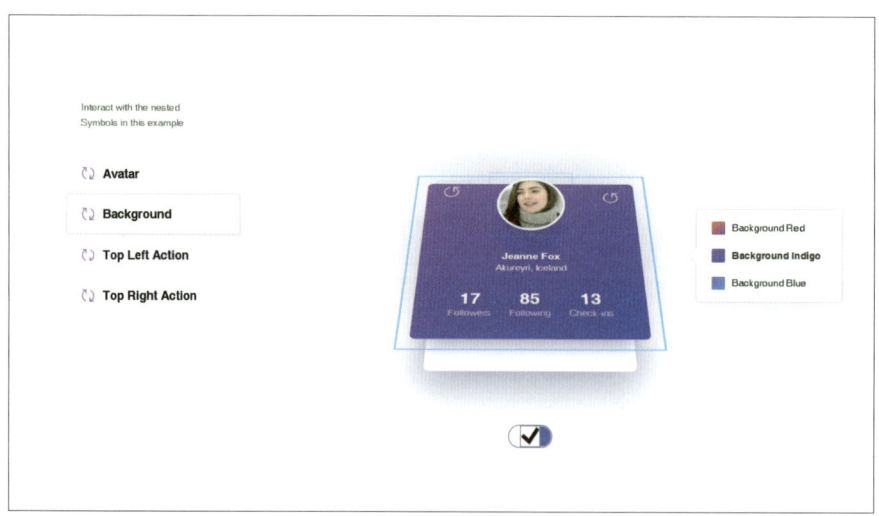

그림 9.14 스케치의 사용성을 알기 쉽게 보여주는 화면. 원하는 작업을 선택한 후, 컬러나 모양만 지정하며 디자인에 적용해볼 수 있다(출처: www.sketchapp.com).

9.5.2 dp와 픽셀 변환

아래 웹 사이트 주소로 접속하면 간단하게 원하는 dp나 픽셀을 입력해 환산값을 알아낼 수 있다. 이외에도 조금만 검색해보면 다양한 변환 툴이 존재한다. 현재 iDetailAid는 ldpi(120dpi)부터 xxxhdpi(640dpi)까지의 해상도를 모두 제공한다. 하지만 인터넷이 가능한 환경에서만 사용할 수 있기 때문에 엑셀과 같은 스프레드시트를 활용해 직접 계산 도구를 만들어 사용해보는 것도 좋을 듯하다.

http://labs.rampinteractive.co.uk/android_dp_px_calculator/

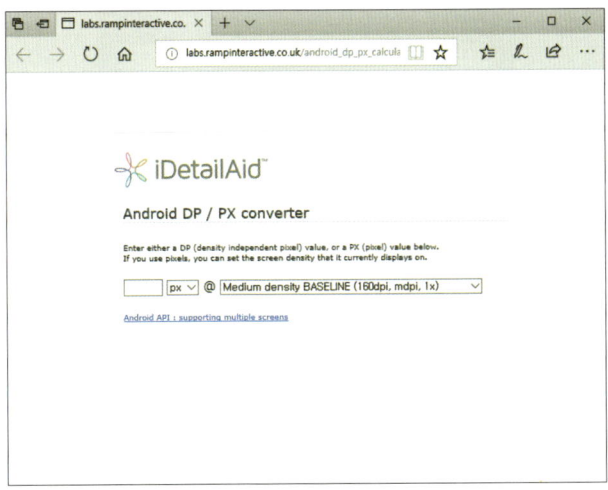

그림 9.15 DP〈-〉픽셀 변환기

9.5.3 Apk extractor

apk 파일은 우리가 구글플레이에서 앱을 설치할 때 다운로드하는 파일이다. 개발자가 안드로이드 마켓에 올리는 파일이 apk이므로 이 파일 하나에 앱이 모두 들어가 있는 것이다. 그런데 보통 마켓에서 앱을 바로 설치하기 때문에 이런 apk 파일을 볼 일이 없다.

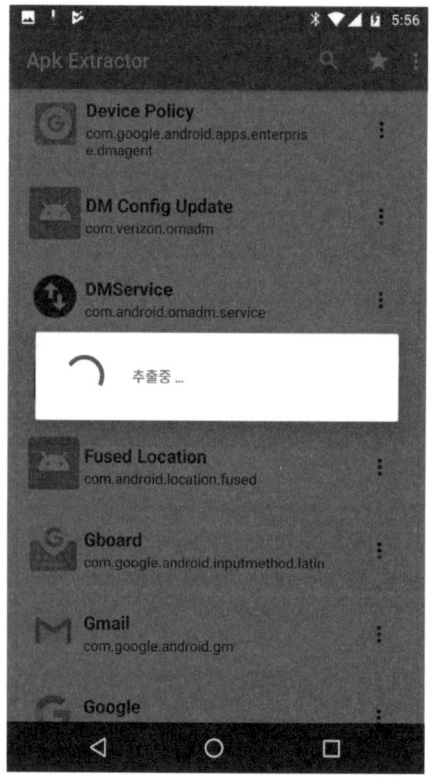

그림 9.16 Apk extractor

apk 파일이 디자이너에게 유용한 이유는 이 파일을 열면 안에 들어 있는 각종 이미지 소스를 파일 단위로 모두 확인할 수 있기 때문이다. 사실상 apk 파일은 zip 파일과 같아서, 실제로 확장자를 zip으로 변경하면 일반적인 압축 해제 소프트웨어로 쉽게 풀려나온다. 따라서 페이스북의 이미지 소스가 궁금하다면 이 Apk extractor로 페이스북을 apk 파일로 만들고, 다시 이 apk 파일을 zip으로 고쳐서 풀어내면 이 안에 각종 이미지 소스들을 확인할 수 있다(그림 9.17).

마켓에서 다운로드한 앱뿐만 아니라 제조사에서 만들어 탑재한 앱들도 apk로 변환할 수 있기 때문에 제조사가 탑재된 앱의 이미지 소스를 확인해보는 것도 가능하다.

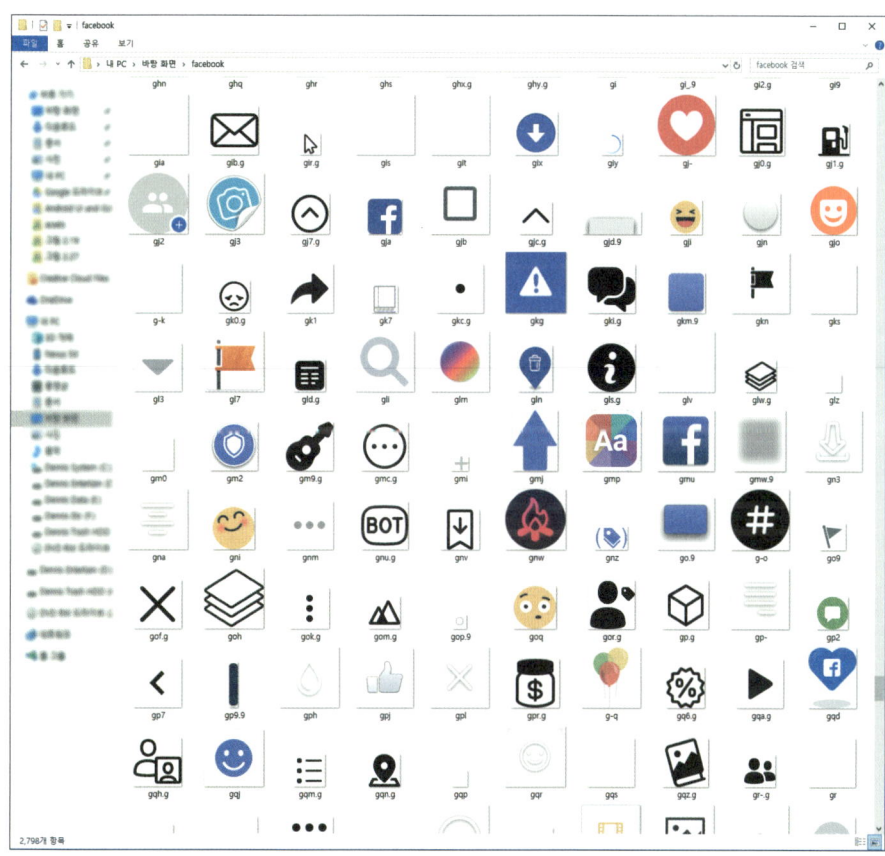

그림 9.17 Apk extractor를 이용해서 확인한 페이스북 앱의 이미지 소스

9.6 정리

9장에서는 모바일 디자인 작업을 좀 더 효율적으로 할 수 있는 방법들을 살펴봤다. 각종 툴이나 작명 규약, 스타일 관리 등은 디자이너 스스로가 작업의 효율을 높일 수 있는 방법들이라면 기기 테스트나 마켓 관리는 전체 프로젝트 관점에서 디자인 리소스를 장기적으로 효율화할 수 있는 방안들이라 볼 수 있다. 좀 더 빠르고 효과적으로 디자인할 방안은 무궁무진하다. 다만 계속 더 나은 방법을 고민하는지 스스로에게 물어보자.

10장
안드로이드 디자인의 미래

10장에서 다루는 내용
- 안드로이드 스타일의 향방
- 하드웨어 및 소프트웨어 발전에 따른 디자인 요소의 변화

안드로이드가 세상에 나온 지 10년이 넘었다. 처음 등장할 때만 해도, 아이폰의 후광에 가려 딱히 대단한 인상을 주지 못했는데, 이제는 점유율에서 iOS를 멀찌감치 따돌리고 아성을 떨치는 중이다. 처음 나왔을 때의 빈약했던 모습은 해를 거듭하면서 놀라운 수준으로 발전을 거듭해왔고, 지금은 어디에 내놓아도 부끄럽지 않은 모바일 플랫폼으로 성장했다. 물론 우리가 아는 많은 문제들이 산적해 있는 게 사실이긴 하지만 말 많고 탈 많았던 처음의 모습과는 많이 다르다.

디자인에 있어서도 큰 변화가 있었다. 2.0대에서 (잠시 3.0을 거치면서) 4.0대로 넘어오면서 안드로이드는 고유의 색깔을 확연하게 드러내기 시작했고, 미진했던 UI 요소들도 제자리를 잡았다. 홀로 테마라는 플랫하면서도 우주적인 느낌의 디자인 테마가 익숙해질 즈음, 머티리얼 디자인(Material Design)을 갖고 나왔다. 그럼 이제 여기서 안드로이드는 어떻게 변모해갈까? 방금 얘기한 머티리얼 디자인 테마는 계속 이어져 나갈까? 해상도와 dp로 속썩이는 일들이 혹시 일거에 해결될 수는 없을까? 아직 다가오지 않은 안드로이드의 미래가 어떻게 진화할지, 질문을 통해 하나씩 살펴보자.

10.1 해상도 대응

"어느 해상도까지 작업해야 할까요?"

안드로이드 디자인이 중노동인 가장 큰 이유 중 하나는 해상도다. 같은 이미지라도 여러 벌의 해상도에 맞춰서 디테일을 다듬어야 하는 것이 꼭 무슨 방망이 깎는 노인이 되는 기분이다. 다행히도 제조사들의 쉬지 않는 신제품 출시로 (아울러 우리들의 쉴 새 없는 새 제품 구매로) 낮은 해상도의 제품들이 급속하게 사라지고 있는 실정이지만, xxhdpi에서 안심했던 우리를 xxxhdpi로 뒤통수치듯이 또 언제 어느 해상도의 제품이 우릴 기다릴지 모를 일이다(그림 10.1).

그림 10.1 아이폰X, 갤럭시 S8, S8+의 해상도 및 PPI(출처: newatlas.com)

이미 출시돼 있는 모바일 중에 4K UHD(2160 × 3840) 해상도를 탑재하고 있는 기기도 있고, 앞으로는 그 이상을 탑재하겠다고 나설지도 모르는데, 이런 해상도를 당장 5인치 모바일에만 적용해도 900dpi에 가까운 해상도가 된다. 구글 문서상으로는 xxxhdpi조차도 아직 680dpi밖에 안 되니, 이게 얼마나 눈이 튀어나올 해상도란 말인가? 이렇게 이론적으로는 도저히 쫓아갈 수 없는 해상도의 디스플레이가 계속 나올 것 같지만, 이것은 기술의 문제보다도 인간의 문제로 한계점이 분명하게 지어진다. 어차피 사람의 눈으로 볼 수 있는 한계가 명확하기 때문이다. 수치적으로 400dpi 근처면 이미 사람은 점과 점 사이를 구분할 수 없는 지경에 이른다. 그렇다면 어느 해상도까지 작업해야 하는가?라는 질문에는 어느 정도 대답을 할 수 있다. 지금의 방식대로 xxxhdpi까지 작업하면 그 이상의 해상도 (이를테면 xxxxhdpi)는 굳이 작업할 필요가 없다. 해봐야 xxxhdpi 작업물과 비교해서 전혀 차이를 느낄 수 없을 테니 말이다.

10.2 벡터 그래픽

"벡터 그래픽은 언제쯤 지원하게 될까요?"

두 가지로 생각해볼 수 있는데, svg와 같은 벡터 그래픽 포맷을 안드로이드가 지원하는 것과 drawable xml의 쓰임새가 좋아지는 것이다. 우선 svg 포맷과 같은 벡터 그래픽은 아직 안드로이드에서 이미지 리소스로 지원하지 않는다. 다만 웹뷰에서 대부분의 브라우저들이 그러하듯이 svg를 렌더링해주는 것 정도가 가능하다. 하지만 이것도 안드로이드 2.3 이하의 버전에서는 제대로 보이지 않으므로 svg를 맘 놓고 웹뷰에서 사용할 수도 없다. 굳이 사용하고자 한다면 일부 라이브러리를 사용해서 네이티브 앱에 넣어보는 게 전부다(그림 10.2).

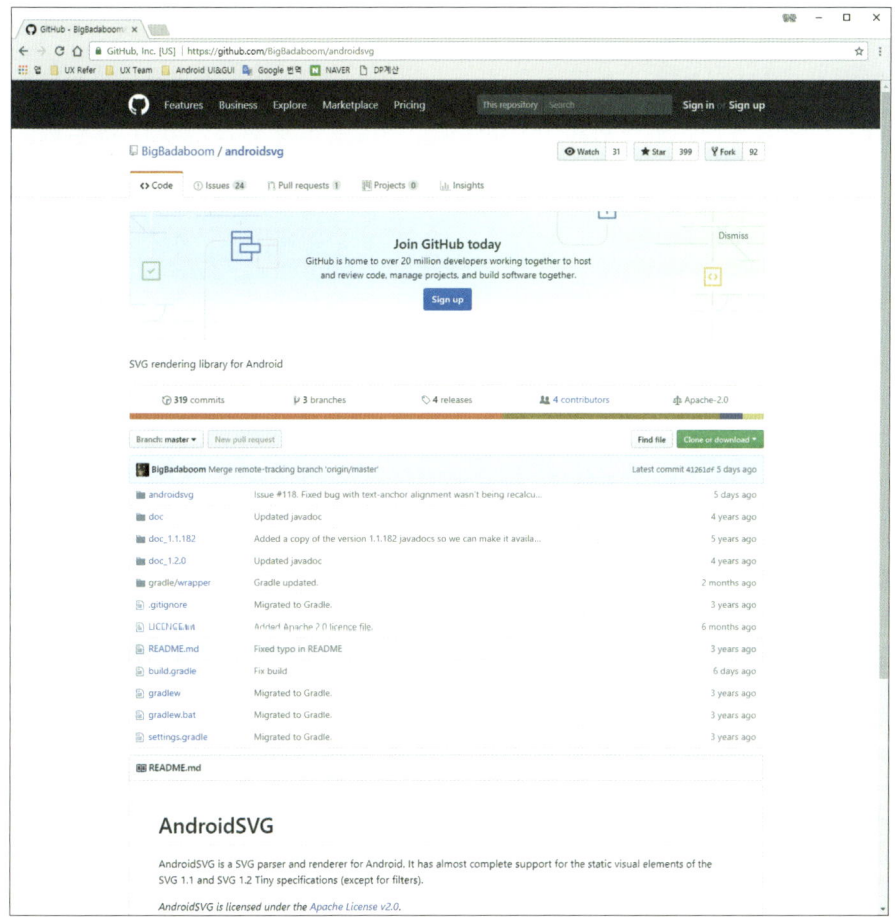

그림 10.2 안드로이드에서 SVG를 사용할 수 있게 해주는 라이브러리(출처: github.com/BigBadaboom/androidsvg)

하지만 벡터 포맷을 쓰고자 하는 이유가 비트맵 이미지의 용량을 줄여보고자 하는 것이라면 실상은 또 다르다. 아무래도 덩치 큰 비트맵보다 벡터가 가볍다고 생각하는 게 일반적이다. 앞서 해상도 이슈에서 살펴본 대로 xxxhdpi 정도면 이제 더 이상 큰 이미지를 만들지 않아도 된다고 가정하고, 48dp 정도의 버튼에 들어갈 아이콘 이미지를 만들어보면 이것이 같은 크기의 svg 파일과 비교해서 별반 차이가 없거나 오히려 더 가볍기도 하다. 이러니, 굳이 벡터 그래픽을 사용해야 할 이유가 없어진다.

차라리 벡터 그래픽에 대한 지원은 후자로 언급된 drawable xml의 쓰임새가 높아지는 것이 더 나은 방향이 아닐까 생각한다. 마치 웹 표준의 발전으로 HTML과 CSS가 분리되고, 브라우저들이 CSS에서 정의된 여러 가지 그래픽 요소를 근사하게 렌더링해주는 것처럼 말이다. 사실 현재의 앱 디자인은 비트맵 그래픽을 기반으로 하고 있는 것들이 많아서 앞서 말한 대로 해상도별로 작업은 물론이거니와, 한 번 만들어놓으면 약간의 수정을 가하는 데도 큰 품이 드는 게 사실이다. 하지만 drawable xml처럼 코드 기반의 벡터 그래픽이 구현된다면 약간의 코드 수정만으로도 앱 전체의 그래픽 효과를 다듬을 수 있으니 훨씬 효율적이다. 디자이너들이 아직 xml 속성을 직접 건드리는 것이 CSS만큼 활성화되지 못하고, 또 CSS만큼의 진보적인 속성들이 xml 안에 모두 정의돼 있지 않아서, 이 부분은 앞으로 높은 내공을 지닌 디자이너들이 놀라운 결과물을 보여줄 분야라고 생각한다.

10.3 플랫 스타일

"플랫한 스타일은 계속될까요?"

안드로이드의 테마인 머터리얼 디자인이 플랫한 스타일임과 동시에, 최근의 모바일 디자인 트렌드 역시 이러한 플랫 디자인을 많이 따르는 게 사실이다. 사실 이런 디자인 트렌드는 비단 모바일뿐만 아니라 웹에서도 흥하고 있는데, 사실 주된 이유는 반응형 레이아웃을 구현하기 위해서다. 특히 안드로이드에서는 나인패치를 활용해서 다양한 부분들을 디자인하는데, 이 나인패치 자체가 늘어나는 이미지이다 보니, 플랫한 스타일이 아니고서는 대안이 없다.

그림 10.3 플랫한 스타일의 안드로이드 디자인(출처: developer.android.com)

하지만 나인패치를 쓰는 이유는 무엇일까? 결국 고화질의 대용량 이미지가 있거나 이 이미지를 빠르게 처리해줄 기기의 성능이 뒷받침되지 못하기 때문에 나인패치를 사용하는 것 아닐까? 플랫한 스타일은 다시 거기서 파생되는 현상이니, 기기의 성능 향상, 인터넷 대역폭의 증가만 뒷받침된다면 이런 스타일의 제약도 언젠가는 풀리지 않을까 싶다. 또 스타일은 시간에 따라 지루해지고 사람들은 늘 새로운 것을 원하는 법이기 때문에 기술적 제약을 안고서도 새로운 스타일로 변화하려는 움직임은 분명 생겨날 것이다.

10.4 정리

안드로이드 디자인은 모바일 디자인이라는 큰 틀 안에서 계속 진화할 것이다. 그러나 당분간은 터치스크린 인터페이스에 모바일 디자인은 묶여가는 처지고, 이런 상황에서 GUI가 차지하는 사용자 경험은 절대적이라고 볼 수 있다. 기기의 발전이나 스타일의 오고 감은 어느 정도 짐작해볼 만한 수준일 것이다. 그러나 어느날 문득, 모바일 경험이 터치스크린을 훌쩍 벗어나면 이때에는 우리 모두가 다시 새로 시작해야 할지도 모른다. 그때까지 UI/GUI를 고민하는 디자이너들 모두 건승하시길 바란다.

찾아보기

번호

4K UHD 311
8mm 74
9-patch 163
48dp 리듬 73
300dpi 36

ㄱ

가변적 레이아웃 152
가변폭 38
가이드라인 79
개발자 259
개발 환경 266
검색 키 42
경계 부근 169
구글 검색 42
구글플레이 24
그러데이션 217
그리드 리스트 84
글꼴 변경 102
글로벌 서비스 301
기본값 115
기차표 예매 247
꺾쇠 47

ㄴ

나인패치 163
날짜 픽커 114
내비게이션 53
내비게이션 드로어 75, 77
내비게이션바 47

노멀 266
높이 157

ㄷ

다양한 해상도 298
다중 선택 59
단위 면적 34
단일 픽셀 168
대화상자 106
동적인 이미지 225
뒤로가기 키 39
드로어 메뉴 46, 242
드로이드산스 폰트 99
드로잉 214
디스플레이 32, 298
디스플레이의 품질 33
디자인 가이드 24
디자인 프리뷰 190

ㄹ

라디오 버튼 108
런처 아이콘 207
레이블 108
레이아웃 26, 62, 155
레이아웃 상세 기술서 261
레티나 디스플레이 36
로그인 화면 270
로보토 폰트 100
롱 프레스 46
리디자인 237
리모컨 92

리스트 82
리스트뷰 82

ㅁ

마스크 211
마스터뷰 57
마진 157
마켓 25, 299
마퀴 162
마크업 276
머티리얼 72
머티리얼 디자인 310
메뉴 키 41
멘탈 모델 133
모바일 플랫폼 27
미러링 190
밀도독립화소 65

ㅂ

박스 모델 155
반응형 레이아웃 62
배경 211
배열 172
배치 49
배터리 커버 31
백그라운드 119
버튼 38, 91, 193
벡터 205
벡터 그래픽 312
벡터 드로잉 213
벡터 이미지 188
볼륨 키 31
부정확함 139
분산 49
뷰 스와이핑 56
뷰 컨트롤 영역 47
블루투스 92
비동기 커뮤니케이션 282
비례 38, 298
비활성 92
빠른 스크롤 88

ㅅ

상태바 117, 301
상호작용 45
소프트웨어 키 41, 43
스마트폰 23
스와이핑 75
스위치 108
스케치 138
스케치 프로그램 303
스큐어모프 64
스큐어모피즘 91
스크롤링 87
스크린샷 301
스크린오프 44
스타일 xml 277
스타일 관리 294
스텐실 이미지 223
스프링보드 249
스플릿 액션바 49
스피너 53, 75, 89
슬라이더 103
시각적 282
시각적 암시 89
시간 피커 114
시뮬레이션 145
실제 화면 189
싱글사인온 196

ㅇ

아이폰X 43
안드로이드 23, 42
안드로이드 디자이너 26
안드로이드 디자인 24
알림 117
알림닷 124
알림 뱃지 124
애플 63
액션 243
액션바 46
액션바 아이콘 208
액션 아이템 47, 79
액션오버플로 47
앱바 46

앱스토어 24
앱 아이콘 247
앱 위젯 60
어댑티브 아이콘 210, 246
어포던스 58, 93
업데이트 267
업 버튼 53
에뮬레이터 302
에버노트 81
에프터이팩트 146
연필 스케치 137
오버뷰 119
와이어 프레임 140
외곽선 157
외관 차별화 44
웹 퍼블리셔 261
위치 264
유튜브 238
윤곽 221
음악 효과 218
이메일 전송 268
이미지뷰 175
이미지 소스 266
이미지 소스 분리 224
이미지 소스 트리밍 230
이미지 스케일링 178
이미지의 상태 292
이미지 종류 291
이미지 클리핑 221
이미지 타일링 172
인덱스 88
인비전 303
인터랙션 45
인터페이스 31
일러스트 140
입력 장치 68

ㅈ

작명 규약 289
작업 순서 137
저해상도 이미지 188
전경 211
전원 키 31

접근성 43, 109
접두사 291
접미사 292
정렬 160
정보 구조 133
정적인 이미지 225
제목 162
제조사 299
제플린 303
좌부정 우긍정 107
주소표시줄 42
지메일 56
질감 63
질감 패턴 173

ㅊ

체크박스 46, 108
출력 장치 68
충전단자 31
지수 표기 264

ㅋ

캔버스 크기 206
커뮤니케이션 280
커밋 267
커스텀 디자인 104
커스텀 런처 210
커스텀 폰트 101
컨텍스추얼 액션바 50
컬러 지정 279
코드로 구현된 그래픽 225
콘셉트 131
콘텐츠뷰 79
크기 33, 264
클라우드 267
키보드 92

ㅌ

타깃 모니터 62
타이틀 영역 80
타이포그래피 95
태블릿 33

태스크 131, 134
탭 75
탭 UI 47
터치스크린 31, 68
터치 영역 195
턴 방식 282
테스트 26, 297
텍스트 박스 160
텍스트 속성 표기법 278
텍스트 스타일 95, 278
텍스트 영역 93
토막 정보 118
토스트 116

ㅍ

파워포인트 140
파일 전달 266
패딩 157
패딩 값 160
패키징 269
패턴 63
페이스북 131
페이스타임 123
포토샵 137, 142, 170, 294
폭 157
폰트패밀리 99
폴더 공유 267
프레스드 266
프로토타이핑 137, 146
플랫 172, 207
플랫 스타일 63, 314
플랫폼 210
플리킹 112
픽셀 64
픽셀 값 231
픽셀 디자인 142
픽셀 변환 305
픽처인픽처 123
픽커 106, 112
픽토그램 52
픽토그램 관리 295

ㅎ

하드웨어 25
하드웨어 키 38
해상도 33, 62, 175
해상도 대응 311
해상도 정보 293
핸들 104
행동 유도성 58
협업 259
홈 키 42
화면 공유 소프트웨어 193
화면보호기 109
화면 분할 모드 121
화살표 83
화소 33
확장 206
휠 UI 112

A

Adobe XD 146
ADT 271
affordance 93
AfterEffect 146
Android Development Tool 271
Android Studio 271
Apk extractor 305
App Bar 46

B

Background 211
border 157
BottomMargin 159

C

caret 83
Center 182
center_Crop 182
center_Inside 183
checkvist.com 135
commit 267
CSS 91
Custom Launcher 210

D E

density 66
dp 65
drawable xml 170
drawer menu 46
Droid Sans 폰트 99
emf 296

F

fastScroll 88
fit_Center 181
fit_End 181
fit_Start 180
fit_Xy 179
flicking 112
Foreground 211

H L

hdpi 66, 187
height 157
Information Architecture 133
input device 68
interface 45
InVision 303
iOS 23, 44
ldpi 187
LeftMargin 159

M

margin 157
marquee 162
Mask 211
Material Design 310
Matrix 179
mdpi 66, 187
mirroring 190

N R

Navigation drawer 77
normal 266
Notification Dots 124

output device 68
padding 157
pixel 33, 64
png 163
pressed 266
Protopie 147
psd 261
retina display 36
RightMargin 159
Roboto 100

S U

scale-independent pixel 98
Shape Layer 215
single sign on 196
skeuomorph 64
sp 98
split action bar 49
Split-Screen Mode 121
stencil 이미지 223
swiping 75
textScaleX 96
TopMargin 159
UI 45
UI mock-up 140
UI 목업 140
UI 요소 38
UI 위젯 60
UI 패턴 143, 144
update 267
up 버튼 53

V X

visual cue 89
wheel UI 112
width 157
wmf 296
xhdpi 34, 66
xml 직접 수정 269
xxhdpi 66, 187
xxxhdpi 66
Zeplin 303

에이콘출판의 기틀을 마련하신 故 정완재 선생님 (1935-2004)

안드로이드 UI & GUI 디자인 2/e
디자이너와 개발자가 함께 읽는

발 행 | 2018년 8월 24일

지은이 | 박 수 레 · 안 영 균 · 정 준 욱

펴낸이 | 권 성 준
편집장 | 황 영 주
편 집 | 이 지 은
디자인 | 박 주 란

에이콘출판주식회사
서울특별시 양천구 국회대로 287 (목동)
전화 02-2653-7600, 팩스 02-2653-0433
www.acornpub.co.kr / editor@acornpub.co.kr

한국어판 ⓒ 에이콘출판주식회사, 2018, Printed in Korea.
ISBN 979-11-6175-175-7
ISBN 978-89-6077-731-6 (세트)
http://www.acornpub.co.kr/book/android-ui-design-2e

이 도서의 국립중앙도서관 출판시도서목록(CIP)은 서지정보유통지원시스템 홈페이지(http://seoji.nl.go.kr)와
국가자료공동목록시스템(http://www.nl.go.kr/kolisnet)에서 이용하실 수 있습니다.(CIP제어번호: CIP2018025921)

책값은 뒤표지에 있습니다.